心理臨床プロムナード

こころをめぐる13の対話

山中康裕
Yamanaka Yasuhiro

tomi shobo
遠見書房

序文

ここに、私にとっては初めての対談集が出ることになった。とっても嬉しい事である。私の恩師で上司だった河合隼雄先生にはいっぱい対談集が出ているが、私には今まで一冊もなかった。

本書では、日本の知性の代表と言われる鶴見俊輔先生とか、哲学者の中村雄二郎さんとか、ドイツ文学の池内紀さんや翻訳家の矢川澄子さん、日本現代詩の第一人者・谷川俊太郎さんなどといった錚々たる方々や、我々の業界では知らぬ人のない成田善弘くんや北山修くんなどと対談している。これらは、どこに出しても恥ずかしくないどころか、むしろ、一般にも希求されているものだと自負するし、飯森真喜雄、武野俊弥、岸本寛史くんら私よりも若い人との対談もあって、嬉しい限りである。

それに、漫画界の王者・手塚治虫さんや、児童文学の今江祥智さん、絵本界の荒井良二さんなどとの対談は異色ではなかろうか？　本当は、ここに、ミュージシャンの佐野元春くんとエフエム東京で一週間放送した「ジョッキーもの」も載せたかったのだが、それを録音したテープが壊れてしまったため照合できず事務所の許可が降りなくて、断念せざるをなかったり、或いは、先輩の氏原寛さんとの対談は、氏の本に既に再録されてしまったことで、割愛せざるをえなかったり、動物学者の日高敏隆先生とおこなったものの原稿が出てこなかったりといったことなどあって、ここに収録できなかったものがいくつかあったのは残念である。

いずれにせよ、対談というのは、その相手の方との関数で、いい意味でのカメレオンの如く、いろんな色が醸し出されて、いつもの私とは、また別の面が滲み出ていて、それはそれで、一つの重要なジャンルなのだということが知られて面白い。以下のどこからでも、読者の興味の赴くところから読みはじめていただけたら幸甚である。

山中康裕対談集　目次

第Ⅱ部　文化人との対談

第Ⅰ部
こころの専門家との対談

1

北山　修*
（きたやま・おさむ）

×

山中康裕

空想と現実の間

生い立ち

山中　先生は精神科医で、心理臨床家、臨床心理士でもあり、私とはいくつか共通項があるんです。本当に天才的にいろんな事ができる人で、どこから語っても面白い話が出てくると思いますが、私の聞きたい順番でいきます。

先生は、京都のお生まれだと伺ってますが、そうなんですか？

北山　いえ、生まれは厳密に言うと兵庫県なんです。

山中　淡路島でしたっけ。

北山　淡路島です。

山中　ねえ。京都の生まれと言っちゃったけど、どうして私にそんなコンタミネーションが出てきたんだろう。

北山　それはねえ、順番から言うと、十月十日《とつきとおか》で計算すると、終戦直後なんですよ。父親は満州で結核にか

*精神科医。作詞家。現在、九州大学名誉教授、白鴎大学副学長・兼特任教授、国際基督教大学客員教授。

かるんですね。

山中　お父さんが？

北山　ええ、軍医だったんです。それで、結核に罹ってしまってね。

山中　はい。

北山　残された者、満州に残った戦友は、みんな死んでしまったという、非常にサバイバル・ギルトの強い父親だった。それが帰ってきて、結核の療養をしておったんです。それで治ったぐらいのところが終戦近いんだろうと思うんだけど、その頃結婚するんです。その母の実家が淡路島であった。

山中　ああ、なるほど。

北山　元々京都の人間だったんですが、出産のために実家に帰ったと聞いてます。そこで僕が昭和二一年の六月一九日に生まれた。それで、半年ぐらい経って、条件が揃ったので京都へ帰って、ということになって、そこで開業する。

山中　あ、そうなんだ。開業は、京都でなさったんだ。

北山　そうです、京都の駅前の、丸物の裏ですね。

山中　もう丸物って言ったって誰も分からない。以後二回名称が変わりましたよ。私が北山さんは京都の人だというふうにコンタミネーションしていたのは、北山さんと前にどこかで飲みながら話した時に、京都駅の話をなさった。その時に、京都駅――今の京都駅ではなくて、前の焼けた京都駅の事をおっしゃられた。

北山　そう、前の前の。

山中　前の前の。その時の京都駅の事をおっしゃっていたから……。

北山　そう、昭和二五年……ですかねえ、僕が映像としてくっきり覚えているのは。まあ、私にとっては、父親が駅前で開業しておったので、何かあるたびに駅に連れて行かれてたんですね。お祝い事があっても、面白いものを見たりとか、泣いても、たぶん、「おい、汽車が動いとるぞ、おい、汽車や、汽車や」みたいな。それで連れて行かれて、駅が私の……

山中　遊び場だった。

北山　ええ、ホームレスの人とも仲良く遊んでました。駅が私の遊び場だったし、ホームだったと思うんだけど、それが燃えてしまった。はっきりは覚えてないんだけど、私の目の前で駅が壊れていくところが、目に浮かびますね。夜中だったと思うんですけど、父親の背中に乗せてもらって荷台から父の肩越しに見ているんですね。

山中　そうなんだ。先生が肩越しに見ている、焼けていくその京都駅は、漱石が〝七条ステーション〟と書いていたのでしょう？

北山　そうなんですか？

山中　はい。漱石が書いています。

北山　私にとっては、三階建てだったかな、瀟洒な建築で、これが目の前で崩れていく。私のキャラクター的には、どうも国鉄の駅との identification がすごくあるようで……、私は駅のような人間なんですね。うまく言えているかどうか分からないけれど。

山中　いや、言えてる、言えてる、僕もそうだから、自分はまた別の駅と思ってるから。

北山　どういう意味や、それ……

山中　後で語ります(笑)。僕があなたは京都だと思っていたのは、お父さんが京都で開業してはったからなんですね。

北山　そういう事です。

山中　内科ですか？

北山　私、昔の看板を見てた覚えがあるんだけど、「全科」って書いてあった。

山中　おおっ（笑）、それは面白い。ええわあ。

北山　昔の医者で、今と違って「全科」って書いてあって。

山中　そこで座禅の〝禅〟が書いてあったら、もっと面白い。

北山　その内、「内科」「小児科」「レントゲン科」って。

山中　なるほど。それで、京都で育たはったでしょう。小学校や中学校の思い出、何かありますか？

北山　このごろしか語ってないある種の出来事がある。ちょっとだけ言いますとね。私は……実は習字嫌い、書物嫌いでして……。

山中　僕と同じ。

北山　もう、知らんがな。
山中　僕も、二〇年間、一切習字をしなかった。
北山　もう……怖いなあ。
山中　習字嫌い。
北山　これは切実な問題でね。人間が……ものを見つめるというのが苦手だったんですね。まあ、私は字を見つめる、ってのが苦手だったんです、ほんとに。……（咳き込み）妙な所に入っちゃったかもしれない。
山中　うんうん。
北山　（咳き込み）で……、後ではっきり分かるんだけども、僕は潜在性の外斜視 inter-mittent exotropia があったんです。
山中　なるほど。
北山　これ、かなり一定のひどい斜視だったんです。で、僕自身は分からなかったんですね。もちろん本人は、潜在性だから両眼視は可能ですよね。
山中　はい。
北山　正確には斜位と言うんですけども、大学の最終学年に近いところの、眼科の実習で、カバー・アンカバーテスト、片側の目に手を当てて、パッととると、カバーされた時に目が広がっていたものがね、慌てて焦点を見つめると、ピッと目の玉が中央に寄る。この斜位の発見方法の実習してる最中に、（大学の先生から）「北山くん、あるよ」って。
山中　なるほど。
北山　それが発見されるまでは、小学校の何年生ぐらいから、大学の六年生、最終学年ね、この間までね、僕はわりと、ものすごい自分の字が下手な事にコンプレックスを抱いていたんです。
山中　僕もそうです。
北山　いやまあ、それは知らんがな（場内笑い）。僕の話をしているのに、自分の事が待てないというのはね……
山中　戻します。待てますよ。
北山　違う意味だと思う（場内笑い）。
　それはわりと、僕の一貫した大きなテーマでね。これが発見されるまでの間、例えば運動神経が悪いんですよ。これは、お医者さんだったらすぐにそうだろうな、って思うんでしょう。潜在性の斜視ってのは、どういう事が起こるかと言うと、野球のボールが飛んでくるじゃないですか。そうすると、これコンベルゲンスって言うんですけど、コンバージェンス・リフレックス convergence reflex (輻輳反射) って反射なんですけどもね、野球のボールがピーっと飛んできたら、目がギューっと寄って、まあ、本を読む時にグーッと目を寄せないといけない。この寄り目というのをする事が、すごく、追いつかない。だから、空から二つボールが落ちてくるのよ。割れて。これは、すごい怖い事なんです。

山中　僕も、そうだから……

北山　いやもう、だからそれは……

山中　うん、もう、止めとく。

北山　わりと、深刻な問題ですよ。僕、分からなかったから。なぜ、みんなは、あんなに簡単に、片一方のボールだけが取れるのか。非常に、自分の体験と人の体験が違うのでね。言っていいのか、言っていけないのか、分からない世界がありましたね。これが私の、私というものを説明するのに、非常に大きな根源体験でしたね。

山中　いや、非常に嬉しいね、そこから入れて、ものすごく嬉しい。

北山　それで、世界は、私にとっていつも二つあるような感じ。これは後で自覚するんだけど。発見されてからね。それまでは、なんだか知らないけど、世界というのは、遠くは美しいんですよ、東山とかね。でも、文字はこの辺、三〇センチ、四〇センチで見つめねばならない、コンバージェンス・リフレックスというものを行わねばならないこの領域が、私にとっては、ぼーっとしているんですよ。ぼーっとしてたのね。こんな不思議な経験をずっと続けてた。何か思い出があるかというと、差し支えない範囲での異常体験をお話ししますとね、散髪屋に行くと、鏡の中にいろんなものが見えるんですよ。

山中　ええ。

北山　ぼーっとしてくると、つまり、目を焦点づけてないと。床屋さんに行くと、別に焦点づけてなくてもいいじゃないですか。すると、いろんなものが見えてくる。たぶん、外の目が閉じ始めると、心の目が開くみたいな事が起きるんだと思う。鏡の中にトマトが見えて、話しかけるんですよ。床屋さんのおじさんが、ちっともそれに気づかないもんだから、〝不思議だな……〟と。imagenary companion（想像上の友達、他人には見えない）みたいなもんが登場しているんですね。

山中　そういう事ですよね。

北山　一時期ね、私、imagenary companion がいたと思います。

山中　はい。

北山　で、話し合ってたんですよね。でも、誰も全然気がつかないもんだから、これ言っちゃいけないんだと思ってた。

山中　よく分かります。

北山　そういうような、私にとってはプチ異常体験みたいなものが、ギュッと目を凝らしたら起こるんです。もうちょっと気を抜くと、なんかぼーっとしてくるみたいな事が、例えばそのビジュアルな世界でも、非常に面白い……

山中　面白いね。

北山　だから、怖い事もそれはあります。子どもの時なんか、よく見ないので、なに食べてるのか分からないからね。それが非常に私の個性にとって大きな体験だった。

山中　ここで初めて聞きましたけど、この事、どこにも書いておられないんじゃないかと思うんですけど。

北山　はい。

山中　こういう事が聞きたいから、打ち合わせなんかせえへんかったんですよ。

北山　まあ、でもね、丁度、先生なら分かっていただけると思ってのところだったんで、お話してるんだけども。

山中　はい。

北山　医者で、精神療法……精神分析をやっておられて、それで、こうやってこういう話に耳を傾けてくれる人って、そんなに多くないですよね。

山中　それは、ないですね。

北山　ないですよね。外斜位だとか、外斜視だとか言ったって、みんな分からない。

山中　分からないね。

北山　まあ、そういう経験がありました。

山中　ありがとうございます。そこから入れたというのは、もうそれだけでとても嬉しいです。いろいろ聞けます。

大学時代

山中　先生は京都府立医大へ行かはったやん?

北山　ええ、そうです。

山中　それは、どうして府立を選らばはったの?

北山　まあ、正直言って僕は、京都工繊──工芸繊維大学というのがあって、僕は土壇場まで芸術家……

山中　志向。うん。

北山　で、グラフィックデザインとか、テキスタイルデザインとかね、今で言うならそういうふうに言われる、西陣織の柄とか、あるいは浮世絵なんかに出てくる着物のパターンとかがものすごく美しいと思ったので、そういったものを専門にしたいな、と思っていたんですよ。

山中　そうなんだ。それは高校生の頃?

北山　高校生の頃。高校三年ですね。それともう一つが、本を読むのが嫌いだから。

山中　ああ、そうだね。

北山　でも、そんなに成績は悪くなかった。耳学問でなんとかなったんですね。もう一つ、言語的には、非常に盛んな頭脳を持っていると思ってるんだけど、目がそんなふうに苦しいもんだから、情報源はほとんどラジオ、そして歌なんですよ。

山中　面白い。

北山　で、言語的な情報はね、僕にとってメディアの中で輝いていたのは、テレビでもなく映画でもなく、まあそれも面白いなとは思ってましたよ。でも、僕にとって非常に美しいなと思ってたのは、そういう世界。それと、ぽーっとしていて美しいというかな、なんか目を凝らして見なきゃダメなもんではなくて、美しい世界、絵画とか、とにかくぼーっとして見るグラフィックなものが好きだったので、最終的にはそういう世界に憧れてました。

山中　なのに、なぜ京都府立医大に？

北山　忘れもしない夏休みですね。父親がやってきて――私と父親との関係というのは、『帰ってきたヨッパライ』の中に描かれているとよく申し上げる事なんですけど――、調子よく「まあこれでええわ」と、ちょっとパッパラパァの感じでやってるとですね、すぐ父親がやってきて、「なあ、お前、天国いうとこはそんなに甘いもんやおまへんで」みたいな事を言うんです。これが、もう一つのエディプスと言うか、私は非常にエディプス人間、エディパールな人間だと思うんですが。

山中　はい。

北山　父親の超自我が「そんなもので食えるわけがない」とね。「だから、医学部入れ」と。

山中　やっぱり。

北山　やっぱり、というのは？

山中　いや、斉藤茂吉がね、北杜夫に同じことを言っているんですよ。

北山　ああ、そうなんですか。

山中　はい。

北山　それで、「お前に芸術的才能があるのかどうか、全然分からないから」という時に、父親が言ったし、私も言ったと思うんだけど、「医学部に入ったら、何をやっても構わない」

山中　うん、そうそう。茂吉もそうなの。

北山　（苦笑）それで例を挙げたのは、「外地に行っても、捕虜になっても医者は得をする」って言いましたね。

山中　間違いない。

北山　だから、そういうふうな事を言うんで、いろんなというか、「何をやっても構わない」という、一宿一飯というか、ギヴアンドテイクというか、一宿一飯の恩義のある父がそう言うんだから、まあ言う事を聞こうじゃないか、と思って、医学部に入ろうと思った時に、京都府立医科大学の、いわゆる僕はすでに文系受験志望だから、理科を一科目捨ててたんだと思うんですね、僕の記憶では。なので、この科目で受験できる所は、国立一期は、千葉大の医学部、こっちは京都府立医科大学。で、二つ受験したんですね。

山中　そうなんですか。

北山　三つ目は、岐阜大の医学部の予定だったけど、それまでに二つとも入ったので。僕は、本当はそのまま京都を出たかったという思いがあった。京都駅が燃えた時のトラウマが非常に激しかったんだと思うんですよ。あの時、私は、〝これで京都に閉じ込められる〟と思ったんですね。〝京都駅が燃えたら、出る方法がないんじゃないか〟と。

山中　うん。

北山　幼い心は、〝もう、京都に閉じ込められる〟恐怖。〝あんな仏像ばっかり見て、生きていくのは嫌だ〟と。京都の駅前なんて大変な所でしたよ。そんな事言うと、おばちゃんたちに怒られるけど。そういう事なので、もう、東京へ行きたい、と。

山中　その頃から、東京へ行きたいと思ってたの？

北山　思ってましたよ。

山中　そうなんや。

北山　思ってましたよ。二度目の事件もありますけどね、京都を離れる、二度目の事件もあるけど。

山中　後で聞くから（笑）。

北山　なんかものすごい長い話してますよ。ものすごい時間かかりますよ（笑）。

山中　それはもう、覚悟の上。

北山　それで、千葉大というのは、うちの親もめちゃくちゃだと思うんだけど、まず千葉大って東京にあると思ってたんだね、みんな（笑）。まあ、そういうもんなんだよな。当時の感覚というか。それで、高輪プリンスホテルに泊まったんですよ。そしてフロントの人に聞いたんですよ、今でも覚えてるな、「千葉大どこですか」って（笑）。

山中　（笑）大変やん。

北山　大変でした。品川から乗ってね。で、まあ二つとも入って二重学籍のようなことになった。ところが、しばらくして千葉大はチフス事件があったりとか。

山中　ああ、ありましたね。医局の医師がチフス菌を入れた、とか。
北山　その前に中山恒明さんの診断の事件とか、いろんなスキャンダルが千葉大に起きて。
山中　そうそうそう。外科の。
北山　そんな事も絡めて、「行くな」と言われて。でも千葉に行くと言ったら「ダメだ」と言われて。
山中　そうなんだ。
北山　ほんま、切られました。
山中　そこでね、答えが少し見えてきたんですけどね、実は学部生の頃に、あなた〝フォークル〟作ったやんか。
北山　うん。入学が一九六四年の四月。で、一九六四年の五月にザ・フォーク・クルセダーズを作るんですよ。
山中　そうなんだ。それは、ビートルズに影響されたとか？
北山　違う。それは、もちろん、もうすでに耳の中には聞こえていた、Peter、Paul & Mary、The Kingston Trio、The Brothers Fourという西洋のフォークソングなんですけど、もう一つは、フォークソングを実践するにあたって、僕的な感覚から言えば、耳から入ってくる歌にかかわりたい、と思ってね。それともう一つ、ビートルズの思想、先生はビートルズとおっしゃったけど、ビートルズはフォークソングの後にやってきたんだけど、ビートルズたちが何を持ち込んできたかと言うと、プレスリーもそうなんだけど、偉い人の歌を歌わなくてもいいよ、と。
山中　うん。
北山　〝上の人が作った歌を、お前たちが歌う〟というのでなく、〝お前が作った歌を歌っていいんだ〟という。
山中　はい。
北山　当時のレコード制作、あるいは音楽制作というのは、ソングライターがいて、そして若いポッと出の、まあ、秋元康さんとＡＫＢみたいな関係ですよね。そういう関係を続けていたのが音楽の世界だったのが……、いわばＡＫＢが歌を作った事となるわけですよ。

山中　そういう事なんだ。

北山　ね。これが僕にとっては、すごく面白い事だった。

山中　うん。

北山　ようやく、僕にとって文学的な世界というか、本質的な世界がそこに開かれていて、字が下手な私でも、歌になってしまえば問題がなくなるわけだから、その事が、私が音楽にひかれた所ですね。

山中　そうなんだ。

北山　シンガーソングライターという言葉は当時はなかったですが、自分が作る、自分による、自分の歌を自分で作っていいんだ、と。歌っていいんだ、と。それが面白くて、私たちは、京都の西陣カソリック教会という所で、デビューするんですよ。

山中　そうなんだ。

北山　ほんとに、三〇人ぐらいを相手に歌うんですよね。で、加藤和彦と京都で出会うんですね、初めて。彼は、龍谷大学でしたからね。彼は東京からやってきた。彼も、お父さんの転勤が突然決まって、東京から引っ越してきた、背の高い青年だったんです。

山中　なるほど。そうなんだ。そこで、フォークルを作った。で、すぐに一世を風靡しちゃうやんか。

北山　いや、それはだからね、これも非常に面白いエピソードがあるんで。

山中　うん。

北山　まあ、臨床なんかと全然関係ないんですよ。

山中　そんな事、関係なくていいのです、みんなそんな事望んでへん、何でもいいんです。

北山　僕の原点です。

山中　そう。

北山　実は私たちは、タイガースと同じ時期のデビューなんですよ。

山中　あの、沢田研二と。

北山　沢田研二と同じ年なんです。

山中　そうなんや。

北山　まあ、一年違うかもしれない。ちょっと年齢サバ読んだりするからね。昭和二一年、二二年生まれですよ。紫野（京都市北方の有名な地名）とか、その辺の連中やね。私たちフォーク・クルセダーズは、アマチュアで三年間、京都ではわりと有名で、東京にも時々進出して、さあ、どうしよう、と。三年生になりました。他のメンバーは学部の三年生で、就活が始まるわけです。で、私は「さあ、どうしようか」となった時に、うちの親父に「辞めるから、どうしようかな、解散記念レコードを作ろうと思う」と。そしたらまあ、うちの親父は親戚にボロクソに言われていたんですよね、「あんた、（息子は）うた歌ってばかしで、医学部でなんかほとんど勉強してないで」みたいな。見えないけども、生き生きはしているわけです。

山中　うん。

北山　それで、うちの親父に、うちの親父だけでなくて、何人かの友人も含めて借金し、僕らビヤガーデンに出たりとかして金稼いでですね、辞める記念にレコードを作るんです。そして、辞める記念のレコードを作った時に、一曲、『帰ってきたヨッパライ』が入ったんです。

山中　そうなんだ！

北山　そうです。

山中　あの、有名になった『帰ってきたヨッパライ』が入ってたんだ。

北山　そうです。その一五曲の中に。

山中　うん。で、それが、すごいやん。

北山　三〇〇枚作ったんですよ。で、三〇〇枚作って、私がプロデューサーで金集めして、レコーディングして、まあ、レコーディングするという事すら、非常に、当時にしてみたら珍しい事だった。で、お金がないものだから、ホームレコーディングをせざるを得ない。

山中　はい。

北山　今の皆さん、簡単にCDを作ったりいろいろできるんだよね。当時は、テープレコーダーをまず手に入れて、家でレコーディングして、それを加工するためにスタジオへ持っていく、みたいなやり方でスタジオ代を安く抑えるという形でしか、最初はなかったですよ。それで、三〇〇枚作って、解散しました。一九六七年の九月。勤労会館という所で、解散記念コンサートを行うんです。丸太町の烏丸ですね。今はもうないんですけど。そこで解散したんですが、この三〇〇枚、その辺の私のファンとか、知り合いに買ってもらうつもりで、一枚千円で売って、借金を返すつもりだったんですね。これは伝説的な出来事なので、私……みんながそう言うから、「そう言ってたで」と言うから覚えてるような次第なんですけど、借金は二三万円なんだけど、一〇〇枚しか売れなかったんです。

山中　あら。

北山　という事は、当時のお金で一五万ぐらい借金が残ってしまうんです。これで、〝困ったなあ〟となったんで、そこで山中先生、そこで、起こってしまった事なんです。そこで私は、私の家に二〇〇枚のレコードが積み上げられてね、借金の山でね、在庫がたまった中小企業の親父みたいなもんなんですよ。どうしたらいいだろうか、って。それで考えたんです。〝これは、マスコミに売らないといけない〟。

山中　そう。

北山　だから、その時に、私たちはね、悪魔に魂を売ってしまうんですよ。それで、そのレコードを持って、私の知り合いのスタジオディレクターたちの所へ届けて持っていく、「かけて下さい」って。こういう私たちが作ったのだから、最初は胡散臭い顔で見られたけども、まあ、そのうち何人かは私たちの事を支持してくれた人もいたので、その人たちがかけてくれたんです。

山中　はい。

北山　かけてくれたら、『帰ってきたヨッパライ』が、ものすごい話題になって。

山中　そうそう。爆発的に話題になった。

北山　三〇〇枚が、三〇〇万枚になったんです（場内笑い）。

山中　そうなんですね！

北山　これはね、ほんとにね、皆さんね、とんでもない幸運と思われるかもしれないけれど。ものすごい出来事だったんですよ。

山中　そりゃあそうです。いや、出来事というのは、そういうもんなんです。それが、しかも解散記念のレコードだというところが、めっちゃ面白いやん。それで、そっちがあなたが本当にしたかった芸能活動なんだよね？

北山　いや、本当にしたかったというのは、また別、もう一つまた……ではその次に何が起こるかと言うと、まあ、皆さんが「本当にしたかった」とおっしゃるけれども、私がやりたかった事は、さっきから言うように、〝私が歌いたい歌を、私が作って私が皆さんに提供する〟〝私が私の作品を提供する〟という、〝私がspontaneousに作ったものが面白い〟、それが受けたんです。私は今でもその事に自信を持っている。だから、私の歌は、三〇〇人のために作ったのであって、三〇〇万人のために作ったのではないんだよ。ね。これは、三〇〇人のために作ったものこそが、あるいは、お前のために作ったものこそが、二人称的に作ったものこそが、第三者に評価されるんですよね。

山中　その通り。

北山　ね。その順番だと思うんですけど、マスコミというのは、それが逆転するんだ。

山中　そうなんだ。

北山　「みんなのために歌を書いてくれ」、「みんなのために歌を作ってくれ」と言われる。

山中　向こうが言ってくるわけだ。

北山　うん、お前のために作るというのじゃないんだ。目の前にいるこの人のため、あなた、つまりディレクターのために作りたいと思うんだけど、スタジオにいるこのお姉ちゃんのために作りたいと思うんだけど、全然そういう感覚じゃないね。「みんなが何を求めているかに答えてくれ」と言うんだよね。それは、私にとって歌の作り方が逆転してしまうんだな。ビートルズが教えてくれた事でもないし、もう、ビートルズもそれがあって嫌になっていったという屈折が伝記なかにもあるんだけど、どんな芸術家も、そういう事に、マスの要求に揺れてしまう。そういう事に直面せざるを得ないだろうけど、私たちは、もう二カ月ぐらいで直面してしまったんです。

山中　そうなんだ。

北山　だからもう嫌になってきました。もうすぐに〝辞めてやる〟、だからもう、一年足らずで……

山中　本当に辞めちゃったんやね。
北山　うん、一〇カ月ぐらいですけどね。
山中　それはまたすごい事なんだけど。
北山　だから、原点がそうだ、ということです。

ミュージシャンから医者へ

山中　そして､卒業するやん。そして医者になるやん。
北山　大学に戻って、それでもうミュージシャンとの縁を断つんですね。
山中　そうなんだ。
北山　ただ、友達意識は皆さん共有してるから、作詞家としてのつながりを維持してくれた人たちが何人かいる。ちょっとパイプは保ちながら医学に戻る。だからその時には、もうすでに私は、マスコミュニケーションはある意味ではうんざりだ、あんなものにもう巻き込まれてたまるか、と。一年に一回ぐらいはいいけど、みたいな。そんな感覚になるんですね。
山中　そうなんだ。実際にそれをずっと実行しながら来たよね。
北山　そう。
山中　全くそうなんですよ。北山さんが言ってる事、全部本当なんですよ。一年に一回はいい、と。だけど、ずーっとやるのはうんざりだ、と。
北山　そうですね。まあ、それは、村祭り、夏祭りって一年に一回ですから。
山中　そう、ハレとケがそうなんです。
北山　そういう感じになりました。まあ、ありがたい事ですけども。それと、もしプロ意識が強いミュージシャンであれば、要するに同じ歌を何度も何度も、歌いたくない時でも本当にちゃんとあるレベルで演奏し続けるのがプロでしょうけれども、私はそれができなかった。
山中　そういうプロもいるけど、そうじゃないんだ。
　僕が聞きたいのは、僕らが国家試験をボイコットして当時のインターン制度を厚生省相手で粉砕したのはご存知だよね？
北山　そうですね。その直後ですね。
山中　そう、その直後だったから。卒業されて、すぐ国家試験を受けて医者になられて、なんとあなた、札幌医大へ行ったやんか。
北山　そうです。
山中　しかも、内科。
北山　はい。
山中　なんで、札幌医大へ行ったの？
北山　それは、インターン制がなくなったのが一つですね。それと、母校の京都府立医科大学、まあ京大も含めてですけど、精神科はもう学園闘争の直後で……
山中　無茶苦茶だった。
北山　そう。母校で卒後研修を行う者などいなかったですよ。
山中　動けませんでした、みんな、ゲバ棒組になっちゃったもの。
北山　みんな「こんな所にいられるか」という事で、どっかに行く。まあ、それで当時、北に行くというのが一つのブームだったでしょう？
山中　はい。北帰行。
北山　北帰行とか、なんか北に、何かというと北に、高石ともやも「北の国へ」と言ってたもんだから、「思い入れの赤いヤッケ～♪」なんて歌ってたもんだから(笑)、〝そうか〟と。白紙に戻る感じがあったんだね、北海道は。
山中　なるほど。
北山　僕は、それもまた北海道の、和田武雄という教授に、本当に今でも感謝しているんだけども、内科の先生でね、あの心臓外科の和田さんじゃないんです。「札幌医科大学に行ったら？」と言ってくれたのは、京都府立医大の増田さんという第三内科の教授なんですが、僕は〝どうしようかな〟と。こんな尾ひれを持ってる人間だからね。まあ、関西はやりにくい。何かと言うと後ろ指差されるし、本当に苦労しましたよ。当時の私が医学生で勉強していると言っても、「ヨッパライの北山や」みたいな事を言いますからね。で、北海道へ行った。それと、インターン制度がなくなったから、もう精神科やろうと思ったら、すぐ精神科に入れる。元々精神科医になりたかったから。
山中　ええ、その気持ちは、あったのね？

北山　ありました。作詞家だったから、心の問題を活字で、言葉で、何か描き出す事が得意じゃないか、という自負があった。それで精神科医を選ぶんです。

山中　そうなんだ。

北山　ええ。マスコミ連中に対して辟易して、「パーソナルコミュニケーションの一つの極致である精神分析に辿り着く」という方向づけと、もう一つ、作詞家だったから、「言葉で心の問題を扱う」という方向づけが、音楽体験・マスコミ体験でできあがる。その結果、そうなったんだけども、いろんなトラウマがありました。だから、皆さんもおありかも、級友が発病するとか、その取り扱いがあまりにもずさんだとか、下手だとかね。そういうような事があって、本当に精神科医でいいんだろうか、というのも思ったし、インターン制度が廃止になったので、注射を打たなくったって、メスを持たなくったって、すぐに精神科医ができるという時代になったでしょう？　ある意味で。私はそれに抵抗があったので、心療内科をやっている札幌医大の一内へ行く、今の第一内科――消化器内科ですね。私は、そこからスタートするんです。だから、一般内科から始まったという所がまた、私にとって幸せな事だったですね。

山中　それは、とても良い事だよ、実は。

北山　その和田武雄教授というのは、本当に一方で野心満々で、野卑で下世話なお世話もし、いろんな金を取ってこなくちゃいけない、政治的なことにもかかわり合いながら、非常にレベルの高い、スピリチュアルな世界観を――キリスト教者だったんですけれども――それを維持しておられた。札幌にふさわしい、札幌医大にふさわしい人だなあという人で、まあ北大出身だったんですが、その先生に出会えて、一番最初に出会った時に、「君がやっていたのは、一体なんなんだい、あれは？」みたいなことを、つまり知らないんだね、彼は。良く知らないのが、すごく良かった。「おお、あの北山か」とかって言われたら、かえってあれなんだけど。

山中　かえってね。

北山　なんも知らない教授がいて。

山中　大体、教授ってなんも知らへん。
北山　うん、それで、僕のやっていた事を「ブカブカドンドンやってたんだって？」と言うような。チンドン屋やん（笑）。まあ、それで始まりました。そういう所で。
山中　そうなんだ。そこで、二年間、内科の研修をしはって、その後にモーズレイへ行っちゃうやん。あれは、どういう事だったの？
北山　いや、やっぱりそれでも〝精神科医になりたい〟と。
山中　その志は、いつごろからお持ちになってたんですか。
北山　大学のマスコミ体験があって、四年生、五年生の頃です。
山中　精神科は、ちゃんと射程にあったわけだ。
北山　そうですね、今から考えると、親父の医者になれという事と、現実に憧れた工芸繊維大学という、デザイナーというか、そういうアーティスティックな側面の両方を統合してくれるような世界、匂いを、当時やっぱり、宮本忠雄先生とか、もう、次々そういう御本を発表しておられたので、これが私の世界かなあ、と思って。
山中　むしろ精神病理や病跡学のほうを思っておられた。

ロンドン留学

山中　だとすると、モーズレイを選ばれたのは、どうしてなの？
北山　それで、日本中見渡したところ、まだ相変わらず学園紛争のくすぶっている状態で、どこで勉強したらいいか分からないし、こんな感じの人間を受け入れてくれるか分からないし、まだ居心地の悪さを僕は感じてましたし、いろんなトラウマがあって。やっぱり、「北山だ」と診療場面で患者さんが分かると、「こんな奴に診てもらえるか！」というような。そりゃそうだと思うんだよね。僕が小児科の当直をしていて、若いお母さんがやってきて、赤ちゃんが病気でね、それでちょっとでも僕がこういう人間だという事がばれると、

「こんな奴に診てもらって、子どもにええのかいな」みたいな事になりますわね。バターンと戸を閉めて出て行かれたお母さんの後ろ姿が目に浮かびますよ。〝これは、日本で研修するのは大変だ〟と。だから、追われるようにして、というかな。

山中　おお……、そうなんだ。

北山　追われるようなところ、ありましたよ。行く所がない、という思いもありましたし。ちょっと落ち着いて勉強したい、という思いも持ってた。

山中　初めて、そう思ったんだ。

北山　初めて？

山中　ははっ、違うか？

北山　いや、先生、ひょっとしたらそうかもしれない。というのは、そこでさっきの話、大学の最終学年で、私の病気が発見される。

山中　そうそう、それがあったね。

北山　そう。「あなたの文字嫌いなのは、目が寄せられないからだ」。それはねえ、私、確かにね、困っておったんですよ。これは、本当に、皆さんに言わないと、全然分からない話ですよね。

山中　はい。

北山　「なんで、北山は二人いるんだ？」と、皆さんがおっしゃられる所なんだけれども。その時、目を集中する……目が見えなかった作詞家人間が、目を寄せるんですよ。グーッと目を寄せるんです。この目の内側の筋肉を短縮する、右側の手術を行うんですね。そのお陰で、もう、画期的にものが見えるようになった。〝あ、こういう事だったのか、ものが見えるって〟というのが、分かったんですね。

山中　なるほど。

北山　それがあったんで、〝ああ、これはちょっと落ち着いて勉強しよう〟と思った。ちょっと小銭が貯まりましたんでね、これを使って、大学院を二つ受験するんですよ。それで、一方はフィラデルフィア大学の医学部の大学院、こちらモーズレイ大学病院、まあ、ロンドン大学の大学院なんですよね。そこの入学試験を受けるんですが、もう一つ、早稲田大学の人文科学を受けかけたんですが、それも外国のほうが受かっちゃったので。入学試験の時にね、「内科をやっていた日本人の精神科医って珍しい、それは使えるから、来てもらおう」というような話で、大学院に入るんです。

山中　Winnicott は、もとは小児科医でしょ？

北山　Winnicott は、もう亡くなってたんです。

山中　その時には、もう亡くなってたの？

北山　うん、これもだから、Winnicott を求めてではないんですよ。

山中　あ、違うんだ。

北山　全く違う。一般精神医学を学ぶため、なんです。なんでモーズレイかというと、心療内科にいたから、モーズレイ不安検査とかってありましたでしょ？ Eysenck とか。だから私にとっては、非常に馴染みのある病院だったんですね。

山中　なるほど。

北山　もう一つはビートルズ。それと、R.D. Laing って、『引き裂かれた自己』を書いた天才的な精神分析的研究者がいましたでしょ？

山中　いました。『Devided Self』の著者。

北山　だから、僕はひかれて。

山中　その三つが重なって、ロンドンへ。

北山　そうです。もう、ロンドンしかなかった。ロンドンへ行って良かったですね。

山中　なるほど。

北山　当時一ポンド千円ぐらいの時代。持ってるお金を全部投入して、留学する事にしたんです。

山中　そうなんだ。モーズレイで二年間おられて、一番この事とこの事が良かった、というような事、一つか二つ教えて下さいよ。

北山　それは、私の目の前で、行動療法と精神分析学派がもろに本気でケンカしていた事ですね。当時は Eysenck はもう……

山中　ものすごい、絶大な力だったから。

北山　精神分析をボロクソに言って、もうとにかくポジションと資金を、モーズレイ病院の全体から奪い取っていこうという戦略に出てました。それまでの精神分析学派はたじたじだったんだけれども、私は両方の論争をイーブンに聞いてて、〝精神分析の方が面白い〟

と。

山中　思っちゃった？

北山　どちらにも治療関係論が必要だと私には思えますが、こちらには治療関係があるし、それと、やっぱり文字の世界、文学の世界、あるいは言葉で、というような世界が、私の感覚にふさわしいものだし、もう一つ、今さっきお名前が出たWinnicottが亡くなった直後だったという事がありますね。

山中　じゃあ、実際には会っていない。

北山　会っていないですね。

山中　僕は、会われたかと思ってた。

北山　通り過ぎたばっかりのWinnicottの影響を受けた精神科医が、いっぱいいましたよ。だから、「彼は天才だ」とか、なんとか言ってましたよ。言ってましたけど、何よりもって感動したのは、私が、その分裂に悩み続けていた、医学と遊ぶ事、音楽を演奏するplayingというのと——playというのは、演奏する事でしょう？

山中　そう。playというのは、演劇する事でもある。僕はまとめて「表現する」事と言ってるけどね。

北山　それと、知的に勉強する事。

山中　そう。

北山　科学する事と、芸術につながる遊ぶという事、両方を二本立てで肯定するという、この世界観が、私にとってはものすごい救いですよね。

山中　そうです。私もそうなの。

北山　Freudではこれは、相対立するものとして、葛藤としてとりだすんだけど、私にとってもそうでしたから、まあ、だからFreudは非常に父親的で、私にとって非常に母親的なWinnicott。

山中　Winnicottが母親的な位置を占めるわけね。なるほど。少しつながってきたんだけど、それで、モーズレイに二年おられて帰ってきますね。

北山　それと、もう一つは、分析を受けて。

山中　ああ、そうだ、受けられたのね。

北山　精神分析を受ける。

山中　それは、どなたに受けられたんですか？

北山　トマス・ヘイリーThomas Haileyという人で、

後に国際精神分析雑誌の編集長になる人なんです。それと、もう一方は文化人類学をやっておられた。それでサイコロジストだったんですね。
山中　なるほど。ドクターではなくて、サイコロジストの方だったのね。そこがまた、面白いね。
北山　それもまた、最終的には国際精神分析雑誌のジャーナルというと、非常に権威のあるジャーナルなんだけど、これの編集長になられた人といっても、ある意味で活字的な、というか、文化人類学者であり、そしてサイコロジストであるということが、私にとって、今のアイデンティティには……
山中　非常にぴったり。
北山　うん。人間というのは、「この人にこういうふうな影響を与えられた」と言うけども、明らかに〝探しに行って〟ますね。
山中　もちろん、そうですね。
北山　で、たまたま出会ったかのように話してますけれども、一方でサーチしてるようなね。
山中　絶対にそうですよ。
北山　私たちは、出会いたい人にしか会わないね。
山中　その通り。絶対そうやと思う。
北山　という感じがします。
山中　嬉しい。だから、今日も来てくれたのね。

開業

山中　さて、モーズレイから帰ってこられて、どうされたんですか？
北山　そこでびっくりしたんだけど、第二日赤がきれいになって、丁度父親が死ぬんですね、その頃に。
山中　お父さん、そこで亡くなられるの？
北山　その頃亡くなる、死ぬんですね。前から、身体の具合が悪かったんですけど、それで戻ってきて、北山医院を継ぐか、そこの駅前の、という事になって、戻ってきたのは父親が死んでからではなくて、戻ってきてから、ですね、で、京都に住もうという話が当然なんだけどイメージとしてあったんですが、父親が死んだものだから、選択ができた。さて、どこに住むか、という。それで、とりあえず京都で開業しよう、という考えがあったんですよ。で、一方で第二日赤に勤め始めるんですね。ところが近所のおばちゃんがやってきて、「修ちゃん、ここを精神科のクリニックにするつもりやったら、出て行って欲しい」と言われたのね。

山中　ええ！　どうして、また。

北山　土地の値段が下がるから。

山中　ああ、そういう事なんや。よう分かるけど。それで、東京で開業したの？

北山　家内と相談して。

山中　そうなんだ。僕ね、前に北山さんに聞いた事あるやん。「なんで、東京へ行くの？」って。で、あなたは何て答えたか覚えてる？「京都では、一時間に三万円払う人いないから」って言ったんよ。

北山　そんな事言ったかなあ。

山中　ふっふっふ。

北山　いやあ、それはまあ、現実だったかもしれない。僕、京都で何人かもうすでに有料で患者さんを診てたんですよね。でも、患者さんいなかったなあ。日赤で患者を見つけてきて、連れてきて、と思ってたけど、難しかったですね。

山中　なるほど。それで東京へ行かれて、東京でずっと開業して。

北山　それで、小此木啓吾氏の所に……

山中　行くわけ。

北山　はい。

山中　それは、あなたのほうから出かけたの？

北山　それはですね、ロンドンにいた頃、もういろんな人が僕の所にやってきた。京都にするか、東京にするか、という葛藤は昔からあるわけじゃないですか。そして、東京にということになった時に、ロンドン時代にいろんな先生方が、「私の所に来て下さい」、「東京へお帰りになられたら、私の所へ来て下さい」、「九州にお帰りになられたら私の所へ来て下さい」と言って、みんな名刺を残していく。私は観光案内したり、なんなりとお世話をする事が起こるわけです。モーズレイに日本人がやって来ると僕に連絡が来るって事がどうしても起こる。そういう事はよくある事なのです。しかし、お知り合いになった方々が、私がもう一遍訪ねて行ったら、みんな冷たいんですよ。旅先で会った時はあんなに優しいのに。国に帰って出会うと、冷たいんだな。それが、小此木啓吾氏だけが、「ああ、北山くん、北山くん！」と言ってくれたというのが、まあ、一つ。

山中　そうだったの！

北山　もう、ありがたい事の一つ。もう一つは、宮本忠雄さんの所へも行ったんだけど、「いやあ北山先生、もし、精神分析だったら小此木先生の所だよ」と。

山中　それは、正解だよ。

北山　で、小此木先生の所へ。「北山くんのような経験をした人間は、珍しいから」というんで。

山中　そうなんだ。小此木さんとは、何年一緒に仕事をしたの？

北山　それからずっともう二〇年。亡くなるまで。

山中　『阿闍世コンプレックス』（創元社）かなんかを一緒に編集して、『精神分析事典』（岩崎学術出版社）も、あそこら辺はずーっとそうやんね。そうか、二〇年近く、一緒におられたわけやね。なるほど。

北山　まあ、でも、やっぱり東京にもはたして適応できているかというと、ずーっと……

山中　そりゃあ、どこにも適応でけへんよ。

北山　まあ、浮いている人間ですよね。

山中　だって、ジキルとハイドでしょ？

北山　んー、やっぱりいつも天国から追い出される羽目に……。ジキルとハイドって言ってもいいけど、ほら、集中と拡散？　目が人工的に集中してくれたお陰でもって本が読めるようになって、『古事記』が読めるようになって。まあ先生、本当に、読むことができなかった人間が、活字が読めるようになったんですね。

山中　すごいよね。

北山　それが、翻訳やら、出版やら、さまざまなものを作りだす事につながる。

山中　そうなんだ。英語は元々、強かったの？

北山　それは、ビートルズに教えてもらったみたいなもんですね。

山中　そういう事なんだ。ビートルズの詩から入ったんや。

北山　そうですね。だから、耳から入ってますね。

山中　そっちの話でね、もう一つ取り上げておくと、あなたの『戦争を知らない子どもたち』、日本レコード大賞作詞賞をもらっちゃうやんか。

北山　そうですね。

山中　あれは何年のことやったん？

北山　一九七〇年かな。あれは、万博の年なんです。万博の会場で行われたコンサートのために書いたんです。

山中　そうなんだ。あれは良くできた詩だったね。

北山　そうですか。

山中　すっごく良くできてる。

北山　〈僕らの名前を覚えて欲しい、戦争を知らない子どもたちさ〉というあのフレーズが、はまってますね。

山中　そう。全くはまってる。そして、本当に事実だし。

北山　まあ、あの時、親父たちと対決する時に「戦争を知らないくせに」と言われてた事がね、私にとってはそれに言い返したい、という。

山中　そうか。

北山　うん。

山中　『イムジン河』の話もちょっと聞きたいんだけど。

北山　フォーク・クルセダーズというのは、「民謡の十字軍」という意味でしょう？

山中　はい。

北山　世界の民謡を歌う。世界の民謡を歌うということで、朝鮮の民謡を歌いたい。そんな時に、あの歌を松山猛という人が持ち込んでくるんですね。

山中　なるほど。だけど、あれは発禁になっちゃった。

北山　そうです。僕は、民謡だと思い込んでた。民謡だと思ってたのに、作者がいたんですよ。

山中　ああ……でも、そういうのは、たくさんあるよ。『五木の子守唄』も、人口に膾炙しているのは、実は古関裕而の作曲になっている。

北山　いや、ところが、北朝鮮とは国交がなかったから、禁止されちゃうんです。あれはね、歌ってもいいんです。歌が一人歩きして全然みんなが歌っても、好きなように歌ってもいいんだけど、私たちの東芝レコードというレコード会社の親会社である東芝電気が、半島での、つまり南朝鮮である韓国での東芝製品の売れ行きを気にしたんですね。

山中　そういう事か。

北山　それと、朝鮮総連が、歌詞を変えろ、と。「盗作だ」とも言われましたから、これはもう、最後まで出せなかった。

山中　そうだったの。僕はあの歌、大好きだったのにね。

北山　私も好きですよ。

山中　ああ、そうか。でも、そういう事だったのね。

北山　でもね、解散する、というのにヒットするとか、ヒットするけど発売中止になるとか、期待されると辞めるとか、こういった流れが今日の話に一貫してあるでしょう。

山中　そうですね。

北山　北山修という人は、ずーっとトリックスターというかね、何か捕まえられかけると逃げ出すんですよ。

山中　なるほど。だからジキルとハイドって、あなたの（ラジオの）パーソナリティの名前だったやん。

北山　それはね、分裂してるパーソナリティでしょ？

山中　そう。じゃあ、あなた、分裂してないの？

北山　だからね、揺れるんですよ。

山中　揺れるんだ。神経症的なんだ。

北山　神経症……（首を傾げて）

山中　いやいや、そう言うとまたあなた、ネガティブに取るね。

北山　ダイナ……

山中　ああ、そう、それのほうがいい、それが正しい。ダイナミックだ。

北山　わりと流動的というかね、別の言い方をしてよろしければ、皆さんはね、白か黒かと、どちらかの間で葛藤しているというイメージを……

山中　普通だったら持つよね。

北山　持つでしょう？

山中　うん、そうじゃないんだ。

北山　僕はね、両方が見えるんですよ。
山中　そういう事なんだ。
北山　目を開けると文字がくっきりと浮かび……これ、人工的にね、手術してそうなったでしょ？　目を閉じるとね、音楽が聞こえてくるんですよ。
山中　ああ、いいねえ。
北山　この二つの意識状態があるという事を、「そんなの、みんなあるじゃないか」と言う人もいる。でもね、私は結構両極なんですよ。最初、目に見えなかったんです。目が見えなかったんです。私はまるで両棲類のように、あるいは魚のように、両眼が違う情報を私に送ったんですね。で、それが人工的に手術をしたお陰で目が見えるようになってしまったんです。
　ある意味で、魚が、サルに進化した、みたいな。両眼が、全く違うものを見ている、というカメレオン的な、両棲類的な、どの動物がどれで、何が統合視が可能かは分からないけど、converge できる、これ、医学用語で輻輳と言うんです。
山中　そうです。
北山　輻輳というのと、そうじゃなくて逆の目を閉じると、別のことへ split（分裂）するんです。
山中　そうなんだ。
北山　この両極をね、あの状態がジキル氏で、この状態がハイド氏なのか、その逆か、それはどっちなのか分からないんだけど、私にとって大事な事、これを閉眼と開眼で使い分ける事ができる。
山中　それがすごい。
北山　すごいのかどうか、よく分からない。こういう事が、たまたま可能になったんだよね。人は聞いてみないと分からないもんでしょう？
山中　いやいや、聞いて良かったのよ。僕は、そういう話が聞きたくて、来ていただいたんだから。
北山　誰にだって、そんなんありますもんね。
山中　だって、本に書いてあることなんて、みんな知ってるやん。
北山　ただね、これはやっぱり、患者さんも見たり読んだりするものだからね、あんまり生々しいから。前田重治先生に〝こういう事が僕にはあるんだ〟と、〝これが僕の生産性の秘密だ〟と。
山中　と言ったら、前田先生は？
北山　そしたら「これは生々しいから、アナリストは、自分の事をあまり語らないほうが良いからね、人のファンタジーや何かを邪魔するから、人がどんなふうに思うかに任せなさい」と。
山中　前田先生、そうおっしゃった？
北山　それでまあ、そういうふうにおっしゃるから、僕はずーっと最近までしゃべらないで来たんだけど、ここ一、二年しゃべるようにしてる。

九州大学へ

山中　その後、前田先生に呼ばれて九州大学へ行かれたじゃない？　臨床心理学教室の教授になられた。後のほうでは、医学部も兼任なさるんだけど、臨床心理学教室で教えられて、一緒にみんなと臨床心理学をやられて、何かプラスになった事、マイナスになった事、一つずつ教えて下さい。
北山　私は西の人間だと思うんですよ、やっぱり。そういう意味では、九州で良かった。そこで前田重治という、すごく私にとってメンターですね。
山中　そうだね、完全にメンターだね。
北山　カウンセラーをしていただいたとも言えるし、酒飲み友達とも言えるんですけど、その方が一貫してお相手して下さったし、私の——山中先生にも、私は同じものを感じるんだけど——このマスコミュニケーションの事と臨床の事との両方を自分でプレゼントというか、出す事のできる相手とか場とかって、そんなにないんですよ。
山中　ええ、そんなにありません。
北山　ね。前田先生は、一方で臨床心理をしながら、僕が落ち込むと「北山くん、北山くん、それじゃあ、面白いビデオが入ったから、宮沢りえが脱ぐんだよ」とか、訳の分からない……（笑）
山中　サンタフェのあれでしょう？
北山　そうそう。それをね、いろんなマスコミュニケーションとパーソナルコミュニケーション、私の両面性をどちらも提示できる数少ないリアルな人物なので、そういう人と出会えた事、それが九州で……

山中　良かった事だね。

北山　集中と拡散、あるいは言語的な要素の世界と音楽的な世界。医学的な世界、ミクロの世界と、非常にワイドに広がる世界、この両方を引き受けて下さる世界、相手というのはそんなにないんですよ。いらっしゃらないし、現場もそんなにないんですよね。この両方をお話しさせていただいている、そういう心境になれたことが、自分を非常に楽にさせてくれているんです。

山中　そうなんだ。実はね、僕も前田先生はすごく尊敬申し上げているし、先生がおっしゃったような話を唯一できる方だったんですよ。我々の世界で。だからいつもね、前田先生と出会うと、映画の話、流行歌の話、いろんな話があって、もう夜ほとんど寝られへんのですよ。

北山　そうですよね。

山中　はい。で、前田さんはね、あなたが九州に来てくれる事を、どれだけ喜ばれたか。

北山　はい。そういうふうに言っていただきましたね。

山中　いや、事実ですよ。それが双方にとって良かったね。

北山　本当に。

山中　そう思う。で、さっきの質問に、答えてへんやんか。臨床心理学へ行って、前田先生の事は分かったよ。北山先生ご自身にとってプラスな事。

北山　まあ、先生もお書きになっていらっしゃる、「科学と心理の間」というか、先生も本に書いておられるじゃないですか。

山中　はい。

北山　なぜ、私たちは「間」に身を置くのか、という事。それは、「間に置き去りにされていく人たち」の事を取り扱うには、私たちは、両方に、二股を掛けて、立たねばならない、と。

山中　はい。

北山　で、その、医学と心理というものの間というものに立つには、もう医学の中には居場所はなくなりつつあるんですね。で、臨床心理学が、この数十年間医者を迎え入れてくれた。その流れの中に私はいたんだと思うんですよね。

山中　ええ。

北山　私がずーっとこの長い旅を続ける事ができたのは、やっぱりその両極を揺れる事ができた、私自身がそういう心を持っているという事と、臨床心理学そのものが、二重性というか、両極を揺れ動いていたんですよね。それで私は、東京か京都か、とかって言っているその二分法に引き裂かれるのではなくて、「いや、九州ちゃう？」みたいな。

山中　第三の道だね。

北山　あるいはその真ん中というか、中間というか、その間なんだ、という。あるいはそのどこでもないんだ、という所に、私はいつも居続けたい。それが、自由連想風に意味のある場所というか、患者さんは西にでもなく東でもなく、右でもなく左でもなくやってきますから、患者さんの事を考えるには、一番まんべんなく自分の心が揺れ動ける場所に立っているのが一番良いんだろうと思うんだけど、臨床心理学は、少なくともこれまで私たちがいた臨床心理学は、非常にそういう幅の、スコープの広さというか、この目の広がりというか、私の言っている集中と拡散というものの両方を可能にしているフィールドを持っていた、あるいはキャパシティーを持っていた、そういう器だったんじゃないか、と思います。

山中　はい。

北山　私は、他にはない、と思ってますよ。それが、まあ、京都府立医科大学と、京都工芸繊維大学の間だったんだと思うんですね。

山中　そうなんだ。ここにはね、医者もいれば教師もいるけど、臨床心理士が一番多いんですよ。先生の立場から、こういう事を伝えたい、こういう事をして欲しい、あるいはしないで欲しいというような事は、何かありませんか？

北山　やあ、だから、この幅の広さ、目の幅の広さですよね。非常に貴重な振幅、まあ、老若男女というか、四方八方とにかく、「いろんな所に耳を傾けながら、相手の話を聴く」というのが、Freud が強調した自律性であったり、suspended attention——自由に漂うような。そういうような注意、平等に漂う注意、Bion という人はこれを「記憶無く、欲望無く、理解無く」というように言うんですね。そういうふうに人の話を聴くって事は、きっと自分の生き方を、何か、〝どこに生きてたんだ、お前は〟というのか、宙にずっと舞ってたような感じがするんですよ。で、どこか旅人の気分でいると思うんですよね。

山中　そうなんだ。

北山　まあ、心の中の宇宙旅行を楽しむためには、そのほうが良いかな、というふうに思っているわけで、あまり定点観測はしないで欲しい、って思いますね。だから、いろんな所から眺めると、患者の心が立体的に見えてくる、と思うんですよ。でも、表日本から見ると裏日本は裏にしか見えない、ね。

山中　でも、昔は裏日本の方が本当の表日本だったんだよ。

北山　ねえ。だからそういうふうに、立ってる所によって見え方が違う。でもこれは、どうなんでしょう？「お前のキャラクターが、そういうふうになってるだけ」でね。一生の遊び人ですね。

『共視論』『幻滅論』

山中　あなたがいろいろ書かれたもの、全部は読んでいないけど、僕は、『共視論』（講談社選書メチエ）なんて、とてもいいあなたのオリジナルだと思う。

北山　ありがとうございます。

山中　しかもね、あそこであなた、堂々と春画まで載せちゃうやんか。やったね！

北山　いやあ、そんな。

山中　いやいや、僕ね単純に感心してるの。あの着想は、どこからですか？　浮世絵見てて、ですか？

北山　まあ、浮世絵を見てたというのもあるし、Jerome Bruner という人が joint attention（共同注視）というのを言ってたからという事もある。日本は、世界でも非常にユニークな春画を有していて、量的にも、質的にも、非常にレベルが高い。その中で特筆されるべきは、子どもの登場する春画ですね。

山中　そこが面白いよね、着眼が。

北山　まあ、まあ、そこまでは着眼した人はいるんだけどね、でもね、ここの中に登場するお母さん、女性たちがすごいなと思うのは、上半身子どもの相手をしながら、下半身で夫とつながっているという、両方をやってのけてるんですよ。

山中　そうなんですよ。

北山　下半身で女しながら、上半身は母親をやっている、と。だから、そういうような……あ、そうかそうか、この男の子と、下の男性は、入れ替え可能なんですよね。

山中　そうなんです。

北山　これは、面白いなと思うんですが、私が何を言いたいかと言うと、「あれもこれも両立させている」という事なんですね。

山中　そうなんだ。しかも両方が一緒に同じ方向を見てる。

北山　あっちとこっちを両立させてる。

山中　しかも、子どもとお母さんは同じ方を見てる。

北山　そう、お母さんは、下半身は夫とセックスしながら、上半身は子どもと遊んでるんですよ。

山中　花火見たり。

北山　うん。正直言ってこれは改めて論じたいと思うんだけど、時間がないので。

山中　はい。

北山　昼間は「なに、この絵！」みたいな事を言うんだけど、時々皆さんの一部が駆け寄ってきて、「うちも、あれなんです」とかっておっしゃるのね。要するに「私の家みたいだ」って、これ。

山中　はい。

北山　つまり、欧米のカップルは、欧米の両親たちは、セックスする場所と子どもがいる場所は、全く両立しない。

山中　完全に、両立しない。

北山　日本の寝室ってのは、川の字文化で、両方やってのける母親たちがいる。

山中　そう。

北山　この、両立させるお陰でもって、エディプスが開花しない。

山中　そういう事なんだ。

北山　ね。開花しない。だから、開花しないんだけど、突然エディプス構造の中に放り込まれる、というのが大問題なんだけど、その事を問うというか、そういう事を教えてくれる春画はすごいな、と思いますね。

山中　あのねえ、あれは、あなたのいくつかの論文の中では、僕から見て、一番最上位に来るんですよ。

北山　ありがとうございます。

山中　もう一つ、いわゆる『幻滅論』（みすず書房）。脱幻想論。あれについても、ちょっと何か一言。

北山　最初、豊かで生き生きしてくれているお母さんがね、セクシュアリティーとか、なんとかを両立させていたお母さんが、結局は傷ついていた、という〝見るなの禁止〟の悲劇の分析につながる。平和や平等が実現して幼稚園のお芝居でシンデレラが一〇人いても、あるいは、運動会で一緒に一〇人手をつないでゴールしたとしても、結局どちらかを選ばなくちゃいけない、みたいな、結局白黒どっちかになってしまう。この間をゆっくりと移行させる、という可能性というのは、あるのか、ないのか、というのが、私の今日の話にもつながりますね。

山中　つながるね。もう一つ、また別の口から。ちょっと出たんだけど、あなたがWinnicottに母親的なものを見られて。お父さん的というのが、小此木啓吾？

北山　小此木啓吾も母親的じゃないかなと思います。

山中　そうだよね。

北山　むしろ、土居さんが……

山中　土居健郎先生が、父親的な位置をお取りになるねえ。これを何で聞きたいかと言うと、Winnicott以外にも、あなた一〇人ぐらい訳しておられるんだけど、Winnicottにひかれていくというか、Winnicottの思想と臨床の実践の真実と、相当近いものがあると見たからだと思うんだけど。

北山　そうですよ。

山中　ねえ。日本のWinnicottianで、おそらくあなたが一番Winnicottに近い位置にいると思うんですよ。

北山　ありがとうございます。

山中　そこら辺でね、Winnicottからあなたが学んだ事、一言、二言でもみんなにシェアしていただけたら。

北山　だからその、ゆっくりと幻滅していく事、これが、どんなに難しい事か、という事だと思うんですよね。

山中　うん。

北山　あれも、これも、という、両方を両立させようとする、その幻想と現実、あるいは二者関係と三者関係、あるいは「幻想的一体感」と去勢の事実とか言われているような、精神分析で言う所のね、あるいは「分離の事実」と言ってもいいや。そういった、一方で、豊かであるんだけど同時に死んでいたという、結局私たちは死んでいくわけですから、最後はなくなってしまうんだけど、この「生き生きしてる」って事と、「死んでる」事の間のゆっくりとした移行が、少しは曲がりなりにも経験できているから、私たちはこれだけ健康でいられるんじゃないかと僕は思うんですね。で、やっぱりこれを非常に早くから現実で押し付けられた人たち、あるいはとんでもないものを見せ付けられてしまった人たち、それが〝見るなの禁止〟の悲劇。

山中　はい、見た途端、関係性は切られる。

北山　そういうわけだけど、そこで愕然としてしまう与平や、イザナギ、ですね。そういった「急激な幻滅」、この辺の事を語っているのは、Winnicottではないかと思っているんですよね。

山中　なるほど。

北山　それは、「何事も時間がかかるんだ」と、いう事だと思いますね。時間をかけないと、人は良くならない。僕は、何が一番治癒因子か、というと、時間だと思っているんです。

山中　はい、間違いないと思います。

北山　そういうふうに思うので、それをWinicottから学びましたね。

山中　最後にもう一つね、あなたの書かれたもので、気に入っているのが、Freudの事をあなたが書いておられた所で、Freudが真面目に精神分析の理論やケースの話をするところは、面白くないとまでは言っておられないけど、それよりも芸術論とか一般論とか文化論なんかを語る時に、さり気なく自分の臨床のイデアを書いている気がする、とお書きになってる。

北山 そうです、そうです。

山中 そこの所が面白いって、あそこの所が僕も実は一番好きなんです。

北山 そうですね。私たちは、症例を引用する事がまならない。プライバシーの保護がありますから。だから、芸術家や、民話や芸術作品を通して、あるいはその人の分析を通して、公開されているものを通して、実はクリニカルな事を語っているという、Freud の書き方というのがあると思うんですよね。

山中 そう。

北山 僕も最初から、それを学びました。

山中 やっぱり、そうなんだね。

（於 第一一五回ヘルメス心理療法研究会、二〇一一年一二月二三日、京都）

2

成田善弘*
（なりた・よしひろ）
×
山中康裕

「疎外されてる人々の側へ寄って行きたい」

精神療法との出会い

山中　成田先生と僕は実は同じ中学校の同期です。先生は中学の頃からこういう精神科医とか分析家ということを考えてらっしゃいましたか。

成田　中学の頃はまだ考えてませんでしたね。高校の時は考えてました。

山中　高校の時は考えてらした。それはどういう理由で精神科医になってみようと？

成田　一つは親戚に医者がいてですね、家が薬屋だったんです。薬屋は大体息子を医者にしたがるんです。それで何となく医者になるのかなと思っていました。それで精神科医というのを既に考えたかな？　僕が最初にそういう事を考えるようになった一つの理由は、フロイトに「W・イェンゼンの《グラディーヴァ》における妄想と夢」という論文があるんですが、それはイェンゼンの書いた小説をフロイトが分析した論文でしてね。そのグラディーヴァという小説とフロイトの

*精神科医。臨床心理士。現在、成田心理療法研究室。

論文がセットになっている本があったんです。それを読んで非常に面白かったので、謎解きにひかれました。元々推理小説、コナン・ドイルのホームズものも好きだったし、エラリー・クイーンとか、ヴァン・ダインとかアガサ・クリスティとかね。

山中　その名前全部私と共通で。それらはみんな私の愛読書でもあったんです。そうなんですね。

成田　それと医学部を出た時に精神科医に決めたもう一つの理由は、血を見るのが嫌だったね。

山中　ああ、そこも共通ですね（笑）。

成田　それと、僕は普通の意味での社交というのが非常に下手なんですよ。それでなんとなく常にある種の疎外感のようなものを持っていて、非常に健康的な人の側にいると圧迫を感じるので。精神科に行けば、医者にも患者にも私と似た同類のような人間がいるんじゃないかなと思いました。これは必ずしも当たっていませんでしたけれども。それぐらいかな。まあ、積極的な理由はないですね。ついでに言うとね、よく聞かれるんです、「なぜ精神科医になりましたか」と。僕は丸谷才一と言う人が好きなんです。

山中　僕も彼が好きです。

成田　小説家で評論家ですね。丸谷さんのエッセイによると、雑誌の正月号に特集があって、小説家の所に「なぜ書くか」というアンケートがくる。ところが詩人とか戯曲家の所へはめったにこないと言うんですよ。それはなぜかと言うと、詩とか戯曲の方が文学の伝統の中では正統的なものだと。小説というのは novel というくらいだから新しくできた小さな説で胡散臭いものだと。だから小説家の所へ聞きにくるんだという説を読んで、非常に感心してね。なぜ精神科医になったのかと聞く人には、あなたは内科医や外科医にも同じことを聞きますかと。そういうれっきとした科の先生には聞かないでしょう。精神科のような胡散臭い科だから聞くんじゃありませんかと言って、あんまり説明しないことにした（笑）。

山中　なるほど（笑）、そうなんですね。さっきグラディーヴァの話をされたんですけど、グラディーヴァのことを知られたのはいつごろの事なの？

成田　フロイトという名前ぐらいは知っていたんですが、たまたま本屋で見て買ってきたので偶然だと思います。深津さんという女性の精神分析家がいましてね。

山中　はい。深津千賀子さん。以前中京大学で教授やっておられた。

成田　今は東京に戻られましたけど。何かの時にその話をしたら、深津さんもグラディーヴァと論文のセットを読んだのがきっかけと言ってました。

山中　そうですか。深津先生もそんなことをおっしゃってたのね。

僕ね、成田先生とは中学だけが一緒なんですけど、クラスが違っていたもんで、成田先生がノッポで静かな人で、哲学者だと僕は思っていたんですよ。僕はチビでコチョコチョと動き回る多動児ですから、ADHDなので。全然正反対なんですね。正反対のものは大体ひかれるんですよ。だから遠くから憧れるという感じがあったんですけど。先生は中学の後は明和高校へ行ってしまわれて、私も旭丘高校へ行ってしまって、そこからは大学も違ってという事でね。ところがまた同じ世界へ入って出会う事になるんですよね。

成田　僕は山中先生が精神科医で、同期だということはもちろん知っていました。山中さんは――普段は先生と言ってるけど、今日はまあ山中さんにしよう。

山中　もちろんですよ。山中くんでいいんですけれど。

成田　山中さんは若くして有名だったんですよ。名市大でも若い頃からいろいろ業績出されたし、若くして南山大の、南山は名古屋の私学の名門校なんですけど、そこの先生になられたんで、あまり同期生だということを言わないようにしてました。ネームドロッパーってあるでしょ。俺は有名人の知り合いだと触れ回る、それだと思われるのが嫌だから、黙ってましたけどね。山中さんが名市大で講演された時にも教室の若い人と一緒に行ったんですけど、一番後ろに座って、話だけ聞いてすぐ帰ってきた。たぶん山中先生は気がついてない、後ろのほうで聞いていたからね。その後、同じ業界で仕事をして、こうやって付き合いをしてもらうようになったのは、マスターソンが来た時。

山中　はい。そうでした。

成田　マスターソンという精神分析家がいて。

山中　先生、お訳しになったんでしたよね。

成田　はい。そうですね。『青年期境界例の治療』（金剛出版）という本を訳しました。一九七九年に訳したのかな。笠原先生に見てもらって訳しました。それがきっかけで一九八三年に星和書店がマスターソンを呼んで、マスターソンが東京と名古屋と京都でセミナーをやったんですね。僕は名古屋と京都と付き合って、京都で私が事例を出して。遊佐安一郎先生という家族療法の先生が当時はアメリカにおられた。マスターソンと一緒に来日して、私の事例を英語に訳して下さって、マスターソンがコメントしてくれたんです。その時、山中先生とか河合先生とか、神田橋先生もいらした。その時に、同じ業界にいる人間ですと挨拶をしたと思います。

僕は四〇歳ぐらいまで地元をほとんど出なかったんですけど、四〇歳ぐらいの時に東京へ行って、芸術療法学会に顔を出したら、山中先生はすでにその学会のリーダーで堂々と振る舞っていて、若い人にコメントしてたんですね。僕は仲間内にはコメントしてましたけど。当時は患者に同一化して、若い治療者に厳しい事を言って恨まれていたんですよ。ところが山中さんのコメントぶりを見て、僕は同期生なのに、なんでこんなに発達が遅いかと思ったね。それから少しずつコメントする時にいろいろ考えるようになった。その時もお話ししたかな？

山中　そこはね、僕はちょっと記憶になくて、申し訳ないんですが。芸術療法学会は実は私は七回目まで出ていないんです。一回目からすでに知っていたんですが、やっている人たちがほとんど精神病理学というか病跡学というか、そっちのほうの専門家ばっかりで、一部の人は違うんだけど。そういう話が根底にあるって見え見えで、患者の示す言動とか、いろんな精神療法的と特にここでは言うけれど、心理療法的な治療学にかかわる興味でものを言っている人が一〇人に一人いるかいないかなんですよ。そんなところは、僕は嫌なんです。それで出たくないと言ってたら、その当時同僚で上司だった中井久夫先生が「もし、そういうことだったら、中に入ってきちんと言ったらいいやん。そういう人たちを治療的な方向に向けるのが君の仕事やん」とおっしゃって、七回目から出るようになった。

今、先生、患者に同一視してとおっしゃったけど、私はほとんどのケースを、患者のほうから聞いてるんですよ。そしたら腹が立ってくるんです。「何やその治療は！　お前のは治療か！」というわけで、ガーと怒ってた。そしたら、その時高江洲くんという、今は沖縄のいずみ病院の院長、当時は郡山病院にいたんですけれど、彼は出身が東京医科歯科大で、獨協の講師をやっていた。で、東の高江洲。その時私は京大に呼ばれていたんで西の山中と。水戸黄門の両方に並ぶ助さん角さんよろしく、十年間ガーっとやってた時なんです。まあその話は置いておきましょう。そういう話が出てくるとは思わなかったんですが。

ところで、成田さんは碁がめちゃ強い。おそらく、現在心理療法家、精神科医の中で最も強いうちの一人だと思うんですよ。

成田　この狭い業界では、たぶんそうでしょう。

山中　でしょう。だって氏原さんがね、俺は碁が強いからとかいって、彼のところに行って実は三子《さんし》にされたんですよね。三子ならまだいいほうなんですよ。私の知っている成田くんというのは、間違っているかもしれないけど、高校の時に専門のプロ棋士になるか、医者になるかということで迷ったということを聞いてる。

成田　それはね、高校ではなくて大学卒業の時。中学の時に親父に碁を教えてもらって、名古屋大学の囲碁部に入って、毎日碁を打つわけね。それから日本棋院といってプロのたまり場の所に行って。院生というんですけど、プロの卵の中に入って毎日打つわけ。それで卒業する時に大体今と同じぐらい。今と同じぐらいというのは、名古屋市本因坊戦というのがあるんですけど、僕はそれの決勝で負けて、準決勝で負けて、一回も本因坊になってない。それから愛知県の朝日十傑戦というのがあって、これも何回も十傑に入ったけど、それもトップになってないんで、全国大会に出られない。

山中　そうなんだ。二位ばっかりだったんだ。

成田　中途半端ばっかりで。大学卒業する時に私より一年上なのがプロに転向しました。それとね、最近では京都大学卒業の坂井さんという人が医師免許取ってすぐにプロになりました。この人は子どもの頃からプロと同じように修業して。

山中　僕は金沢盛栄くんが教え子なんですよ。

成田　金沢さん……あの人はプロ級のトップアマ、あの辺より僕は一目《いちもく》弱いね。

山中　一目だけなんだ。

成田　それで、本当にプロになりたかったんだけど。もう一目強ければ、なんとかしてプロになりたかった。

山中　一目弱くてよかったんだと僕は実は思っている。

先生ね、精神科医になられて、精神分析を選ばれるのはその後でしょ。精神分析を結局専門的にやられるようになったのは、どんなきっかけだったんですか。

成田　グラディーヴァというのを読んだのが、そもそも精神科医になろうというきっかけ、当時精神分析を意識していたかどうか分からないけれど。

それで先生もよくご存知でしょうけど、私が入った頃は学会紛争の真っ最中で、最初に参加した学会が精神神経学会の金沢学会だった。もう本当に混乱してて、暴力的な事もありましたね。当時いろんな学会がポシャッちゃった。精神分析学会だけ内部でいろいろ批判がありましたけれども続いてた。

僕も最初はインターン廃止闘争から始まって国試ボイコット運動をやったので国家試験の合格が半年遅れたんです。先生は？

山中　一緒です。だって同期だもの。国試を私も放棄した人間ですから（笑）。

成田　最初の頃、勤め先に医師免許出すのにね、半年遅れの医師免許だから、これは落ちたのではなくてボイコット運動ですとか言って、一々言いわけして。

山中　そうそう（笑）、みんな気にしてましたよね。

成田　精神分析の中の批判というのは非常に興味深かった。というのは、それは外的な批判だけじゃなくて、内面に立ち入ったいろいろな議論、両方の議論があった。まあ、そのほうがいいんじゃないかなと思ったんですね。それから、もともと精神分析というのは、辺縁の学問というか、疎外されやすい学問ですから。まあ今でもそうですけど。また特に最近そうかもしれませんが……。患者に対してもそうだけど、なんとなく疎外されてる人々の側へ寄って行きたいという習性があるんです。山中先生は別ですよ。疎外は全くされていないから。

山中　先生は私を分かってないのだ。私はもうずっと疎外されてた人なんですよ。

成田　そうなの。そういえば思い出した。名古屋から京都へやってきて、京都の中で自分の居場所を作って行くプロセスというのは、さぞ大変だったと思います。

山中　さぞなんてもんじゃない。家内は私が一年で追い出されると思っていたようです。それで三年もった時に「よく三年もったね」って言われたぐらい。僕の思ったのは、なんでか分からないけど、とにかく河合先生が自分を抜擢されたんだから何か意味があるんだろうと。それで僕がやれることをやればいいんだということで十年やってるうちに、そういうことはなくなりました。

成田　芸術療法学会に腹が立ったから、そこへ入って行ってとかね、京都へ来て最初大変だったけど、どんどん自分で出ていかれたとかね。そういうのは私には全くない。なるべく引っこんで静かに暮らしたいとずーっと思ってた。

山中　だから対極なのですよ。対極だけど一緒のところに行くというのがいいじゃない。しかも中学の同期生というね。まあ、自分たちの過去をいろいろ語るという事は僕はあまりしたくない。でも、そろそろ我々も次の世代、その次の世代に渡していく時代になってきたんですよ。

成田　そうですね。

山中　例えば先ほど先生は金沢学会の話をされましたけど、精神医学に限らないわけで、東大闘争、日大闘争と日本全国の闘争になり、パリでもニューヨークでもあっちこっちで世界中の学生運動になっていったわけですよね。だからそういう中での、激動の時、我々が何に苦労して、どうやって今の学会なんかを作り上げてきたか、実は知らない人がほとんどなんですよ。そういう意味では、そういうややこしい事は知らなくてもいいけれど、そういう一日一日の努力が結局現在になっているんだという事ですね。

それと、河合先生が私を呼んで下さったのはどうしてかいろいろ分析すると、私の考えはおそらく一つはね、『少年期の心』（中公新書）という本を書いたのがある。

成田　それ南山にいる頃に書いたの？

山中　一九七八年、南山時代です。あれがおそらくお眼鏡にかなったんではないかと思ってることと。その『少年期の心』を書くことになった前段階が、東大出版会が出してた『分裂病の精神病理』の中に三本論文を書いてる。あの三本とそれがね、おそらく河合先生がこれだけやれるんなら手伝ってもらってもいいかなと思って下さったと思うんです。その話は私の話だから括弧。

著作と翻訳

山中　僕は先生の『精神療法の第一歩』という本がとても感心したんですよ。あれは、今でも、浜松大学の基礎文献の一つなんです。

成田　それは恐縮です。

山中　あれの辺りで、先生が苦労された話とか、心を込めた部分を教えていただけたらと思うんですが。

成田　『精神療法の第一歩』という本は、僕が四〇歳の時に書いたのかな。

山中　一九八一年です。

成田　ああそう。じゃあ、その頃からようやくモノを書くようになったのかな。

笠原嘉という日本を代表する精神医学者が、名古屋大学の教授として来られましたね。名古屋大学の研究グループではメイングループは精神病理学グループ。

山中　植元行男さんとか村上靖彦さんとかのグループですよね。

成田　精神療法グループというのが僕の入ったグループなんですよ。

山中　主宰が伊藤克彦先生。
成田　よくご存知で。僕は非主流だから普段から圧迫されていて腹立ってばっかりいてね。教授選の時、伊藤克彦先生を担いでですね。ところが結局、笠原嘉先生になった。後から考えると、笠原先生が来られたのは良かったと思いますが。
山中　結果としてはね。
成田　笠原先生が来られて、どういうふうに接しられるのかなあと、あるいは我々がどう振る舞ったらよいのか非常に不安でしたね。そしたら思いのほか公平に接していただいて、笠原先生にご依頼があった原稿を「お前書け」とか、「あそこへ行ってしゃべれ」とか、いろいろ言って下さった。機会を与えてもらったというのは非常に大きな事でしたね。『精神療法の第一歩』というのはシリーズの一冊なんですよ。
山中　はい知っています。診療新社から出てた。
成田　それで山下格先生の診断の話とか。原田憲一先生とか。
山中　山下先生というのは北大の教授、原田先生は東大の教授になった人で、僕が一番尊敬する東大の教授の一人です。
成田　そういう先生がお書きになっているシリーズに「お前書け」と言っていただいたので、初めて書いたのかな。本として。
山中　はい。表向きに一冊、先生一人で最初にお書きになったのが。
成田　そうですね。それまで論文もほとんど書いてなかった。クルズスというのがあるんです。医者の、新入局の人たちにそれぞれの専門家が、こんなもんですよというイントロダクションをする……
山中　各業界、生理学ではこう、形態学ではこう、精神分析ではこう、精神病理学ではこういうことまで到達しているよと教えてくれる。
成田　クルズスで精神療法を担当してた。助手をやってたから。それでメモ取ってたのを元に書き出してね。出版には薬屋さんが関係してたせいもあって、非常にたくさんの皆さんに読んでいただいて。
山中　あれは精神療法を始めようとする医者たちのた

めにお書きになったんだけど、臨床心理士としても読む価値があると思います。

成田　それは自分でも読んでいただければ嬉しいと思いますね。あの本は、一昨年ぐらいに、金剛出版が新訂版を出してくれました。前の本よりちょっと大きくなりましたけどね。その本の書評を神田橋條治先生が書いてくれてね。これもどこかに書いたけど、神田橋さんの書評というのは、僕の本の事は少ししか書いてなくて、ご自身の事がいっぱい書いてある。一番最初にどういうことが書いてあるかと言うと、自分が本を書こうと思ってたんですって。河合先生とお話ししてる時に、「自分のできもしないことを集めて書くといい本ができます」と言われて、冷や汗が出たというのが書いてあって、それから僕の本の事が書いてあって、それからまたご自分の事が書いてあったんですけど。河合先生の言葉の引用は、自分の本の事になってるけど、もちろん僕の本に対する当てつけに決まっています。

山中　当てつけって今おっしゃった（笑）。

成田　まあ確かに今思うと、その当時私がこうありたいと思っていた事が書いてあるんですが、その新装版の時に追加の短いメッセージを書いたんです。そしたら神田橋さんが「現時点での成田さんの到達が総じて平凡風なものであることに気づかれるでしょう」と。「成熟というのは平凡風になっていくことだという格言が立証されている」と書いてあってね。

山中　そうそう。読みました。

成田　それは神田橋さんご自身の成熟に関する感慨かもしれないけど、要するに「一生かかって当たり前のことしか書けんのか」と書いてあるのと同じ事でね。

山中　それはちょっと先生、僻みの言い方と謙遜の言い方で。僕もこのごろね、神田橋さんの本読みました。以前の若い頃の芸術療法学会でワーとやってた頃だったら絶対分からなかった事だったと思うんだけど。今しみじみと読むと平平凡凡と普通の事を普通に、当たり前の事を当たり前にできる医者というのが最高峰なんだという事が分かってきたんですよ。当てつけというふうに今おっしゃったけど、神田橋さんは当てつけも何も、自分の眼鏡にかなわないものは書評しない人なんです。だから当てつけだろうがなんだろうが取り上げてもらえることだけでもすごい事ですよ。
成田　それは本当にそう思います。一番最初に下坂幸三先生が書評をして下さって。それ非常に肯定的に書いて、もちろん批判もしておられるんだけれど、肯定的に書いてもらった。下坂先生ってお名前しか知らなかった。非常に励みになって嬉しかったですね。
山中　拒食症の専門の。
成田　そうです。もうお亡くなりになったけど。
山中　とても残念。ドイツ語がとてもお得意な先生で。
成田　そうそう。東京で『下坂セミナー』というのを毎月一回やっておられたんですが、途中から「一人でたいへんだからお前手伝え」という事になって、最初半分の年六回やってました。下坂先生が亡くなられてから、『成田セミナー』という形で、いま年に八回やっています。
山中　じゃあ下坂先生の後継者、後継者という言い方はまずくて、後を継いで。
成田　後継者は別にあって、お弟子さんの方が何人もいらっしゃいます。中村さんとかね。
山中　中村伸一さんでしょ。
成田　そうそう。まあ、そういうふうにお声をかけて下さいましたね。
山中　そうなんだ。ありがとうございます。そこら辺から入ってね、さっきマスターソンの話が突然先に出ちゃったんだけど、マスターソン、笠原先生から言われて、ほとんど先生が訳されたんですよね。ほとんど全文先生が訳されて、笠原先生にちょっとだけ直されて出たんだけど。マスターソンから何を学ばれました？
成田　当時、境界例という言葉がようやく日本の精神医学界でもポピュラーになりつつありましたね。だけど、治療的にどうしていいか全然分からなかった。昔は共感とかいう事が非常に強調されていた。まあ今もそうかもしれないけど。しかし、共感だけではどうにもならんなというのが実感だったんですね。マスターソンはそこへ非常に具体的な治療技法を提示した。ちょっと強引なところもあるけれど、リミットセッティングだとかコンフロンテーションだとか。追試可能な形で治療技法を書いてある。精神療法家の書いているものは、読んでいる時はふんふんと思うんだけど、実際にじゃあどうしたらいいのかというと追試不可能なものが多いんですが、マスターソンの書いたものは追試可能な形で書いてあった。それから、一番学んだのは患者を自立した個人、あるいは少なくとも自立した個人になり得る人とみなす姿勢がすごく一貫している。これは初めて聞くと、非常に厳しかったり冷たく映ったりしましたけども。基本的にそういうふうに患者をみなすという事が大事だという思いに至った。それまでは、それと比較して後から思うには、やっぱり患者というのは弱者だし、極端に言うとかわいそうな人たちだから、何とかしてあげなくちゃいけないという思いが強かった。ところがマスターソンは「患者は自立した個、少なくともそうなるべき人間とみなせ！」という事で非常に一貫している。その事を一番学んだ。

山中　なるほど。先生、翻訳だけでも数冊出してらっしゃるじゃないですか。

成田　一一冊ぐらいかな。

山中　その中で、他にこれが良かったというのでは、何を思い出されます？

成田　最初にやったのはマスターソンとサルズマンですね。サルズマンの『強迫パーソナリティ』（みすず書房）という本。これは今読んでも有意義だと思いますね。それから最近ではナンシー・マックウィリアムズの『ケースの見方・考え方　精神分析的ケースフォーミュレーション』と『パーソナリティ障害の診断と治療』を若い人と訳しました。それからシミントンの『分析の経験』（いずれも創元社）など。これは僕はあんまり働いてなくてね。北村婦美さんという京都の精神科医、北村婦美さんがどういうわけか、創元社にシミントンを訳したいと言って持って行ったら、創元社が販売政策上の事もあって僕に監訳をしろと言ってきたんですね。それで三冊ぐらい一緒に仕事をしました。最初一冊目は婦美さんの送ってくる原稿にいっぱい朱を入れて返してた。ところが二冊目になるとほとんど朱が入らなくなって。三冊目になると、「う〜ん、なるほどこう訳せばいいのか」と感心するようになった。婦美さんは少なくとも現在の僕よりはっきり芸が上ですね。

山中　彼女ね、僕の所にも来てたことがある。すごい語学伸びましたね。

成田　そうですね。だから北村婦美という訳者を見たら、間違いのない訳者ですので、皆さん買って読んで下さいね。

山中　そうですか。一一冊訳されたんですね。私も一一冊。だけど僕自身の語学というのはたいしたことなくて、ちっとも進歩しなくて、若い人のほうがどんどんいいのを訳してくれる。だけど、翻訳というのは横文字を縦文字にするというのが翻訳じゃないですね。要するに文化も背景にあって、その文化も写し、そしてその国の文脈でその国の言葉遣いで表現できるようにならないと翻訳と言えない。その仕事をこそ私はやってきたんです。だからドイツ語やらフランス語やら英語やらのとても難しい訳をきちんと日本語にしたんだけど、もしそのまま出したら誰も読んでくれないだろうというぐらいゴツゴツしたのを、ちゃんと日本語にするのが私の仕事でした。だから翻訳者の仕事というより日本語の仕事をしたという感じです。

成田　それは全く同感でね。僕は英語しかやったことありませんけど。ドイツ語は辞書と首っ引きでしか読めないから。

山中　私もそうですよ。

成田　それは大分違うと思うよ。

翻訳で一番大切なのは何といっても日本語の力ね。もちろん対象の言語が読めなくちゃどうしようもないけど、日本語力が一番大切。僕は翻訳でいろいろとそれなりに学んだことがある。一つは、英語では主語が必ずありますね。日本語では主語がないですね。ただ世界中で見ると主語がなくても文章が成立する言語はいっぱいあるらしいのね。

山中　いっぱいあります。ハンガリー語がそうですし。

成田　そうらしいけど、英語との比較で言うと、主語がなくても文章が成立しているという日本語の特徴を生かして、解釈を言う事ができないかなといろいろ考えた。患者と私の心の井戸というモデルなんだけど、底の方に行くにつれて両者の心の井戸が通底したような感情がある。それを主語をなしに言いましょうとかね。それからこれはこのごろはっきりしないけど、日本語には男言葉と女言葉というのがある。

山中　そうなんです、傑作なことがありますよ。いや、話取っちゃって悪いんだけど、ある外国の男の人が突然ね、芸者のしゃべる言葉で話し出したので、僕がちょっと気恥ずかしくなって「ちょっと先生、それは芸者しか、女の人しかしゃべらない言葉なんですけど」と言うとすごく赤面された。女言葉があるということ知らなかったみたい。どうぞ続けて下さい。

成田　それで、関西弁はそうでもないかもしれないけど、標準語では女言葉例えば「〜よ」とか「〜わ」とか「〜かしらね」と言ったほうが感情表現が自由になると思ったんですよ。で、しばらくの間女言葉で独り言を言うという練習をしていてね。

山中　(笑) え〜! 先生が! むっちゃ面白い。今日の対談で最高峰。

成田　それで僕はある学会で土居先生と三日間、他にも何人かいらっしゃったんだけど、三日間行動を共にすることがあって、土居先生に今のような日本語の話をした。日本語では主語がなくても文章が成立するから、患者と治療者の心の井戸の通底した深いところの解釈が言いやすいけど、英語は不自由でしょうねと言うと、それは英語でも we とか it を主語にして言うんだと説明して下さった。その後「女言葉で独り言を言っています」って言ったら、これは「気持ち悪い」の一言で片づけられた (笑)。

山中　そうでしょうね。土居先生ならそうおっしゃるだろうね。本当に去年亡くなられてしまってとても残念です。僕ね、自分の論文の方に引き付けちゃって恐縮なんだけど、『高齢期の死生観』という論文を頼まれたんですよ。一昨年の一〇月に言ってきて、それで〆切一二月って書いてあったので、僕一所懸命書いて一二月に送ったんです。ところが一年先の一二月だったんですよ。これは、土居先生が五五歳で東大教授の時に『老年期の死生観』というタイトルの論文を書いていて、その論文を踏まえて、土居先生に読んでもらうつもりで書いたのに、活字になった時には先生は亡くなられてた。これが非常に残念でね。それから、東大出版会の『分裂病の精神病理』の集まりがあって、あれ大体一〇人ぐらい、発表する一〇人とそれから編者である人と、あと二～三人の取り巻きだけが熱海の旅館に泊まるんですよ。私は第三巻から出さしてもらって、第五巻から論文を発表してるんですけど。第三巻の時には土居先生は私の名前すらご存知ない。当然なんだけど。第五巻で私が発表した時に「おい風呂に入るか」と言われて、一緒にお風呂に入ったんですよ。その時は何にもおっしゃって下さらなかったんですけど、第七巻の時にはね、「山中くん。うん。一人前になったね」と言って下さったんです。これが最高に嬉しい言葉で。その土居先生は何かと人を褒める人じゃないし。「気持ち悪いね」って、先生はすぐに自分の感情をさっと言われて、ちっとも変だと、相手のことを配慮しないわけではないんですよ。その一言にいろんななんらかの思いが入ってるんだけど……。私も今聞いて気持ち悪いものを思いました。だけど土居先生と違ってよう言わんです(笑)。だけどそれは面白いですね。その発想はどこから出てきたの？

成田　それはね、家に親戚が何組か来ることがあるんだ。その時に、自然に旦那組と奥さん組に分かれて雑談してたんだ。旦那組のほうは話があまり弾まなくてね。株がどうとか、話が弾まない。奥さん組のほうはすごく話が弾んでにぎやかで仕方がない。皆ある程度女言葉でしゃべります。それは女言葉のほうがいいなと思ったね。

山中　それはすごいな。そこら辺の洞察が面白い。そういう事で始まった。

総合病院で働く

山中　外から見ている成田先生というのは基本的には名古屋大学の精神療法グループに属されてほとんど精神療法の中心的役割を果たしてこられたと思うんだけど、職場は途中で中京病院の部長になられて、あちらのほうで診療をなさってて、それがしばらく続いてから、椙山女学園大学の方にいらした。それから大阪市大に呼ばれたり、桜クリニックに今もそうだけど、ご勤務になったりと、職場が少なくとも大学病院といわゆる一般病院と、それから大学それも臨床心理のほうの大学と、いろいろ渡られた。やっぱり場の雰囲気というのは大分違うと思うんです。その中でいくつかを御体験になってね、先生自身の考え方なり、物の見方なり、いろんなことで二、三教えていただけることがあったらと思うんですけど。

成田　僕が大学に入った頃は、先生も同じだろうけど、無給副手というのがありましてね。本当に無給なんですよ。

山中　僕は無給副手の段階なしで、大学院卒業した途端に有給の助手だったんです。贅沢なんです。

成田　それは大分違う。無給副手というのがあってね。それで精神病院へアルバイトに行きながら大学病院で診療をするという。そのあと精神病院に一年ちょっと赴任しましたかね。それから助手になって大学病院に戻ってきて七年やってましたから、だいたい大学病院に一〇年ぐらいいました。

山中　私九年でした。助手がね。

成田　さっき言ったように傍流のグループだったから面白くない事の連続だったですね。なるべくそういう事から離れて、患者を診るという事に集中してた。患者は、とにかく自分で言うのはおかしいけど、かなり一生懸命診てたからね。それで、三七歳の時に、社会保険中京病院という大きな総合病院で、精神科医は二人しかいない所に赴任しました。

山中　あんなに大きいのに二人しか！

成田　そうそう。当時リエゾン精神医学という言葉もそんなにまだ定着していませんでしたけど。そこへ行って大分視野が広がりましたね。精神科の医局にいる時は、まあ腹を立ててたせいもあるけど、人づきあいがあまりなかった。しかし、いろんな情報が、やっぱり医局に座っていればどんどん入ってくるわけです。ところが中京病院に行くと医者は一〇〇人くらいいるんだけど、精神科医は二人しかいなくて。もう一人は僕に輪をかけて何にもやらない人だったので、全く情報が入ってこない。そういう意味で少し精神科の学会に出ようかなと思うようになりました。それから他の科に入って仕事をするという事が増えました。人工透析とか腎移植とか、熱傷センターとかが売りの病院でしたから。そこへ入って行って、そこのスタッフとか看護師とかと話をするという事になった。要するに社会というものを初めて知ったという感じだね。精神科だけの狭い世界からもう少し広い世の中へ。まあ、いろんな事がありました。

精神科で、例えば最初はレクレーションといって外で遊んでたんだけど、非常に奇異の目で見られた。それからナイトホスピタルをやろうと思ったけど、それもそんなに働けるなら入院必要ないと言われてね。いろいろ精神医療に対する、偏見と言っていいのか知らないけど、それがいっぱいある。精神科にいる間は、建前上はないですけど。

山中　あまり、ありませんね。

成田　実はあったかもしれませんが、建前上はない。ところが総合病院へ行くと、毎日のようにそういうものに出会うんですね。そこでだいぶ学習をしたというのかな。一般社会というのはこういうものだという事をある程度学習しました。それから、他の科の人とコミュニケーションする能力というか技術がないとどうしようもないですね。他の科の人に通じる日常語で患者に起こっている事を説明するという訓練には非常になりましたね。

山中　あの頃からですかね。先生が今言われたリエゾンの論文をいくつか書かれた。それから心身症にかかわる部分と、サイコネフロロジーにかかわることで、あれは確か春木繁一さんだと思うんだけど、鳥取のね。彼がお呼びになって先生の意見を聞いておられたけど。あそこら辺りから成田先生という方は身体医学をベースにした人たちとの共通言語がきちんとしゃべれる人だというふうに僕は把握していました。

成田　きちんとしゃべれるかどうかは別だけど、そういう人たちとのお付き合いは増えましたね。

春木先生は偉い方で、もう公にしておられるけど、御自分も腎不全で人工透析ですね。もう四〇年ぐらいになるのかな。私が鳥取大学で講演した時に、春木先生がおいでになって、サイコネフロロジー研究会、精神腎臓学研究会かな、それを立ち上げるからお前も手伝えと言われて、最初何回か毎年出てました。いろいろコメントしたりしてました。それもいい経験でしたね。

山中　そうなんですね。私も一度呼ばれました。それからまた次元変えてもいいですか。僕の全くの偏見と岡目八目というか、横からしか見てないので間違いがあるかもしれないので、ご本人がおられるから、いろいろ教えてほしいんですけど。僕は先生が精神分析の専門家であるという認識と、今の周辺部分との関係性もそうなんですが、他に強迫症の専門家とみなされる部分もあるでしょう？

成田　ある程度見なされていましたね。もっともこのごろはＣＢＴ認知行動療法が主流だから。私の強迫論にはあんまりお呼びがかからなくなったけど。

山中　ＣＢＴも三〇年ですたれますよ。

成田　まあ、若干本を書いたし、そういうふうに見られてましたね。入局して初めて診たケースが強迫性障害の男性でした。初めて診たケースがその後の研究テーマになるということは医者の世界でも時々ある。

山中　多いですね。私もそうです。

成田　そうでしょうね。それで何例か診ました。当時薬物療法はほとんど効きませんでしたから。途中でアナフラニールという抗うつ剤が効くようになりましたね。最近ではＳＳＲＩが出てだいぶ薬物療法が効くようになった。昔より楽になりましたね。

山中　だけど先生、それは治療に入りやすくなっただけで、本質的に強迫性障害が解けていくとこまではいかないでしょ？　相当そこまで効きますか？

成田　相当効くケースはかなり効くと思いますね。だから今は薬物療法をしないという事は止めたほうがいい。

山中　まずありえない。僕もそれはしないなんて言ってないです。それはむしろ患者さんを苦しめるだけですので。患者さんが楽になる方法はいい。だけど、例えばうつ病でもそうですが、うつ病では抗うつ剤が八割以上効くので、変な精神療法をするなと、木村敏さんはじめとして言うんですが、僕は違うと思ってるんですよ。

成田　それはそうですね。もちろん違うと思いますね。大体強迫の人はちゃんと薬飲んでもらうようにするまでが大変な人がいてね。薬に頼るのが嫌だと言って拒否する人もいますし。薬を巡ってやり取りすることも、かなりサイコセラピューティックな意味があると思ってますね。それからやっぱり症状の軽快が大変なんだけど、その背景にあるいろんな強迫的なスタイルというか、生き方とか、価値観とか、人生設計とか、そういうものも扱えれば扱ったほうがいいなと思ってますから。サイコセラピーは必要だと思いますね。

若い人たちへ

山中　最後に、臨床心理士の人たちに先生から望む事というか、伝えたい事があったら伺えたらと思うんですが。

成田　それはちょっとなかなか難しいです。ぼくは臨床心理士の認定というか協会資格をいただいてるけども、基本的なアイデンティティは精神科医ですから。精神医学との協働とか共通性というのをなるべく見て欲しいなと思っておりますね。臨床心理学というのは起こってくる途中でアイデンティティを確立しないといけないからね。アイデンティティというのは、大抵は私はこれとは違うという形でできてくるから。精神医学に対するある種の反発とか批判とかいうものが非常に表面に出ている臨床心理の方もいらっしゃいますよね。精神医学というのは近い学問ですので、精神医学とも協働することをいとわないようにしてもらいたいなというのが一つですね。

山中　僕はその文脈で言えば今一番ね、浜大でも主張しているのは何かと言えば、精神医学と臨床心理学がタイアップしてみていったら、患者さんにとって一番いい方向に行くんだというふうに、医者の側も臨床心理士の側も言えるような形でタイアップするようにしたいと考えているんですよ。医者の、ある種の頑なな人たちの中には、臨床心理士たちが増えていくにつれて自分たちの患者を奪うと言った人もいた。一方で、今先生がちょっと触れられたように、医学とは完全に独立した隔絶した臨床心理学のアイデンティティを言いすぎて、精神医学とうまくタイアップとれてない方がいらっしゃいますよね。そこら辺を、僕はこれら二つの領域がタイアップしたら、実は患者さんは一番喜ぶという学問にしていきたいと考えてるんですよ。

成田　そうですね。今、心理士の方への要望という形で述べたけど、精神科医にもいろいろといて、とてもタイアップしにくいような人がいっぱいいるかもしれませんね。基本的には近隣の学問として協力していってもらいたいなということが一つです。

それから、最近の若い人と話していると本を読まないという事を非常に感じますね。どうして読まないか分からないんだけど。

山中　全然読まない。やる事がいっぱいあるからですよ。コンピュータやらなんやら。

成田　コンピューターで忙しいのかな？　けど、やっぱり本を読んだほうがいいと思いますね。しかも、最近のものばかりではなくてね。全部原典を読めというのは不可能でしょうけど、なるべく元になる文献を読んだほうがいいと思います。例えばフロイトの紹介論文を何冊も読むよりは、翻訳でいいから原典を読まなくちゃいけないと思いますね。それとね、僕は自分の若い頃は人間学が隆盛をきたしてたからボスとかビンスワンガーとかツットとかミンコフスキーとかを読んだ。今読むと非常に新鮮に見える。

山中　そう。僕もこの間ツットを読み直してびっくりしました。

成田　ああいうの読んだ方がいいと思いますね。

山中　ありがとうございます。そしたら最後になりましたけど、今本を読めと言って下さったので、先生ご自身が青年時代・少年時代に印象に残った本をいくつか教えて下さい。

成田　僕は子どもの頃はいわゆる文学少年というのかな。古典的な世界文学といわれるものをたくさん読んでたね。『アンナ・カレーニナ』とか、『ジャン・クリストフ』とかね、あと何を読んだか忘れてしまったけど。

山中　『赤と黒』とか。

成田　ああ『赤と黒』、スタンダール大好きでしたね。スタンダールが好きだから、その引き続きでスタンダール研究家としての大岡昇平さんも好きになりました。だけどそれ四〇歳ぐらいの時にいっぺん本を整理した時に、多いからどうしようもなくなっちゃって。時々大幅に処分しちゃうんです。その時に処分しちゃったらしくって、あんまりないんですよ。あと推理小説が好きでした。それからSFも好きでしたね。それからポルノグラフィーも英語で読んだんです。

山中　それは英語に強くなるには一番の方法です（笑）。

成田　英語に強くなるにはポルノを読むのが一番だというのがどこかに書いてあって、それを真に受けてね。

山中　私もそうでした。いろいろありましたね。先生本当にありがとうございました。

（於　第九九回ヘルメス心理療法研究会、二〇一〇年四月二四日、京都）

3

飯森眞喜雄＊
（いいもり・まきお）
×
山中康裕

ことばと身体感覚

「ＩＣＤでは何ですか？」

山中　飯森先生は、東京医大の、現役の精神科の主任教授でいらっしゃいます。現役教授の中では数少ない精神療法専門の方です。先生と私は芸術療法学会でずっとご一緒で。

飯森　はい。

山中　もう三十何年ご一緒してきた方です。実は、私が先生を存じ上げたのは、いくつかの論述も、本も何冊かあるのですが、「詩歌療法」なんですよ。当然ながら。

飯森　ええ。

山中　その「詩歌療法」の中で、私の連句の師でもある、浅野欣也先生という方と、先生とのお二人で編者になられて、『俳句・連句療法』（創元社）という本をお編みになったことがあります。

飯森　ええ。

山中　私もそこに俳句療法のケースを出してるんです

＊現在、医療法人社団成仁顧問。東京医科大学名誉教授。

文です。イントロで、いかにも入門書のような形態をとっているけれど、とても感心した覚えがあるんです。私の記憶では、俳句療法というのは当然ながら言語の方法論の一つなので、言語の治療法だと思う人がいるかもしれないけれど、実はすぐれてこれは身体的な療法でもある、という着眼を示しておられた。皮膚感覚や声、話し方がポイントなのだと。次に、私が非常に感心した所の一つは、芭蕉の『奥の細道』を非常に詳しく読み解かれて、象潟へ行くのが目的だったのが、象潟を越えた後、空白の二〇日間というか、秘密の部分がある。あそこで実は芭蕉の開眼というか、変容というか、正に彼自身の真髄に気がついていというか、目覚めて、本来の芭蕉になったんだというものです。それで、私の記憶では、〝荒海や　佐渡によこたふ　天の河〟という句が、それまでの頂点の句で、そしてそこから急に飛んで、〝一家《ひとつや》に　遊女もねたり　萩と月〟ここで完全に彼は乗り越えたという見解を示しておられたと思う。あの時、私は非常に感心したんです。そこら辺りから入りたいと思うんです。

飯森　山中先生のオーラと山中節のパッションには、いつも圧倒されて上手くしゃべれないんですけれども、今日は、数十センチの距離にいますので（場内笑い）。気圧されちゃうんですよね、山中先生のパッションに。これはもう、皆さんも感じておられると思うんですけれども。山中先生も古稀を迎えられたということで、山中先生と僕が最初にお会いしたのは、三十何年前ですよ。その時から山中先生は、僕の最も尊敬する先生でいらして、その頃から、old wiseman の雰囲気がありましたけれども。今、完全に old wiseman でいらっしゃいます（笑）。

山中　そうですか？　私は old fool man のつもりでおりますけれど（笑）。

飯森　私は、芸術療法学会というもので、精神療法の道に入っていったんですけども、普段東京では、接している人が、北山修さんとか、藤山直樹さんとか、分析の人たちです。あの人たちの日本語臨床研究会――もうやめてしまいましたが――に出ていました。

話は飛びますけども、日本精神神経学会という精神科の学会で、精神療法について、精神科の医者もちゃんとしないといかんだろう、という話になりました。臨床心理の方が国家資格化されるんで、臨床心理の方と精神科医の心理療法、あるいは精神療法という事が、どんなふうに違うか、あるいはどんなふうに同じなのか、では、どんなふうに共同してやっていったらいいんだろうか、という必要性に迫られているというわけです。そこで、精神療法部会というのを立ち上げまして、これから精神科をちゃんとやっていく人に、精神療法のガイドラインを作ろうという事になったんです。それで、いろんな人に声をかけて、当然精神療法に関心のある人に集まっていただいたんですけれども、認知行動療法の人ばっかりになってしまった。とても精神療法の全体がとれない、という状況でした。

僕は、こういう、山中先生のされているようなものが本当の精神療法だと思っているんですけれども、いわゆる正当な方法的な精神療法というものになかなか入れない。それで、この現状を何とかしなくちゃいけないい、と思っているんです。こういう一例一例の事例をじっくりやっていく事が本当の勉強になるんですけれども、今、こういう事をやっている場所がないんですね。医学書院が出している『精神医学』という雑誌、商業誌ですけれど非常に権威があって古い雑誌がある。そこで事例研究を奨励していこうという話になった。すると、中井久夫先生からすぐお手紙が来まして、「それは無駄です」と。「今は、全国八〇大学の精神医学の講座で、事例研究をやっているところはありません」と。確かにその通りなんです。「ですから、後はもう心理の方にお任せするしかないでしょう」そういう返事が来たんです。これが現状ですね。それで、さらに困りますのは、大学病院という所は、精神科医、あるいは精神療法家を含めて育てる所なんですけれども、患者さんの数が多いというのもありますけれども、入院についても全部在院日数が決まっているんです。そして、入院する時に治療目標を書くわけです。例えば〝幻聴が消える事〟とか、治療は〝会社には戻れなくても、自宅には戻れる程度に回復する〟とか。その通りやっていかなくちゃいけない。それで、二週間なら二週間が来れば、もうそろそろ退院しなくちゃいけない。良くなろうと、まあ悪い状態なら入院していますけれども、そんな状況で、非常に細切れ的になってるんですね。こういうふうに始めからずっと患者さんにかかわって、最後に良くなるという事、あるいは、それなりのけじめと言いますか、終わりが来るまで、というのがないのです。ですから、なんとしてでもこういう会は残して欲しいですね。精神科医と心理の方が一緒になって、こういうものを盛り上げていかないと。山中先生が京都で頑張っておられますけれども、全国的には非常にまずい状況になっている。

例えば、東京の大学で古い先生が入院の患者さんの生育歴や現病歴の紹介を始めたら、若い医者が、「先生、それ、症状はなんですか?」「ICDではなんですか?」「DSMではなんですか?」と言うから、それでこうこうだと言ったら、「じゃあ、今までのは全部省いて、それだけ言って下さい」って（場内笑い）。そういうふうになって来ているんですね。操作的な診断基準というのは、臨床心理士（医者以外の職種）の皆さんは診断にそんなにこだわる必要はないんですけれども、医療の枠の中に入りますと診断にこだわらないといけない。その診断名で保険点数の請求ができますから。ですから、アメリカのDSM、あるいは国際基準のICDのものの見方に縛られて、人間というものを、生まれた時から現在に至るまでの諸々の中から今の人間があるんだという、そういうものの見方がなくなっていく。これはもう、非常にまずい状況です。

もともと人間というのは、素質がありますね。気質とか、あるいは遺伝子レベルで持ってきたもの。そういうものの中で、生まれてからの生育歴とか、環境とか、いろんなものがあって、人間とは絶えず反応する生き物なわけです。何かがあればそれに反応して、学校であれば、いじめを受けてこういう反応をするとか、こういう親だからこういう反応をするとか。それで、最終的に精神症状として困った問題が出てくる。ところが、今はもう精神症状から下は全部省いてしまう。その精神症状で、例えば、うつ病なり、統合失調症の診断基準というのが問われる。これとこれとこの症状があって、五つのうち三つあれば、うつ病ですとか、統合失調症ですと。ですから、何もいらないんです、下のは。昔はそうじゃなくて、ずーっと追って、現在のクライエントなり、患者さんがいるんだ、という考えだったんですね。それが、今はＷＨＯのやってるＩＣＤ‐10という国際神経分類で、全世界、パソコンで診断がつくようになってるんです。患者さんが誰であれ、自分でこういう症状というのを、パソコンの画面で、〝この可能性があります〟と出てきちゃう。とすると、それでもう終わりですよ。これがさらに進めば、それを押せば、〝こういう治療法があります〟と、パッと出てくる。というふうになっちゃうと、私たちの出る幕がなくて困ったもんですね。

ただですね、精神神経学会という所で、そういう精神療法部会を作ったのは、それを打破しようとして、なんとかしようとしているんですけれども、皆さんの中に、認知行動療法に関心のある方、いらっしゃいます？（会場内で何人か挙手）……ありがとうございます。認知行動療法というのは、まともな精神療法家だったら、みんなもう昔からやっている事なんですよ。ただ、あれも、アメリカは保険会社がお金を払いますよね。良くなったか悪くなったかは、数字で出さないとお金がおりないんです。日本の厚生労働省もそれを目論んでまして、精神療法というものも、学会に対して、ちゃんとエビデンス――数字ですよ、要するに――数字で良くなった、悪くなったというのをちゃんと示す方法を出しなさい、と。そうしないと将来的に点数をつけないぞ、と。そういう話まで来てるんですよ。だけど精神療法なんていうものは、そんなふうに数値化できませんし、患者さんが現実に適応して、学校に行けないのが学校に行く、会社に行けない人は会社に行く、こころが穏やかでなかった人が穏やかに生活できればもうそれでいい、と僕は思ってますけどね。ところがそれをいちいち数値化して、〝何点良くなった〟とか、〝何点良くならない〟とかいうふうにしないと、そのうち少なくとも日本のこの保険制度ではお金がおりなくなってしまう。そういうふうになりかねない。僕は、精神療法に一番近いのは、子育てだと思うんです。子育てで上手くお子さんを育てた親に向かって「あなたは誰の理論に従って子どもを育てたのですか」と聞く人はいませんよね。しかも、子育てが上手くいったかいかないとかというのは、点数化できるものではありませんし、人間にはさまざまの凸凹がありますから、子育てを数値化して評価できないように、理論化できないようなものというのは、ものすごく大きいのです。そういうものを大切にしていかないと、精神療法というのは成り立たないと思います。もしこういうのがなかったとしたら、精神医学にしても臨床心理学にしても、やせ細ったものになっていってしまいますし、要するに子育ても、マニュアル通りにやればいい、そういうのにつながっていってしまう。というのが、精神療法の置かれている現状です。

『奥の細道』に見る俳句の皮膚感覚

飯森　さて、皆さんは、『奥の細道』を当然、高校の時に読まされてですね、今でも愛読されている方がいらっしゃると思いますけれども、僕は、『奥の細道』というのは、精神療法の最も美しい過程を描いたものだと思っています。あれは、紀行文という事ですけども、「こころの旅路の記録」と言いますか、あれは、松尾芭蕉が要するにクライエント、病める者、そしてそれに続く弟子の曾良が治療者という位置で読める。ずっと読んでいきますと、あれほど見事な精神療法の過程というのはないんですよ。芭蕉はそもそも、最初江戸にいていろんな諸々の実存的な虚しさとかを感じて、そして曾良を連れてずーっと旅に出るわけですね。曾良はずっと日記をつけてましたので、別に同行日記（『曾良旅日記』）というのがあります。それで、芭蕉はずーっと旅をして、さっき山中先生がおっしゃったように、有名な越後路の「荒海や　佐渡によこたふ　天の河」あそこの所で、越後路の酒田を超えて「この間《かん》、九日、暑湿の労に神《しん》を悩まし、病おこりて事をしるさず」という文章があるんですね。空白のところがある。曾良の同行日記によれば、それがだいたい一六日から二〇日間ぐらいだったらしい。「この間、九日」というのは語呂がいいのか、後で芭蕉は創作し直しているんですけれども、それで、一言で言いますと、芭蕉は、実存的な危機に直面して、そして「荒海や　佐渡によこたふ　天の河」という事で、天空と海と地平の、極みのような所に立った。皆さんも思い浮かぶと思うんですけど、そこが転回点だったんですね。どうしてここが転回点だったか分かるかと言いますと、それから後の芭蕉の俳句がガラッと変わるんです。皆さんも是非お帰りになって読んでいただきたい。それで、次の最初の句が、「一家に　遊女もねたり　萩と月」という非常に俗っぽいのなんです。これは、一つの屋根の下に、世間から蔑まれている遊女も一緒に寝ている、というだけで、何かしらの近しさを感じるという。地上の萩と天上の月と照らし合わせているというような感じですね。そういう句を作っている。非常に大切な事は、『奥の細道』の中でここでだけ、「これを、曾良に書きとどめはべらす」と書いていることです。要するに、これは芭蕉の曾良に対するプレゼントだったんです。そこだけなんですね、他にいっぱい俳句はあるんだけれども、わざわざそれを曾良に書きとどめさせたと書いた回というのは。そして、その後、芭蕉の俳句がガラッと変わるんです。「石山の　石より白し　秋の風」とか、「秋風がなんとか」に変わる、自分の肌に触れてくる秋風の歌が、ずっと並ぶんです。要するに皮膚感覚です。皮膚感覚の句がずーっと並びまして、そして途中で、『奥の細道』で曾良がお腹を痛めたんで、曾良とそこで別れるんです。「蛤《はまぐり》の　ふたみにわかれ行く　秋ぞ」という句があって、そこで曾良は、本当は曾良はお腹なんか壊してなかったらしいんですけどね、わざわざそこで腹を壊して、要するに、患者さんと治療者とのお別れのところですよ。それで、芭蕉はここからは一人で旅を続けて、最終的に大垣まで行くんですね。そして昔から会いたかった人に会って、まるで、散々辛かった実存的な江戸から、全く現実の世界に戻ってその人たちと会う、という喜びの様がさらっと書かれている。そこで『奥の細道』は終わり。つまり、現実の世界に戻ってきた。そういう全体の経過もそうですけれど、一番「荒海や　佐渡によこたふ　天の河」という実存的な境地から、非常に俗っぽい「一家に　遊女もねたり　萩と月」という、これが後でいろんな研究者を一番悩ませている所らしいんですよ。どうして芭蕉の句が、ここでそんなに変わったのか。しかもこれは、芭蕉が江戸に帰って来てから創作したんじゃないかと言われているんですね。その時作ったのではなくて。それで、その後、肌に触れてくる。

僕はよく言うんですけれど、その患者さんが本当に良くなって現実世界に戻った時、単なる頭の中で「僕はこういうふうに生きていきます」とか「こういう事に気づきました」とかじゃなくて、皮膚感覚、身体的な感覚を伴わないと、僕は本当にその患者さんが良くなったとは言えない、という感じがいつもしているんです。つまり、人間にとって一番根源的な感覚というのは、これ、皮膚の感覚ですね。赤ちゃんが生まれてきて、最初にこの世で触れるわけですよ。お母さんのお腹の中にいる時には、羊水の中ではぷちゃぷちゃとした、ああいう皮膚感覚。ところが、水の中から出てきた時の皮膚感覚、これはもう、うんと大きな落差があると思うんです。それが、奇しくも『奥の細道』」ですと、秋風が、肌に触れる所の描写がずっと続いていくんです。そして、またそこから先が変わっていくんです。あれも、国文学者のいろんな論考を見ますと、どうして芭蕉はここでこんなに肌に触れる、風の句をたくさん作ったのかが謎とされているらしいんですね。そういう意味では、芭蕉があの世の極みみたいな所から、この世に戻ってきて、最初に皮膚感覚を通して、現実世界へ戻っていった所が、非常に象徴的に描かれているような気がしました。

統合失調症の患者さんの俳句療法をして、こんなの誰も注目しないだろうと思って芸術療法学会に発表したところが、山中先生や、中井先生に褒めていただいて、それで僕もやる気を出した。だから、山中先生は、もう大恩人なんです。統合失調症の患者さんが良くなってくる時の俳句の皮膚感覚が、非常に不思議でした。それから、共通するものがあるんじゃないかと思って気づいたんです。山中先生がちょっとおっしゃいましたけれども、俳句というものは、もちろん言葉でできてますが、実に身体的なものがあって、イメージももちろん非常に深いですし、たった一七文字しかありませんけれども、身体感覚を表現する。ですから、正岡子規なんかも、死の床で、ああいう俳句を作ったという事は、自分自身の皮膚感覚と言葉というものを、身体的なものと言葉、そして、その言葉の向こうに見えてくるイメージというのが非常に上手く表現されていると思うんですね。だから、精神療法をやる時には、私たちは、言葉でやったり、あるいは箱庭でやったり、絵画でやったり、いろんな事をやりますけれども、一番肝心な事は、言葉です。ただ、言葉と言った時に、それは単なる記号としてのやり取りの言葉でなくて、そういったイメージの身体感覚、身体性と言いますか、そういったものを全部含んだ形で進まないと、上手くいかないんではないか。しばしば、精神分析とか理論的な事に先走ってる若い人の精神療法の話を聞いてますと、頭でっかちで、身体的な生々しさですとか、イメージの豊かさといったものが欠けてしまう。そんなふうな感じを受けますね。

山中　ありがとうございます。とてもいいですね。やっぱりあそこから切り込んでよかった、と思います。私が飯森先生と会って一番伺いたい二つの事が話されました。一つは、飯森先生自身も憤懣やる方ない言い方でなさったと思うんだけど、現在の日本の精神医学の状況の嘆かわしさ。その中で、主任教授を、しかも学会の理事をやっておられるというのは、すごい大変な事です。私、先生の身体の事を実は心配していたんですよ。だから、こういう所へお呼びしないと、やってられへん、という感じが一つあったのです。

日本の現状に関して少しおっしゃった、先生の先ほどの発言に触発されて、これは、ここにお集まりになった皆さんにはいつも言ってる事なんだけど、アメリカの精神医学は、もう三〇年もたないですよ。こんなのはね、どうせすたれて、薬物療法が早晩崩壊する。精神療法も認知行動療法や何もかも、全部忘れられてしまいますから、三〇年後には。だから、また正当なものが戻ってきます。それまで私が生きているかどうかは別問題で、ところが、その戻ってくるまでは、アメリカが世界を牛耳っているつもりでいたわけですよ。ところがもう、国のレベルで言ったら、もうアメリカが牛耳っている状況ではない事に、みんな気がついている。もう中国ですよ、間違いなく。あと五年もすれば、もう、前面に出てきますよ。今でも水面下ではほとんど中国ですよね。まあ、その話は括弧に閉じます。

DSM‐5の話も先生に聞こうと思っているんですけど、それは後に取っておきます。何が言いたいかと言うと、現在、日本の精神医学の九五％を席巻しているDSMに関しても、認知行動療法にしても、精神医学会で、さっきいみじくも言われた、そこまで酷いんだ、という事は、私自身は今、現場にはいないので分からなかったんだけども、「診断名だけでいいのです」と、「それより下は、余分です」と、若い人が言うようになってしまったという。もう非常に情けない。とうとう無能人間の精神科医ばっかりが、日本中にできあがってきたという事を表している。私がなんでDSMに反対し、なんでアメリカの精神医学に反対し、なんで認知行動療法に反対してきたかと言ったら――認知行動療法が間違っていると言っているんじゃないんですよ。間違えないで下さいね。認知行動療法も、ちゃんと適応できる人たちがいらっしゃるし、事実、それで治った人たちがいるのを、私は否定しません。あらゆる治療法、森田療法も含めて、あらゆる治療法で〝○○療法〟と名前を持っているものは、それで治った患者さんが一人でもいたら、意味があるのです。だから、それを否定しているんじゃないんです。皆さん、間違えないで下さい。しかし、世界をリードし、一色だけで塗りつぶすという事は、どれだけ間違った事か。これはファシズムと同じですよ。ファッショですね。ファッショは、間違いだという事は、ヒトラーの例を挙げるまでもなく、皆さんご存知の通りなんだけど、でも日本も人の事言えないですよ。ファシズムだったんだから。当時の東条英機の時代はあれが良かったと思ったんですよ、東条英機もヒトラーもね、みんなあの時代には、彼らを選んだわけです。ところが、日本の場合戦争に負けて初めて気がついた。ドイツもそうですね。負けて初めて気がつく、という事態。イタリアもムッソリーニがそうです。何が言いたいかといったら、実はそういうものは、ダメ人間、一番の親玉が「右向け右」と言ったら、「はい、右向け右」となる人間を作るためのシステムに過ぎない。そんなもので精神疾患が治るわけがない、と私は思っている。それでなぜDSMに反対したかと言ったら、私がいつも言っているように、一つの文化が作った精神疾患がいくつかあるんですよ、一つの国に。日本なら日本に、フィリピンならフィリピンに。いろんな国々に、その文化が作った精神疾患があるのに、それをアメリカの基準で診る。DSMと言ったらアメリカですよ。これは単なるアメリカ精神医学会の基準に過ぎない。アメリカの基準で統一する事自体が土台無茶なんです。無理なんです。そういう中で、飯森先生がよく生きてられるなあ、と（場内笑い）。人間の二重性を、ここであげつらって先生を攻撃しようと思って言っているんじゃあないんです。僕は先生の二重性を見抜いているから、悪い意味でなくですよ。だから、一番の本質、一番先生の本質である、芭蕉の『奥の細道』においてあそこを看破したのは、絶対飯森さんが最初だと思う。しかも、「曾良の治療者論」はオリジナルです。非常に感心した。事実、曾良はですね、治療者として雇われたわけじゃないんですよ、芭蕉に。そして、日記が芭蕉のと曾良のと両方とも書かれているわけです。ずっと平行していくと、あっちこっちで引っくり返るんですよ。二人の日記に齟齬が起こる。日にちが違うわけです。ある箇所は書いていない。ある箇所は、変えてる。実はあれは、はさみで切って後で貼ったのもあるんですよ。面白い事にね。

何が言いたいかというと、その本質にいち早く気がついたというのは、やはり彼が本物の精神療法家である、ここではわざわざ精神療法家という言葉を使いましたが、心理療法と同じです。この心理療法論と精神療法論に関しては、私の書いたものでも、私でなくともいっぱいあるので、実はPsychotherapie（プシコテラピー）というドイツ語、psychotherapy（サイコセラピー）という英語、これの翻訳をするにあたって、精神科医は精神療法と訳し、心理学者は心理療法と訳したはずですが、精神科医の中に、心理療法と言って絶対に譲らなかった人が何人かいるんですね。井村恒郎先生とか、亡くなった下坂幸三先生とか。数人の人が〝心理療法〟とわざわざ言っている。実は精神――この精神という言葉も、Geistという言葉をあてるか、ギリシア語のヌースをあてるかで、内容が全然違う概念なので、非常に問題が起こってくるんだけど――じゃないんだと、「心理の問題なんだよ」と、気がついていた精神科医が何人かいらしたんです。それで、その問題を主張されたのですけれど、その話も括弧に閉じます。

　今の精神医学会で、ほとんど九割五分以上、おそらく先生と、今現職の精神科教授で、精神療法という事が言えるとしたら、二人しかいないんじゃない？　語弊があるかもしれないから、言っておくと、青木省三さん。中井久夫さんらがいた頃は、中井さん、西園さんら、何人か、五人か六人かいましたけれど、今は二人ぐらいしかいないと私は見ているんですよ。で、後のほとんど、七八人じゃないんです、八六人が、八〇大学なんですが、教授が二人いるところがある。筑波大学とか、順天堂大学とか、いくつかあるので、ちょっと、そういう数字にも強い人ですから、八八分の二である、あるいは三である、という状況で、ちゃんと理事をやっておられ、しかも芸術療法学会では編集委員長、精神神経学会のほうでは、今何の長でしたっけ？

飯森　……二重人格なんですけれども……

山中　二重人格ではありませんよ！

飯森　ＩＣＤの日本の代表になっています。操作的診断、パソコンで診断ができるのを推し進めているほうです。

山中　知っていますよ（場内笑い）。実はね、そこを生きる事によって、やっと生き延びられたんです。表向きにね、それは仮の姿であるという事は、私は見抜いています。二重人格だとは思っていません。これは、精神科の主任教授で、精神療法が一番の専門という事を、表向きで全然憚らず、それ以外の事は一切やらずに生きられるわけがない。学会においても、何においても。で、よくぞやって下さってると、逆に私は感心しているんです。そこの部分を洗いざらいですね、パタパタと埃を立てようという気持ちは全然ないんです。そうじゃなくて、後でそこの部分は問いますので、置いといて。

先ほどのもう一つ前の所に戻っていいですね？　先生ね、曾良との関係性が、曾良はほとんど無言でずっとついてて、全部の句を写してるにもかかわらず、ここの部分だけ曾良に書かせたと、先ほど先生が引用された、あそこ一箇所だけですよね。曾良に書きとどめさせたと書かれているのは。あそこにお気づきになったきっかけは、やっぱり皮膚感覚ですか？

飯森　先生ね、あれは、芭蕉の曾良に対する、僕はプレゼントの事だと思うんです。

山中　そう、先生はそうおっしゃったよね、論文にもそう書いている。

飯森　あそこで、芭蕉が本当に大きく脱皮じゃないけれど、実存的な所から抜け出していく。『奥の細道』は前から読んでいましたけれど、あそこに気づいた時は、僕自身、非常に興奮しましたよ。「ああ、これだったんだ」というふうに。というのは、皆さんも、これは絵画療法なり、あるいは俳句でもいいですけれど、患者さん自身は意識していないものですが、治療者に対して何らかの感謝の言葉や感情が出ることがあると思うんです。それがきっと、曾良にあいうふうに書く、芭蕉は意識して書いたかどうかは分かりませんけれども、思わずあそこで書いてしまったんじゃないかと思うんですよね。それまで、曾良は何をしていたかというと、芭蕉の聞き手ですよ。芭蕉が俳句を詠んで、それにじっと聞き入って。そういえば、俳句というものは、話がずれますけれども、必ず他者がいるんですね。空想上の聞き手といいますか。サリヴァンでいうところの fantastic audience、子どもが成長してくる時は、子どもだったら必ず心の中のお母さんやお父さんに呟きながら言葉を発している。実際目の前にいなくてもですね。俳句というのは、絶えず他者を意識してできたと思いますし、『奥の細道』でも曾良が聞き手として同伴していた。だからそこで曾良は、なんだかんだと記帳する。以前、山中先生の講義を学会で伺って感動したのは、箱庭で、治療者はそこにいてる、その事が大切なんだ、というところで、僕の目が開いた気がしました。精神療法ではそういうのありますね、先生。

山中　はい。ありがとうございます。ちょっとそこは大切ですので、今先生が感動して下さった部分は、きちっと訂正しておきますけれども、それは私のオリジナルではありません。それは河合隼雄先生です。箱庭療法が現在、世界ですごく有力な治療法として生き延びる事ができたのは、「治療者の臨在」という事を、はっきりと言語化できた、河合先生の洞察によるものなんです。あの部分は受け売りに過ぎません。

　要するに、箱庭療法から学んだ事がものすごく多いんですけれど、実は今、先ほどの飯森先生のほうに戻しますけれど、身体感覚うんぬんと、あるいは身体の変化という事を言われた。僕がその事に気がついたのは、自閉症の治療をやっていたからです。「自閉症治療論」という、東大出版会から一九七七年に出ている『分裂病の精神病理』の第五巻に発表した論文、それが『少年期の心』の、たぶんきっかけになったんですね。そこにちょっとしか書いていない、あの頃はまだ認識がそこまでいかない、まず私の治療論を展開する、マイケル・ラターが言っている事は全く間違っている、世界はほとんど間違っているという事を言いたくてしょうがないもんだから。そっちにエネルギーがずーっとまわってしまっていて、一番大事な洞察が抜けていると思うんですけれど、私が自閉症をやっていて一番気がついた事は、こういう事です。例えばお母さんがこう言うんですね。「先生、この子風邪を引いた事はありませんから」とおっしゃるんですね。ところが、私が治療を始めて何週間も経たないうちに、ほとんどの子は風邪を引くんです。まずそのことに気がつきました。それから、お母さんがこう言うんですね。「この子は、よそではうんちをしたことがありません」と。「うんちはよそでしたことがありません、うちへ帰ったら大変なんです、もう、玄関を開けた途端にワーッと脱兎のごとくトイレに駆け込んで、グワーッとうんちの山をする」という事をおっしゃっていたんだけれども、私が治療を始めると、私の部屋でうんちをするようになるんです、みんな。もう、プーとおならの音がしたり、うんちをバーっとし始めたら、「あ、頑張れるぞ、この子は治るぞ」というサインだと私は思っています。要するに、精神療法なり心理療法なり、心の治療をやっていると、一つの転回点を通った時に、必ず身体変化が起こる、という事です。

もう一つだけいい？　これは風邪引きです。これは、京大で一番口をすっぱくして言ってきたんですけれど、クライエントが風邪を引いて休む時がある。これは自閉症ばかりではありません、統合失調症も、神経症も、精神疾患全て入ってくるんですが、その人たちが「先生、すみません、ものすごく風邪引いちゃったもんですから、休ませて下さい」と電話がかかってきたり、手紙が来たり、今だったらＦＡＸやメールが来る事があるわけですが、そしたら、しめしめと私は思ったのです。要するに、風邪引きとは何か？　お母さんは「この子は今まで風邪を引いた事なんかありませんから」と言う。事実、あるバリアーが、彼を護っていた。その彼を護ってきたバリアーがサイコセラピーをする事で壊れた。それで、新しくバリアーを作るために休む時間が必要なんです。風邪引きというのは、とても上手くできていて、風邪引くと一週間は休まないといけない。身体治療を何やったってダメです。ウィルスだから、まず薬物は何も効かない。安静と栄養だけです。結局風邪引いたら、一週間休んでいなくちゃいけない。一週間休むという事が、心の器を作り変える事なんだというふうに思ったんです。そういう事で、身体的な変化と、精神療法とは、絶対に交差する。そう思っていたから、先生の論文はすごいんです。話を戻しますね。

先生が詩歌に開眼されたのは、何からですか？　芭蕉でしたか？　最初は違うでしょう。そこら辺をちょっと、開示して下さい。

飯森　いや、精神療法をやる人は、個人の事はそんなに語りたがらないです。

山中　私以外はね（笑）。

飯森　（笑）僕は始め、慶応大学の文学部にいたんですよ。当時は、学生運動というのがありまして、京都のほうも相当強かったですけれど、それで、そういう大学を辞めて、たまたま東京医大に入ることになりまして、元々、詩とか哲学は好きだったんです。

山中　はい。私も全く同じでした。そこの所を。

飯森　いや、詩に目覚めるというのは、それは何が起源かというのは先生、そう言われるとちょっと出てきませんよね。

山中　じゃあ、そういう訊き方ではなくて、誰の詩が好きでした？　例えば中学校時代、小学校時代。私はもうはっきりしているんです。佐藤春夫や島崎藤村や上田敏でした。谷川俊太郎さんは、ずっと後です。『二十億光年の孤独』以降ですけど。

飯森　僕にとっての詩の根源というのは、幼稚園の時に――僕は信州のすごい山奥で、『楢山節考』って、ご存知でしょう。

山中　はい。

飯森　深沢七郎の。『楢山節考』の姥捨て山というのがあって、その麓なんですよ、僕が生まれたのは。僕はそのころ小学校かな、山田先生という、その当時のイメージでは、ぽっちゃりとしたおばさん――若かったかもしれませんね――が読んでくれた童話ですよ。要するに昔話ですね、あれを読む時の声の響きとか、調べとか、ずーっと残ってまして、身体感覚ですね。そういうものが、詩を好きだった一つじゃないかと思うんですよ。だから僕は、谷川俊太郎さんとか佐藤春夫さんよりも、もっと昔の、韻を踏む詩、ありますよね。

山中　はい。

飯森　僕、詩といって思い出すのが、京都大学出身の伊東静雄という詩人。僕は伊東静雄が大好きなんです。東京医大の教養課程で、非常に贅沢なんですが、当時、川副国基さんという早稲田の国文学の有名な方が教えに来ていたんですよ。医学部で国文学を教えてたんです。学生は僕以外誰も聞いてませんでしたけどね。川副先生は詩人になりたかったのですが、伊東静雄は本来は数学者だったんです。

山中　面白いね。

飯森　川副先生が「私は詩の一編も書けない、普通の国文学者になっちゃった。ところが伊東静雄は、あれだけの詩人になってしまった。本当にそれに驚いた」というお話を講義中にされたんですけれども、それは覚えています。

山中　ああ、いいですね。

飯森　だから、数学、いわゆる理系と詩なんていうのは相容れないんじゃなくて、全く同一人物の中に、あるんだという事に、それが僕に非常に残ってましてね、詩を読む時に、いつもそれを思うんです。

山中　とてもいいお話が出てきて嬉しいですね。先生の一番最初の根源は、『栖山節考』の土地で生まれて、小学校の先生の本を読まれる声の音調に魅せられた。実は私も、そういう意味では小学校の先生の朗読『のんちゃん雲に乗る』の音調に魅せられた。だから一番最初に憧れた職業は、声優なんですよ。

先ほどの話ですが、芭蕉が曾良という治療者を同行して、まさにずっと彼が聞いてくれて、それへの感謝のつもりであの一行が加わった、というのは、絶対当たっていると思う。そこは、いいんです。もう、先生のオリジナルでそれ以上は不可侵にしておきたいんですが、先生ご自身が、病院で、東京医大病院で、統合失調症、当時は分裂病と言いましたが、分裂病の患者さんに俳句療法がとてもいいという事で、何人かに試みてらしたじゃないですか？　そして集団法として導入して、一番最初は、まず真似から始まる。要するに有名な人の良い句やらをごちゃごちゃ混ぜて、とにかく鑑賞して味わうという会をしばらくやってるうちに、ちょっと俳句に目があるというか、ちょっと感触ある人たちを何人か選んで、個人療法に導入していかれた。という辺りを僕、勝手に思っているんですが、その辺りをちょっとお話しいただけませんか？

飯森　今では信じられない状況ですけれど、昔の大学病院というのは二年も三年も入院する人がいました。昔は精神分裂病というと、今より遥かに偏見の強い時代で、しかも精神科の病院というと、治療よりむしろ収容が主みたいな所がありました。私がアルバイトに行っていた精神科の病院では、そういう患者さんが秘かに俳句を作っていて、その俳句にびっくりした、というのが始まりなんです。そして、そこの病院で、今で言えば作業療法、昔はそんな言葉がなかったですけれども、レクリエーションで句会をやりましょう、と。すると、不思議なんですけれど、僕は三カ所の病院で呼びかけた事があるんですけれども、大体一割ぐらいの方が応じて下さる。

山中　はい。

飯森　それで、統合失調症の人は、非常に俳句に親和性を持っているという事に気づいた。これは俳句でなく短歌を作った患者さんでしたけれども、ある時、短歌を作っている時に、統合失調症の患者さんが「先生、言葉って、硬いと思ったら、柔らかいんですね」と言ったのが、非常に印象に残っているんです。精神療法というのは、治療者は、患者さんのいわゆる硬いところと柔らかいところ、無意識的な部分と意識的な硬いほうの言葉を、いかに上手く交ぜてコミュニケーションしていくか。それは二重奏になっているんだというう事を、僕はその時に、「ああ、精神療法って、こういうふうにいくんだ」と感じたんですね。

ＩＣＤの功罪

山中　先生、ＩＣＤの委員長をやっていらして、何か得るものありましたか？（場内笑い）

飯森　いや、これがですね、『精神療法』という雑誌で、西園先生とか僕とか、牛島先生が司会をやって、その操作的診断基準の功と罪の座談会をやったんです。そこでもしゃべったんですけれども、功と罪という事になると、これね、言い訳ですけれども、ＩＣＤはＷＨＯがやってますんでね。極端な事を言いますと、国によっては精神科医が一人もいない国とか地域がある。精神科医どころではなくて、医者もいない地域があるんですよ。

山中　はい。

飯森　そこの人たちの精神疾患を把握するという目的がありますから、どうしてもパソコン的な、簡略化せざるを得ないんです。これは、ＷＨＯとしてはしょうがない。ところが、ＤＳＭはもうアメリカですから。これはＤＳＭ‐Ⅲから操作的診断基準に変わったんですね。それ以前のＤＳＭ‐Ⅰなんていうのは全ての診断名が反応だったんですよ。スキゾフレニックリアクション、分裂病性反応、つまり、人間というものがあって、人間というものは周りの環境に対して反応するものだ、その反応の中から症状が出てくるんだ、そういう考えだったんですよ。ところがDSM-Ⅱから反応という言葉を全部外しちゃいまして、そしてⅢから、もうそういうものは一切なくして、症状のこれとこれとこれがあれば、この病気だ、というふうになっちゃったんです。アメリカも、大野裕先生が言ってましたけれども、DSM-Ⅲ以前のアメリカの主要な大学の精神科の教授というのは、みんな分析家だったんです。

山中　そうです。

飯森　それが、一九九〇年代、Ⅲ以降、一人もいなくなっちゃったんです。

山中　そう。だから、僕が予測しているのは、精神分析の歴史をずっと見ているとね、一〇年でピークになって、そこからワーッと四〇年経ったら誰もいなくなっちゃった。今のピークは、ほとんど認知行動療法でしょう？　これも四〇年後には誰もいなくなりますよ。それはもう、アメリカの歴史を見てたら、簡単に分かります。

飯森　そうですね。だから、人間というのが、周りとの環境によって反応するもんだという考え方が、なくなっちゃったんですよ。ですから、ただ功と罪の面で言えば、罪の部分がすごく大きくて、DSM-Ⅳで一番尽力したアンドレアセン先生が、悔恨の述懐ですよ、「失敗した」と。「あれを作ったために、アメリカの精神医学は、もう無茶苦茶になってしまった」と。それで、悔恨の情を滲ませましたけれども、やっぱりああいうものって、今のパソコンの問題で、一度始まるともう勝手に動き始める。ただ、山中先生がおっしゃってましたけれども、必ず戻る日が来る。しかも、今はニューロサイエンスですので、脳の時代、いわゆる河合先生なんかの無意識というもの、無意識の根源を脳に探るという所まで来てますのでね、画像の、脳の進歩によって。

山中　僕に言わせると、三段階飛んでいるんですよ。中間段階が抜けてててね、脳の時代なんて、脳で解決するというふうに勝手に思い込んでいるんだけど、その、脳の段階でものを言ってる一次的なものと、一段階上って脳で表現している表現の部分と、それそのものを統合している人間の部分と、いろんな次元があって、その、どこの次元で、どこの部分でどうなったかという事は、まだ誰も説明できていないんですよ。だから、そこの所が説明できて、初めて、脳で問題が解けるようになった、脳の問題だ、と言えるのであって、いつもね、こういう問題って、なんでもそうなんだけど、もう、特に新聞がそうなんだけど、新聞って馬鹿みたいで、もう、新しい新薬が発見されたというと「これで認知症は解決！」って書いてあるんですよ。それで、やってると一年経ったとたんにその名前も出てこなくなる。そういう事の繰り返しなんです。その話も括弧に閉じます。先生に話をして欲しいから。

先生、ＩＣＤ‐10の委員長をなさってて、罪のほうはいいんですけれど、先生自身は、この部分は良かったと思われる事は？　例えば。

飯森　要するに、共通の言語でみんな語れるように、例えば、薬屋さんが薬の開発をする時に、診断名がバラバラになると基準が分からないので、みんなこの診断基準にして、ＤＳＭなんていうのは、Diagnostic の後、ＳはStatistical でしたっけ？

山中　はい、Statistical です。

飯森　統計の事なんですよね。臨床の事じゃなかったんですけど、それが臨床に転用されるようになって、ああいう事になっちゃったんです。だから、厳密な、薬の治験、あとは、生物学的な、脳の研究をする時に、てんでバラバラになっちゃいけないという事で、始まったものなんですよね。

山中　そう。

飯森　だから、そういう意味での貢献はあったとは思うんですよ。それで、先ほど、脳のお話で、山中先生のお話で思いついたんですけれども、今は、皆さんご存知の方もいらっしゃると思うんですが、夢、個人がみている夢まで、画像にする事ができる時代が、もうじき来ますよ。今、そこまでできています。

山中　思い込みですよ、それは。

飯森　いや、先生、それがですね……

山中　いや、なぜ僕がそこで否定するかというと、例えば、右脳、左脳というのがあるという。あれ、嘘なんですよ。東大の脳研でね、右脳の人と左脳の人とのデータを検索したら、実は右脳も左脳も同じ反応だったんですよ。だから、あれはずーっと嘘だったという事で、今はもう、逆に脳科学の嘘がはっきりしてきたんだけれど、そういう事は逆に言わないんですよ。

飯森　で、先生、それでですね、

山中　はい、ごめんなさい。

飯森　夢まで、夢を画像にするって事が、理論的に可能なんですよ。可能らしい、と言ってました。ところがですね、一番肝心な事は、私が夢見た夢を画像で見る事ができる、これは必ず実現されます。もうほとんど、そこまで来ているんですよ。ところが、その人が何故その夢を見たかが分からないんです(笑)。そこが一番肝心なのに。

山中　じゃあ、そこも、とても面白く思ったのですが、実はね、夢を見てるという事が画像になりますというところで、もう、分からないね。僕は絶対だまされないから。なぜかと言うと、僕、今ね、ここへ来るときに何を読んでいたかと言うと、ハイゼンベルクの波動方程式が否定されたという、サイエンスの論文を読んでいたんですよ。ところがあれ、きちっと読んだら分かるように、ハイゼンベルクの波動方程式って二つあるんです。ほとんどの人は、それを混同していて、くちゃくちゃになっているんですよ。それすら分かってない。

その話で何が言いたいかというと、私が良く知っているぞというのではないのです。実は、脳が夢を見ているという事が画像で出るという事は、私も認めます。だけど、その画像が、二次元、三次元飛んでるという事を、私は言っている。私が言っているのは、先生がおっしゃった事で言うと、例えば、素敵な女性が私を抱いてくれたと。とんでもない事を言いますけれど、その夢と、ロボットが私をガシッと抱いたという夢、とが同じ画像になります、私に言わせると。要するにね、そんなもの、夢の内容になんか、全然触れてないんですよ。夢を見ている時に、脳のどの細胞が働いていて、グルコースがどれだけ消費されているか、という事が分かるだけです。だから、夢の内容に至る、丁度フロイトが夢の内容をはっきりと分析して、これはフロイト理論で説明したけれど、フロイト理論だけが正しいのではなくて、いろいろあるわけですが、その過程が、そのプロセスが、この画像の問題にも絶対必要になってくるんです。だから、画像が出てきたから、夢を見ている事も、夢も解決しました、って事にはならないんですよ。夢を見る時に、どの脳の細胞の、どの部分が活性化し、どの部分にエネルギーが使われ、どの部分が一番、電気的に high の状態か、0の状態か、落差を作っているのか、という事は分かる。だけど内容には触れない。そこの所に私はちゃんと気がついちゃってるんですよ。なぜかって言うと、僕はね、ここはとんでもない話になるんだけれども、手塚治虫の博士論文を、先生、お読みになったことがある？

飯森　いいえ。

山中　僕は、手塚治虫の博士論文を読んだ事があるんですよ。めっちゃ面白い。それは何かと言うとね、五〇年前の当時、電子顕微鏡が配備されたのが、東京大学と大阪大学と奈良医科大学だけだったんですよ。ところが手塚さんを東京大学は入れてくれへんのですよ。「お前みたいなのは、あかん」と。で、大阪大学もね、実は彼は大阪大学の医専の出身なんだけれども、「医専の奴なんか入れられへん」と。それで、彼は奈良医大へ行って、奈良の電子顕微鏡で書いたんです。どういうタイトルか、というと、〝異形精子細胞における膜構造の電子顕微鏡的研究〟というタイトルなんです。タニシの精子を、五〇万倍に伸ばしてね、タニシの精子が、こういう風に五〇万倍に見えます、という論文なんですよ。

飯森　ああ。

山中　それだと、丁度、先生がおっしゃった、いみじくも夢がね、見られますよと言うのと、同じレベル。手塚治虫は、それを見抜いちゃっているんですよ。もう、それ五〇年前ですよ。だから、手塚治虫の博士論文でね、彼は、実は、科学のレベルが決まってるといっても、実に低レベル。何々が分かってしまったように言ってる事の欺瞞を、もう彼ははっきり見抜いているんです。その話も、括弧に閉じましょう。時間が、本当にないから。ちょっと、いいですね。先生ね、そういう話も全部飛ばして、戻ります。

先生、今日、喜び勇んで来て下さったじゃないですか。何を一番喜んで下さったんですか？

飯森　僕はね、これは、お世辞でもなんでもないですが、やっぱり、山中先生の肉声ですよ。僕は、精神療法にとって一番大切なものは、言葉の響きと調べと、それを生み出すしじまですよね、沈黙です。これを皆さんがどういうふうに使うかという事で、僕は、昔ですけれど、こういう事を志した時に、患者さんとのやり取りを、全部テープに録ったんです。で、家に帰って聞きなおす。当初は、「あ、こういう事言っちゃまずい」とか、「こう突っこめばよかった」とか、そういう印刷した文字と同じ検討内容でした。ところが、実は、ある声のこちらのトーンだとか、要するに響きだとか調べで、変わるんじゃないかと思いつきました。僕の好きな精神療法家というのは、みんなやっぱり、声が良いですね。声のトーン、肉声に触れる、僕はそれが一番楽しみで来ました。

山中　ああ、ありがとうございます。

飯森　山中節、ってやつですよ。

山中　それはねえ、僕今、声が潰れているんですよ。本当は、もっと美声なんです（場内笑い）。病院でね、実は、今日土曜日だから昨日なんだけど、金曜日は私の歌手の日なので、いつもは四〇曲歌うんですが、この二カ月は二〇曲しか歌ってない。それは声が潰れているから。それでもね、先生があいうふうに言って下さるから、嬉しい。やっぱり、僕自身の肉声がどういう、こころのどの部分から出てきて、脳のどの部分を使って、どういうふうにその波長となって出てるか、という辺りは、非常に興味深いんですが、そんな事はどうでもいいんです。要するに、こころとこころがぶつかりあったり、こころとこころが出会ったり、人と人が出会ったり、という辺りの、やっぱり、身体感覚のところに戻っていくんですが、そこに先生が着眼されたという事は、やっぱり本当の治療家ですね。だから私は、最初からやっぱり間違えてなかったなあ、と思います。

飯森　やー、お世辞ですね。

山中　いや、お世辞じゃないですよ。

飯森　いや、僕は、山中先生の書いたペーパー読むでしょう？　読んでる時に、その声で読んでますから。先生の。これが、本当の、いい論文ですよ。治療に関する。

山中　今度は、こっちがお世辞を言われちゃった(笑)。止めます。あとちょっとで閉じますが、先生に伺いたい事は、ほんの少ない時間しか聞けなかったんだけど、やっぱり、ちゃーんと出てます。先生の本質の一端をお聞きする事によって、どこから出発しておられ、どこに着眼し、どう先生が進んでこられたか。僕、今日面白かったのは、皮膚感覚の部分。実はそれね、僕は〝は行変格活用〟とか、〝は行の現象学〟と呼んでるんです。「ひふ（皮膚）」でしょ、「ふせつ（膚接）する」でしょ、皮膚と皮膚とくっつける、肌を合わせる。肌は「は行」でしょ。それで「へ（屁）をする」のもね、「はひふ」の世界の問題なんです。「は行」のものというのはね、「ふせつ（膚接）する」という言葉があるように、くっつける、接する、肌と肌が接する部分で始まる部分ですよね。そこら辺の非常に微妙な言葉を、日本語はね、ちゃんと「は行」で統一してるんですよ。それが一つ。ただ、〝か行変格活用〟、「かきくけこ」というのもあって、「気」をつかいすぎると、「毛」が抜けるんです。また〝さ行変格活用〟というのも全然別にある。「あいうえお」から始まって「ん」まで、現象学がある。「あいうえお」を作ったのや、「いろはにほへと～」と歌に詠んで同じ文字を二度と使わないで配列したのは空海って言われているんですよ。「あ」から「ん」まで並べたのは空海と。私ずっとそれを信じていたんだけど、サンスクリット語をやって、違うという事が分かりました。サンスクリット語と五十音って同じ配列なんです。

飯森　ああ。

山中　日本語のア行から、ンまで行くの。サンスクリットの辞書をずーっとね、文字を一個ずつ語頭になる文字を並べてみるとね、正に日本語と同じ配列なんです。で、おそらく、空海はそのことに最初に気がついた人なんだ、と。実は。だから、〝空海が作った〟というふうに言われているんだ、と思うんです。

今日はですね、ちょっととんでもない話も出てきたかもしれないけど、非常に皆さん、インスパイアされたし、勇気づけられたと思います。本来ならご質問の時間もとりたかったのですが、時間がなくなってしまったので、今日はこれで閉じようと思います。とにかく、飯森先生、今日は本当にありがとうございました。

飯森　いえいえ。こちらこそ、ありがとうございました。

（於　第一一七回ヘルメス心理療法研究会、二〇一三年四月二八日、京都）

4

武野俊弥*
（たけの・しゅんや）
×
山中康裕

ユング派精神療法と自己治癒力

診療三昧の日々

山中　武野先生のお名前は、トシヤでなく、シュンヤとお読みします。先生は私の教え子というのもおこがましいのですが、実はそうなのです。ただし、先生ご自身は、東京医科歯科大学の医学部を一九七八年にご卒業になって、その一年後、南山大学の私の研究室に来られるようになった。私の名古屋時代の最後に、はるばる東京から通って下さったのです。一九八〇年一〇月には、私は京大に移りました。それでもずっと京都まで通って下さった。名古屋時代最後から京都時代最初にかけてなので、京大では彼は私の最初のバイジーなんです。

彼は月曜日から土曜まで、と言っても火曜の午後と金曜は別の場所の診療についていてられるんですが、残りの日は、月曜から土曜までずっと診療三昧。本当に毎日診療に明け暮れておられる方なのです。

実は今日初めて、我々のこの研究会が日曜日に開催

*医学博士。ユング派精神分析家。武野クリニック。

となったのは、「土曜日の患者さんの中に、統合失調症の方がおられるので、これを外したり休んだりすると、その修復にずいぶんと時間がかかるので、つまり、患者さん自身が大変ですので、悪いけど、土曜日はやめて日曜日にしてもらえませんか」というふうに言ってこられる方なんです。この一言だけでも、いかに患者さんを大事にしておられるか、いかに外来を大事にしておられるかという事が分かる。そういう本者の臨床家なのです。

武野　ユング派では、資格を取るとみんな大学の先生になるコースがあるようなんですけども、私はあえてそれは全部辞退させていただきました。というのは、大学の先生はたくさんいますけども、保険を使わない自費の精神療法だけで生計を成り立てているユング派の医師ないし臨床家というのは日本には私以外にいないのです。と言っても、実際は、私の所に紹介されてくる患者さんは大部分が精神科医からのもので、ごく一部、心理の方からは、ユング派という形で紹介して下さいますけども、精神科医の場合は、もう難治例で手を焼いて、保険診療でやってても、しょっちゅう来院するわ電話かけてくるわと、いろんなアクティングアウトもして面倒くさいと。そういう人に対して、「じっくり話をきいてくれるいい先生がいるから」という形で紹介されてくるので、私がユング派の分析家だという事を、ほとんどの患者さんは知らないで来られます。もっとも、精神科医のもとを訪れる大多数の患者さんにとって、ユングそのものが知られていないですからね。だからとくにユング派という形で患者さんと出会うわけではありませんし、例えば、『嘘を生きる人　妄想を生きる人』（新曜社）という、山中先生の退官記念のつもりで書いた本の、最初のK介くんという統合失調症の患者さん。私がユング派という事を全然知らなくて、人とうまくかかわれなくて困っているとやって来た。一年ぐらい経ったところで、トランスパーソナル研究所という所があって、そこは人づきあいの苦手な人が集う場である、というのをインターネットで見つけて、そこに行ってみたいと。そこに通うようになって、そこでユング心理学というのを教えていたというんです。「先生、ユング心理学というのがあって、面白いんですよ、知ってますか」と患者さんのほうから言われるぐらいです。知らんぷりして聞いてたら、だんだんのめり込んでゆき、一年くらい経ってすっかりはまった所で、突然スタッフのみんなに囲まれた。そこでは瞑想とかもするんですよね。それで瞑想して、さらに上のステージに行くためには、上祐史浩から特別の方法を受けなければいけない。嫌だと言うと帰してくれない。それで一〇時間くらい軟禁されてしまった。勧誘のためのテープを見せてもらったら、ユング心理学を講義してた先生も、アレフ、つまりオウム真理教の一員だった。ユング心理学というのはアレフととっても親和性があって、ああそうか、オウム真理教というのは、ユング心理学の影なんだなという事をその時、思ったわけです。そのくらい、多くの患者さんは私がユング派だという事を知らない。むしろ知らないから、素の立場で会える。それが面白い所だと思います。

私はユング派の精神療法の一番魅力的な所は、一人ひとりの自己治癒力をいかに引き出していくか、深めていくか、という所にあると思うんです。それを日本では、山中先生との分析やスーパービジョンを通して教えていただきましたし、スイスに行って、スイスでも、自分の分析を通して、またスイスでの治療——幸いスイスでは週に二〇セッションぐらい西洋人の方のケースを見る事ができました。いろんな方に出会って、ユング派の面白さが、いかに一人ひとりの自己治癒力——最近の精神医学では「レジリアンス」(resilience 回復力) と言う——を引き出すかにあると分かった。このレジリアンスというのは、「ある圧力に対して元に戻る力」という意味の物理学用語なんです。それが、PTSDになる人とならない人の違いから、同じトラウマを背負っても、ならない人はどうしてならないのかという所から研究が始まって、今ではほとんど自己治癒力と同じ意味で、レジリアンスという言葉を使っています。自己治癒力というのは、「戻るだけじゃなくて、それを超える、その人を成長させる」、そういう意味も含まれているので、私としては自己治癒力のほうが好きです。だから、自己治癒力というのが精神療法の要になると思っています。

先ほども申し上げましたように、精神科医からリファーされてくる患者さんの大部分は、あまりユング派という事とは関係なく送られてくる。心理の方からリファーされる方は、ユング派の資格を持った人という形でリファーされる。私がスイスから帰ったのが九一年の秋。資格を取って半年はケースを見るために滞在してもよかったのでぎりぎりまでいて、そして日本に戻って、翌年の五月に、今の精神療法専門の自費診療のクリニックを立ち上げた。最初のうちはほとんど医者からで、そのうち心理の方からもリファーされるようになって、大体一年くらい経ったら、もう入れられる枠がなくなってしまった。最初のうちは、ウェイティングリストというのを作ってたんですけども、そうすると大体、一年以上待たないとだめになってしまった。でも一回会って、それでよかったらウェイティングリストに載せますと言うと、ほとんど心理の方からリファーされた方というのは、一度会って、じゃあお願いしますという事になる。順番が来て電話をすると、それまでいろんな所にかかっても良くならなくて、なかなか治療が進展してなかった方が、神経症圏、人格障害圏の方ですけども、ほとんどの方が良くなっちゃってるんです。一度、私に会って、一番本当にちゃんと話を聞いてもらえて、そして、人によっては、私から発してる「癒しのオーラ」に包まれて。あの『オーラの泉』が出る以前ですから、一九九三年。そういうものに包まれて、「一年間待ってれば、私は治る」と思っていたら、長年悩んでいた強迫症状が治ってしまったとか、そういう方がとても多い。これを僕は「プラシーボ治癒」と呼んでるんですけども。それで治るんだったらそれでいいだろうと。でも、転移性治癒とプラシーボ治癒というのはやっぱり違うんでね。「転移性治癒」というのは、治療が終わったらすぐ再発してしまうものですけども、プラシーボ治癒というのは、一度私に会って、期待感を持って、その事によりその人の自己治癒力が発動して、何もしないで治る人がけっこういる。逆に言うと、その人は治療体験なしに初めて私の所に来られたわけではないし、いろんな治療者を経て、いろんな精神科医を経て、それで心理の人もかかわって私の所にリファーされてくる。そういう、つまり「何もしないほうが患者さんにとって良くなる場合というのは、案外世の中に多い」という事がある。それと、「悪循環がなんらかのきっかけで良循環になれば、すごく大変だと思われてる人も良くなる」場合がけっこうあるものだという事を、あらためて痛感させられました。あとプラシーボ治癒というのは、転移性治癒と違って、再発しない。こちらが電話して、おかげさまで良くなりましたと言われても、一応またもし何かあったら優先的にお会いしますと言うんですけれども、それで再発して来られる方は皆無ではないけど、ほとんどいない。結構そういう形で、自己治癒力というのはなかなかのもんだなというのを、その頃から実感しています。プラシーボというのは本来が「私はあなたを喜ばせます」というラテン語です。そういう場があるんだとか、そういうものによって、自己治癒力が発動する。その場とか、そういうものがとても大事だという事を、非常に痛感しています。それで、自己治癒力というのは、どういうふうに最も発動されるのかというのが一人ひとり違うので、「一人ひとりにきちっと向き合う」。そしてきっと、タイミングとか、「機が熟す」というのも大切な事だと思います。そういう事も考えながら、日々臨床をしています。ちょっとずれましたけども。

山中　いや、全然、ずれてないどころか、本道そのものです。

箱庭との出会い

山中　七九年に私の所に来られたのは、どういう経緯で、なぜだったんですか？

武野　それまでは統合失調症の精神療法をやりたいと思ってたんです。それで、統合失調症と、当時は自閉症の異同というのが議論されていたので、自閉症もきちっと知っておきたいという事で、都立梅ヶ丘病院の中根晃先生の所で勉強してたんです。そういう経緯があるので、研修医の時に子どもさんを診る事が多くて、そのうちの一人の、九歳で発症した統合失調症の女の子。入院した時にはもう一一歳になってましたけども、verbal（言語的）にうまくかかわれない。一人でベッドの上でお人形遊びをしている。それで一緒にお人形遊びをしていたんですけども、そういうかかわり方をしていた。

あの当時、東京医科歯科大学というのは「人間学的精神医学」というのが非常に盛んでした。『人間学的精神療法』という文光堂から出てた本を読みましたら、箱庭療法というものがあるという。その時は、それを書いたのが山中先生だったという事は、確かに読んではいるんですが、内容のほうしか覚えていなかったんですけど。こういう治療法があるんだったら、その一一歳の統合失調症の女の子にもっと治療的にかかわれるのではないかと閃きました。当時は六人部屋で、カーテンも昔なのでまだないし、しかもあとの五人は大人でした。それで、他者の目にさらされず、治療者と二人だけでいられる治療構造を作りたいと思い、箱庭療法の道具を買ってほしい、治療的に必要だと言ったら、その当時の教授は島薗安雄先生というバイオロジーの先生なんですけども、「治療的に必要なのか」と念を押されて、研究費ではちょっと高すぎて買えないから、と、ポケットマネーで買ってくれたんです。

山中　すごい。当時の教授はそういう懐が深い方が多かったね。島薗先生もその一人だね。

武野　さらに、精神病理、神経生理など数ある研究室の中であまり使われない場所があったので、そこの一部を借りて箱庭療法をしてみたら、非常に展開していくので、喜んでいたんです。でも、もう少しちゃんと勉強しようと思って、河合先生の『箱庭療法入門』（誠信書房）を読んでみたら、当時の言葉で言えば「精神分裂病は禁忌である」とあった。これはいくら上手くいってもまずいんじゃないかと思いました。

当時、医科歯科には霜山徳爾先生という上智大学と聖心女子大学で心理療法を教えている先生が来られてた。だいたい上智か聖心の心理の方や院生さんたちが、教授回診でも同席していたり、精神科の心理士として働いておられたりしてました。入院しているので学校に行けない統合失調症の女の子のために、上智の大学院生に治療的家庭教師として勉強を見てもらっていました。その人に「東京で箱庭療法の専門家というのは誰かいないか」と尋ねたところ、上智の先輩で大場登先生というとてもいい先生がいるという。じゃあその人を紹介して下さいと頼んで、指定された時に上智に行きましたら、山中先生がいらっしゃった。当時、山中先生は南山大学にいらっしゃったのですが、早慶戦みたいに上南戦、つまり上智南山戦というのがあって、それぞれの心理のケースの検討会かなんかされていたんです。大場先生は心理の方なので、自分が統合失調症の箱庭のスーパービジョンをするよりも、むしろ大場先生のバイザーだった山中先生にみていただいたほうがいいんじゃないかと考えて下さって、わざわざ山中先生がいらっしゃる日に私を呼ばれたわけです。それで、そのケース検討会の前に、箱庭のスーパービジョンをしていただいて、それが私にとっては非常に腑に落ちた。山中先生が、もし南山まで来るなら継続してみて下さるという事でしたので、その後も南山に伺うようになったのです。それまでは人間学的精神医学と精神分析ばかり勉強していたので、ユングのユの字も知りませんでした。たまたま『人間学的精神療法』に山中先生が箱庭療法について書いて下さっていて、たまたま大場先生が山中先生を引き合わせて下さってというふうに、いろんなご縁が働いたわけです。

山中　なるほどそういう事だったんですね。大場くんは、私の所に来られた一番最初の心理のバイジーの方だったのです。今、武野先生からお話が出た霜山徳爾先生というのが、私が南山にいた時に上智の教授をなさっていました。早慶戦というと当然みなさん野球の事をイメージされると思うんですけど、テニスやらバスケやらあらゆるスポーツを全部含んでやってた。それで、スポーツで上南戦やるんだったら、「心理の上南戦というのもやりたい」と言ったのが、私なんですよ。それで霜山先生にそれを申し出たら、「それはいい、絶対やろう」という事で、ケースカンファレンスをお互い一年交代でやった。その時の南山大生がここに何人かいるんですよ。中林恭子さんとか、長坂正文くんとかです。

さて、『人間学的精神療法』という本は、私が書いた本の中でも一等最初だという気がするんですけど。それは私の単著ではなくて、荻野恒一先生という、もう亡くなってしまわれた、文化精神医学、多文化精神医学での日本での走りになった教授ですけれど、その先生が主たる著者で、それにプラスアルファで私と大橋一恵先生。大橋先生というのは、精神分析で土居健郎先生の所に行かれた。私は河合隼雄先生の所に行ったというので、その二人を名古屋で、一本釣りして下さって、書けという事で。「人間学的精神療法」というのは、当時一番流行ったものでした。ルートヴィヒ・ビンスワンガーやメダルト・ボスという人が中心で、あとツットとか、クーレンカンプとかドイツの錚々たる精神医学者、あるいはスイスの精神医学者たちが出た頃です。霜山先生は、東大出で、フランクルの訳者でもありビンスワンガーの訳者でもある、という事で、私どもの大先輩です。私は霜山先生の事をすごく尊敬してて、個人的なコミュニケーションもあったりしました。要するに、萩野先生というのが霜山先生の友人でいらして、名古屋に来てもらうと霜山先生に話してもらう。荻野先生は南山を後にして金沢大学へ行っちゃわれたものですから、荻野先生の後、大橋先生が最初三年ほど南山でやって下さった後を、私が継ぐという格好で、三人が連名で書いた本でした。今さらそんな名前が出てくる事にびっくりしたんですけど、そういう関係もあったのね。

スイス留学

山中　さて、先生はさっきスイスに留学された時の事をちょっと言われたんですが、随分長くいらしたんでしょう。

武野　はい。三年半。

山中　三年半もいらしたんですよね。その時に、主たる分析者はたしかグッゲン先生だっけ。

武野　はい。

山中　それで、バイジーとしてあなたが通われたバイザーの先生は、数人おられたと伺ってますが。ちょっとそこら辺を教えて下さい。

武野　はい。スイスに行って、本当は多くの方は男性と女性の分析家につくようにと勧められてるんですけども、私は本当につきたいと思った女性の分析家がいなかった。そして、一番臨床的な人が、やっぱりグッゲンビュール＝クレイグ先生だったので、グッゲンビュール＝クレイグ先生の分析を受けたいと。ただ、スーパービジョンはあえて自分と全然違う立場の人のを受ける事に意味があるだろうという事で、幸いケースがたくさんいたので、個人スーパービジョンはグッゲンビュール先生以外に、五人の先生に受けました。一応グッゲンビュール先生は「元型学派」と言われていたので、「クラシカル・ユンギアン」と「発達学派」の人たちを中心に受けた。あとはグループ・スーパービジョンがあるので、それも四グループに出ました。全部で、スーパービジョンとしては九人の方から受けてます。そういう中で、あえて発達学派で非常に有名な方のスーパービジョンを受けると言ったら、グッゲンビュール＝クレイグ先生が〝Tragedy!〟と言った。受けたら本当に、全然。何度か受けると、次にこう言うだろうなというのが分かっちゃうんですよね。発達学派の見方というのが。それで喧嘩ばっかりしてたんですね。それで、喧嘩してるうちに、自宅でやってらっしゃったので行くと、留守で。後で電話すると、「予約してたのを忘れて買い物に行ってた、すいません」。そういうのが何度か続いて、「ああ、こっちが勝った」と。向こうにとってはとっても厄介な生意気な学生だったと思うんですけども。「先生はこう言うと思うけど私はこう思います」と、いつも逆手に取って言うので。でも、ケースが大体私の見立てた通りになっていくので文句は言えない。それがすごいストレスだったと思うんですよね。分析は、本当の意味で信頼できる人に受けるほうがいいと思いますけど、スーパービジョンというのは一種の「道場破り」みたいな所もあるので、あえて違う所に行く。実際、スイスに行く前も、私は精神分析系の方のスーパービジョンをたくさん受けてます。スイスでもなるべくいろんな分析家と、差しでケースの事について話してみたい、せっかくスイスまで来たんだしという事で。みなさんも、そういう意味で、機会があればいろんなスーパービジョンを受けられたらいい。立場の違う考え方の、どのスーパービジョンでもいいですから。セラピストとしての勉強になると思います。

山中　ありがとうございます。もう、スイスの事を根掘り葉掘り聞くつもりはないのですが。やっぱりどうしても一つだけ教えてほしいのは、グッゲン先生は信頼できる方ですよね。

武野　はい。

山中　グッゲン先生との分析体験。これはスーパービジョンではなくて、分析体験で先生の心にすごく残ってるって事を、一つ二つ教えていただけると、とても嬉しいのですが。

武野　自分の内的な事まで話すのは、ちょっと。宝は大事にしておきたいので。その代わり、別の意味でとても印象的だったエピソードというのを、一つお話したいと思います。

グッゲンビュール先生の部屋は、（白板に書きながら）一番奥まったところにソファーがあって、ここに座り心地の良さげな椅子があって、それ以外にも椅子がいくつも置いてある。それで「どれか好きな所に座れ」と言うので、私はいつもここに座った。グッゲンビュール先生はずっとここに座っていた。三年半経って、「実はここは俺の場所なんだ」と。「みんなここかここに座って、ここに座るやつはいない」。大体この部屋がかなり大きいですから、これだけの開放空間で五〇平米くらいあって、ここだと、分裂気質の私には落ち着きが悪すぎるんですよね。だからこっち側に座ったわけですけども。西洋人の分析家の面接は、ほとんどの場合に机がない、テーブルがない。本当にテーブルなしでフェイス・トゥ・フェイスで近距離で面と向き合うのです。日本人にとっては、私のような分裂気質でなくても、かなり居心地の悪いセッティングだと思います。西洋人のユング派の分析は文字通り、常にコンフロンテーションしているわけです。

山中　ありがとうございます。今の話の前のほうに言われた事がとても印象的でした。自分の内的な事、言いたくないとかそういう事じゃなくて、宝物にしておきたいという。それで話されたのが、いかにもグッゲン先生とお二人の関係性というか信頼とかそういうものが類推されて、いい話でしたね。それに今の話もなかなか面白い。グッゲンさんはそこを怒らない。「そこは俺の！」と。グッゲンさんは一方で本来はすごく怒る人なんですよ。もう爆弾みたいにね、カッとなってガーッと怒る人ですから。武野さんには怒らなかったのは、彼なら怒らなくてもいい、そこに座りたくなったら座れという気持ちがどっかに湧いたんだろうという気がしますね。なるほど、それはとてもいい話だなあ。

武野さんの随分以前の話なんだけど、忘れちゃうといけないから、時間が来ちゃうと結局永遠に話さない事になっちゃうから、一つだけ武野さんの事で言っておきます。箱庭での武野先生の業績についてです。河合先生は分裂病（統合失調症）の箱庭なんかもってのほかだと。そんなん大変だと。余計悪くなる事が多いと、言われたんですね。ほとんどの人がおそれ多くて何もしなかった。だけど私自身はそれは違うと思ってた。統合失調症の人が治せないようだったらそれは治療法としてあり得るのかと、私は考えてたからです。それを武野先生は、分裂病（統合失調症）の人たちのための箱庭を作ってあげたんですね。それが「枠強調箱」というのです。要するに、実際には七二×五七×七センチというのがカルフさんが本に書いた規格です。だけどあれは嘘で、外法なのに、カルフさんは内法と書いてる。それ、私が指摘したら「書き間違えた」と言うんです。だから世界中の箱庭はカルフさんのよりも一センチ半くらい大きいんです。要するにカルフさんの箱庭を見て、ちょっと小さいなと思ったんですよ。僕はトータルで二二回ほど置きましたので。なんやこれと思って、僕はカルフさんがどっかに行ってる間に実際に測ったんですね。そういう所が私の私たる所なんですが。そしたらね、本に書いてある事、嘘やん。全部違うんですよ、長さが。それで外側測ったら、外法の計算なんです。だから彼女は絶対自分で測ったんじゃないですよ。私も訳したので覚えてますけど、今の世界規格は七二×五七×七センチと。その長さなんです。

　さて、それは置いといて、武野先生は高さ七センチの部分を一〇センチにしたんだよね。三センチ上げたんです。これはすごい発見というか発明というかですね。なんと、統合失調症の人たちはそれで、とても安心して置くんですよ。これはすごいですね。僕は「枠強調箱」について、何度か国際箱庭療法学会（ＩＳＳＴ）でも言及しました。武野先生による統合失調症のための特別の箱庭なんだ。ところが普通の人がそれを置こうとすると、「牢獄みたい」と嫌がるんです。ほとんど閉鎖空間になるので、「怖い、閉じ込められたような感じだ、嫌だ」と言うんですよ。ここら辺のやりとりは、ちょうど中井久夫先生が「枠」をつけて風景構成法をするかしないかというテーマのほうで、結実してるんですけども。武野さんは中井さんとは全く独立して、お互いがお互いに影響を与えた形じゃなくて。武野さんの場合は自分の事も分裂気質とおっしゃいましたけど、ご自分から見ても嫌だ思ってるし、患者さんから見てもっと嫌だと思っておられるだろうなという配慮から、これだったら「守られてる」という感じがあるだろうという事でお作りになったのが、間違いなくそうでした。私もちゃんとそれを試してみましてね。統合失調症の人たちはすごく安心して作りますね。だから彼らは作れないわけじゃない。ただ「守りが薄すぎる」わけ。それを河合先生はちゃんとご存知で、だから、そういう人たちは「二重の枠を作る」と。柵が外にあるのに、もうひとつ柵を作ってやるというのを言っておられて、それが一番目立つのが不登校。当時は〝schoolphobia〟と言ってた子どもたちなんですけど。それを話されたのが、河合先生が戻ってこられたのが六五年で、その講演が確か六九年の始めで、その講演を聞いた中井先生が枠付け法を思いついたのが六九年の事なんですよ。だから、そこら辺の枠強調とか、枠を用いた云々という方法論というのは、そこら辺ですごく問題になった部分でありました。武野先生のこの業績はすごく、「ああこの人は本当に統合失調症をしっかりみれる人だなあ」と。彼らの苦しみとか不安とか怖さ。僕がそれを後に言語化して、「守りの薄い人たち」という表現で論文に書くようになったのも、あなたのおかげです。そういう画期的なお仕事があります。

さて、そうしてグッゲン先生の分析をお受けになって、そして何人かとの他流試合をやってこられた。

武野　他流試合ですね。まさに。

山中　それもとってもいいね。なるべく自分の考えと遠い先生方のスーパービジョンを受けてみた。

論文と学生運動

山中　そして先生は向こうで論文を発表されますね。資格論文。先生は何についてお書きになったのですか。

武野　その資格論文は、日本語で『分裂病の神話』という形で、もう絶版になっていますけども、新曜社という所から出ていますので、それを読んでもらえると一番ありがたいです。

山中　その通りです。なんであういういい本を絶版にするのかが僕には理解できない。僕の本の事で言うと、例えば『老いのソウロロギー』（有斐閣）なんて絶対にいい本だと思うし、ああいう僕がどんどんみんなに読んでほしいと思う本を絶版にしましたって言うんですよ。ちくま学芸文庫までが。それでいて他方「売れる本を書いて下さい」って。本屋って何を考えてるのか分からんですよね。自分らの言ってる事の矛盾に気がつかないというのか。まあそれも括弧に閉じます。

『分裂病の神話』という本。黄色い表紙の本でした。面白いな、やっぱりこれは武野先生だと思ったのは、いわゆるユング派の精神療法と、それまでの人間学的精神療法の医科歯科学派の両方が、ほどよくミックスされてた所です。東京医科歯科大学はすごい精神病理学のメッカでしたよね。島崎敏樹先生、宮本忠雄先生、それから先ほど話に出た霜山徳爾先生とか。霜山先生は東大ですけど医科歯科の先生方と親交が深かった。あと加藤敏さんも出ているでしょ？

武野　はい。

山中　大森健一さんとか、高江洲義英くんとか。そういう医科歯科の伝統的な精神病理学の、ちゃんとした正統派でもあるからですよ。うまく折衷し、アウフヘーベンしたと、私はあれを読んでそう思ったんです。一方で、やっぱり、だけど医科歯科の人って硬い人が多いやん。論理がですよ。フレキシブルではなくて。もうね、次に何書くか分かっちゃうんですよ。ところが武野くんの場合はそうじゃないんですね。次に展開していくのが、やっぱり彼のオリジナリティがいろいろあって、とても面白かった。

たしか、ムンクの『アルファとオメガ』をベースにしてられる文脈があるじゃないですか。あそこら辺り、もう一言何か。

武野　ムンクが統合失調症を発症して、そしてサナトリウムの中で、『アルファとオメガ』という挿絵入りの物語を書いて、そして幻覚妄想状態から脱した。つまり、ムンクが病気になった当時、薬も何もないし、治療も電気治療というのをされていたようですけど、電気治療といっても電気ショックではなくて、整形外科でするような、電気をちょっと流して筋肉をピクピクさせる。そういうのを少し受けたぐらいで、あとは静かな環境で、好きなように過ごしていて、そこでそういう作品を描いた。そういう意味で、作品の中に自己治癒力の源泉があるんではないかという観点から、それを取り上げて分析しています。統合失調症における自己治癒力とは何か、という事をムンクの『アルファとオメガ』という本を通して考察しています。あるいはシャーマニズム、シャーマンになるために巫病《ふびょう》(initiatory illness)という、統合失調症と現象学的にはほとんど似たような状態になって、それが治った人でないとシャーマンになれない。そういう意味で、シャーマニズム、巫病を治すイニシエーションの過程の中にも自己治癒力の源泉があるのではないか。そういうような事が書いてありますので、もし興味のある方がいたらお読み下さい。私の所に時々、知らない人から電話がかかってきて、「先生は『分裂病の神話』の在庫をお持ちではありませんか」と。「何でですか」というと、アマゾン・マーケットプレイスで二万円というので、先生が持ってたらもう少し安く買おうと思ってと言うのです。でも残念ながら持ってないので、皆さん、持ってる人を探して、あるいは山中先生にお借りして、ぜひ読んでいただきたいと思います。

山中　いろいろ自分のアイデアを、武野先生が一行ぐらい書くと、私はその上に三行くらい赤や青の鉛筆で書いて。ちょうど宮沢賢治の『セロ引きのゴーシュ』の最終原稿みたいでね。とてもコピーなんか取れない状態ですので、人に貸すのはイヤです。先生だったら貸してもいいかもしれないけど。僕がそういう事をした本というのは、実はあんまりないんです。河合先生の『ユング心理学入門』（培風館）とか、エレンベルガーの『無意識の発見』（弘文堂）とかくらい。『ユング心理学入門』なんか、買ったのは三冊か四冊買ったと思う。全部型崩れしちゃって使えなくなっちゃったので、今四冊目くらいのがあるんですが。一冊目や二冊目はもう赤で書いて、ここは違うんじゃないかとかここは僕の意見と違うとか、河合先生はこの事を自分の発見だと言わはったけど前に言うてる人がいるよ～とか、いろいろ書いてるので、河合先生には絶対見せられへん。だけどすっごく勉強させてもらった本ですね。そういう本は数冊しかないです。まあその話も括弧に閉じます。

もっと武野先生にいろいろ伺いたいんですが。博士論文、医学博士論文はその前後でしょ？

武野　当時、医科歯科は東大と並んで、学生運動の中心地《メッカ》だったので、博士論文を書くという事をみんなできずにいたんです。先ほどお名前の挙がった大森先生にしろ、加藤先生にしろ、私より遥かに年上で、他の医学部の教授になっている方もいらっしゃったんですけども、山中先生が、ユング研究所に留学するには博士号が必要だとおっしゃったので、そういう事情なので書かせてもらいますと。まわりはみんな誰も書かないから。本当は書きたかったんじゃないかと思うんですけどね。それで、行く一年前に書いたんです。

山中　そうでしたそうでした。

武野　それで書いて、私が風穴を開けてから、みんなどんどん博士論文を書いた。

山中　そうなんだ。僕は、全学連ではなくて、医学連（全日本医学生連盟）というのが中心だったんですけど――ユングも同様のツォフィンギアという組織に属してましたが――その医学連運動で、精神医学の解体運動というか、金沢学会に象徴されるような所まで行くんです。あの運動は今はなんだったんだって事で、ネガティブな評価しか言わない人が多いんですが、私はポジティブな事もたくさんあったと考えてる。だけどネガティブなものもたくさんあります。そのうちの一つが、博士論文を書かなくなっちゃった事。京大で一番煽りを食らって大変だったのが、松本雅彦先生です。彼はめちゃくちゃ優秀で、ジャネが専門の方なんだけど、彼がちょうど煽りを食らって、運動の中枢部の真ん中におられた。彼自身は旗を振ったわけではないし、だけど反対をしないどころか賛成しておられたんですが、博士論文をお書きにならなかったので、京大の精神科の教授にはなれなかったんですよ。だけどそれはあまりにおかしいので。当時は医療短大だったかな――後に学部になりました――そこの教授になっていただいたけど、いろいろあって大変なんです。そういう煽りを食らった先生方が何人かいらっしゃるんですが、私自身は、実は医学博士を取りました。スト破りとかなんとか言われたけど、私はスト破りの意識は全然ありませんでした。

ここで、私の事をちょっとだけ言うと、私本当は、行く大学は東大しかないと思ってたんですよ。それで東大を受けようと思ったら、二期に医科歯科があるという事が分かって、私は両方の願書を出す。ところが高校の担任が、どこか滑り止めを受けろと。私は結局、残念ながら東大には入れませんでしたし、一方医科歯科は受けませんでした。なぜかと言うと、その真ん中に担任教師の伊藤三郎先生の勧めで受けた名古屋市立大学というのが合格届を送ってきちゃったから。それで、担任の先生の所に行ったら、お前、医学部はどこを出てもいいんだと。とにかく医学部を出て、日本中で一番入りたい医局に入ったらいいと。これはきわめて正確な教えだったんです。私はそんな事も知らなかったんですけど。とにかく名古屋市立大学へ行ってみたんです。あそこの大学はとてもいい大学でした。結果論なんですけれど、木村敏とか中井久夫という人たちを私たち医局員の力で呼んで、まったく自分たちで教室を作って、自分たちで学問的な教室を作った唯一の大学です。しかし、客観的に見たら、名古屋市立大学ってどこにありますか。まあ名古屋って名前ついてますが。そんな大学あったですか、というような人が多い世の中です。東大の連中や京大の連中は、そこを出ただけで、東大卒京大卒というわけで、別に博士号やら何やらなくとも、いっぱしの人間だと思ってもらえるわけですよ、この世界では。でも、一地方大学出では人間だと思ってもらえない事は始めから分かってたので、仕方なく医学博士を取ったんです。大学院卒業時にね。ただ、それだけの理由であって、私は別に戦略的でもなんでもない。学者の基礎の一つとしか思ってなかったのです。そういうふうにしか世の中は見てないという事です。今でもそういう所はあるかもしれません。この話も括弧に閉じます。

　さて戻りますけど、博士論文では先生、何を書かれたんだっけ？

武野　『精神分裂病の実感棚上げ現象』というタイトルです。

山中　「実感棚上げ現象」というのは簡単に言うとどういう事ですか？

武野　統合失調症の方、例えば、その人にとって唯一の支えであるお母さんが亡くなられたとか、入院中にそういう事があって、その事を話したらすごくショックを受けるだろうなと不安に思いつつ、いざ話してみると淡々と聞いている。ああそうですかと。その時は実感なく聞いてるんですけども、だいぶ経った時に、突然フラッシュバックのように、引き金というものが見当たらなくても、その時本来感じていたであろう実感の部分がぱっと蘇ってしまう。自閉症のタイムスリップ現象に近いような現象ですね。そういうものがある。本来であれば、とても傷つくような事があっても、その時は平気だったからといって安心しないようにという事を、簡単に言えば書いたものです。

山中　すごく治療的なテーマだし、今でも新しいという感じがする。ちょっと今の所でひっかかって教えてほしいんですが。depersonalization（離人症）とはどう違うんでしょうか。

武野　離人症の場合は疎隔感、あるいはむしろ疎隔体験というのに近いかなと思う。そこで実感を感じていない自分という事を、どこかでちゃんと自覚して、これは変だという意識を持っているけれども、選択的実感棚上げ現象の場合は、その意識がない。そしてここで「棚上げ」という言葉をわざわざ使ったのは、突然棚から落ちてきちゃう。ひょんな事で。そういう意味で、棚上げ現象という言葉で表現しました。

山中　とてもそこら辺りに意味があるというか。現実にそういう事態が起こっているという事がイメージしやすいんです。今度は次に、いわゆるdissociation（解離）との差はどうなりますか。

武野　そうですね。dissociationだと基本的には体験そのものが解離されて、本来伴う感情だけが、というのではないので。

山中　そこの所を感情だけでなく、全部、ぽとんと？

武野　そうですね。

山中　ありがとうございます。いや、ちょっと難しい話をしちゃったんですけど。実は難しいんじゃなくて、患者さんの落ち込んでるところ、彼らはあまりにsensitiveな、あまりに繊細な人たちですから。全部一個ずつ正確にかかわったら本当に一つずつ反応してしまうのです。おそらく自分が自分として存在し続ける事が不可能になっちゃうんですね。だから、「棚上げ」という形で一旦なしにしちゃう。今私がちょっと偉そうに聞いたのは、いわゆる例えば離人症で言われる疎隔現象と、今よく言われる解離などとはまた非常に問題がいろいろあって。フロイトの時代から解離の問題と統合失調症の問題が、なかなか弁別不能の部分があったりして、今でも議論は続いてると思うんですけどね。

今のお話をちょっと聞かれただけでも分かるように、武野さんはとても治療的なんですよ。患者さんは一体どういう位置に置かれてるのか、そこにどういう事が起こっているのか、それに対して、我々はどういうふうにそういう人たちに接していくのかという視点で、博士論文にしろ、資格論文にしろお書きになってるという所が、私が最もたいしたものだと認める部分なんです。実はそういうふうに物事を考える。だからこういう博士論文は書いてもらったほうがいいわけですよ。要するに綺麗ごとばっかり言ってる論文が多すぎるわけです。だから、当時の全共闘の彼らは博士は取らない、それはなぜか言うたら、今までの間違った精神医学を根本から検証しないとだめだと。それそのことは正しいんです。実は間違った精神医学なんかを検証する必要などない。むしろ、精神医学は患者さんたちを抑圧してきたのだと、それも事実でした。わざわざフーコーやらサスらをいちいち引用しなくたって、日本の精神医療を見ただけで分かる。だけど、それに対して一番加担してきたのが博士論文だって事で、糾弾されたんですね。しかし、本当の真の学問は誰が作っていくんだ、新しい学問というのは誰のためのものなんだ。間違っても、我々のためじゃないんですよ。患者さんをいかに理解し、患者さんの弱い部分がどの部分であり、その部分にどういうふうにアプローチしたら、患者さんたちが少しはその状態から、自分たちが生きててもいいかなという気持ちをお持ちになるか。という所こそが問われてるわけだものね。武野さんは、そこでまさに実践してこられ、しかも週に月火水木金土と働いて、それで、研究会はいつやってるんですかって聞いたら、前は夜にやってたけど今は日曜にやってるって。じゃあ一体あなたは自分の生活はどうするんですか？

武野　本当は最初の初期研修を二年やった後に、大学の方から梅ヶ丘に行ってほしい、中根先生からも来てほしいと言われたんですけども、どうしても山中先生の分析を受けたかった。児童精神医学だけをやるつもりではなかったので、研修時代に子どもさんも診てますけども大人の方も診ている。その方たちを続けて診たかったので、一日は大学で、そういう大人の方たちのフォローをしたい。もう一日は分析を受けたい。（けれども、梅ヶ丘は、勤務日数的に）週四日ではダメ、週五日来てもらわないとという事で、週四日で常勤で雇ってもらえる所を探して、福島県の病院に行き着いた。それで福島から、ドア・トゥ・ドアだと片道八時間以上かけて毎週（分析を受けに名古屋へ）通ってたので、それでもうほとんど世の中を動き回る全エネルギーを、もともと少なかったものなのに、それをすっかり使い果たしてしまったのです。今は歩いて五分の所に自宅があるので、クリニックと自宅が非常に近いですから、それだけやってても、けっこう家族との時間というのは取れています。

四倉病院時代

山中　福島県は、四倉病院ですよね。

武野　はい。

山中　四倉病院というのがまたこれもね、院長さんがユニークな方で。

武野　そうですね。石福恒雄先生という方で、医科歯科の医局の先輩になる。石福先生は、宮本忠雄先生が自治医大の教授になる時に、講師として一緒に働く予定だった方なんですけども、やっぱり大学の先生よりも、縛られないで自分の好きな臨床と研究をしたいという事で病院を作られた。そういった病院なんですけど、大学並みの図書室があるんです。

山中　すごい充実した図書が、特にフランス語やロシア語のもたくさんあった。

武野　その先生がたぶん、日本で一番最初にユングを本格的に紹介したかなと思うんですよね。ユング派で、後に人間学派となり、自分はユング派とは決別したというふうに言ってたハンス・トリュープという人の、『出会いの精神療法』という、これは非常にいい本です。もう絶版になってますけども。訳したのは石福先生なんですけども、石福先生の名前じゃ売れないという事で、一応、宮本先生との共訳という形になっています。その本の解説で、ハンス・トリュープがユング派という事で、ユングについての細かい紹介をされています。たぶんそれが、日本で一番最初の本格的なかなり良質な紹介じゃないかと思います。

その先生が急逝されて、それで私が院長を引き継いだ時に、驚いたのが、月の図書費が一〇〇万円だったんです。この一〇〇万円で自由に本を買ってくれと言われた。年間じゃなくて、月にそれだけ、自分の好きなものを買う。ある時、図書室を整理しようと思ったらユング全集が出てきた。そして、本にびっしりといっぱい書き込みがしてあって、付箋がしてあって、あユング全集をこういうふうに、石福先生が読まれていたんだ、という事を亡くなられた後に知りました。それまで石福先生がユングの勉強をそれだけしてたという事を知らなかったものですから。それも不思議な御縁と感じています。

山中　ありがとうございます。今、武野先生がおっしゃった事でちょっとだけ訂正させていただくと、日本で最初に本格的なユングの紹介と言われたのはちょっと違ってて、それは、実は一九三一年（昭和六年）に千葉大学の精神科の教授だった中村古峡という人が、"Wandrung der Libido"を『生命力の発展』と訳されたんだけど、後でそれは、例の一九五二年にユング自身が改版をして、全く新しい論文になったものの元版の一二年版のほうの論文ですが、それを一九三一年に訳してられるんです。それがおそらく本格的なユングの紹介です。なぜかというと、春秋社という会社で、当時『世界大思想全集』という全五〇巻の思想書の中に、フロイトとユングをちゃんと入れてる。それでユングが初めて日本で活字になって出たのは、最初はその一九三一年だと思います。それも私、読みましたけれど。トリュープの訳書はその後なのです。でも本格的と言われたのはある意味では間違っていないわけです。当時は思想家として、不思議な考え方をする人だという捉え方と、変な精神科医がいるという考え方と、両方で紹介されています。一九一〇年ごろ、アメリカのジョンス・ホプキンス大学に留学した丸井清泰という古沢平作先生の先生にあたる東北大学の教授がいた。その古沢平作先生こそフロイトの所へ行き、日本人では初めてウィーンで分析を受けた時代がありました。その後フロイトは、二つの系譜に分かれて紹介されますが、中村古峡教授はそれらとは独立して、さっきの訳書を出してる。その後、間が相当あって、ハンス・トリュープが石福恒雄先生によって訳された。僕もハンス・トリュープは読みましたけど、とてもいい本です。おっしゃる通りほとんど九割方、宮本さんでなく、石福先生がお訳しになったものです。

その石福先生についてもちょっとだけ補足をすると、石福先生はなんで有名かというと、私が精神科医として先生について何を知ってるかっていったら、ニジンスキーです。ニジンスキーいうたらロシアのバレリーノでありまして、おそらくロシアが生んだ最高最大の、男性バレリーノ。女性ではないのでバレリーナとは言わない。彼が天才であるという事のゆえんを非常に細かく分析した論文をお出しになりました。しかも、そのニジンスキーが統合失調症でもあった。

武野　ええ。

山中　それで私は知ってるんです。私は石福先生というすっごい人が医科歯科にいてはるなあと思ってたら、亡くなっちゃわれたんです。あの当時で月一〇〇万円ですよ。年間一、二〇〇万円です。今だったら一〇倍はしますのでね。それを図書費にできるというのがすごい。しかもご自分一人だけのために馬の屋内練習場を作られた。雨の降った日に、馬に乗るための雨天馬場を、自分のためだけに作られた。それで、亡くなられた原因というのが……正月の元旦でしたっけ、三日でしたっけ。

武野　二日。

山中　二日でしたっけ、ちょうど真ん中だ。その時に馬に乗ってて、何が起こったのか突然落馬されて、しかも運悪く、馬がバックしちゃって倒れた。その下敷きになって亡くなられたんです。この亡くなられ方も非常に象徴的でね。これにも私に鮮烈な思いがあるんです。私はね、一つの大学に凝り固まっている人間では全然ないので、学生時代にいくつかの大学の、正確に言うと一六の大学の授業を受けました。これぞと思った先生の授業は絶対に聞きに行った。だから北海道大学も、鳥取大学も、長崎大学も、日本大学の井村恒郎先生の授業も受けました。それで、東京医科歯科大学は、島崎敏樹先生の授業が最高でした。足が少しお悪くて、少しかしいだ姿勢で話されるお姿が目に浮かぶ。もうおそらく精神医学の授業で最高というのは、島崎先生だと私は思います。文豪・島崎藤村の姪のお子さんなんです。信州大学の西丸四方先生の弟さんでもあります。こういうふうに見てると、今その石福先生の事で初めて聞いたんですが、宮本教授の時に、講師としていらっしゃるはずだったのが、それを断られて、四倉病院を作られた。残念ながらさっきのあれは本当に不慮の事故なんです。それで亡くなってしまわれて。その後、一所懸命穴埋めされたお一人が、武野先生なんですよ。あれは本当に大変でしたね。

武野　そうですね。まだ二〇代だったんで、それでいきなり二五〇床の病院の院長になった。二〇〇人近くいる職員で、私が二番目に若い。毎朝朝礼なんかをして。そういうのもあって、スイスに行った時に、スイスの分析家というのはみんな受付もいなくて、たまに秘書はいる事がありますが、絶対表には出てこないんですね。電話の取次だけはしますけども、あくまで患者さんあるいはアナリザントには、どの分析家もその分析家がじかに対応する。ほとんどの人は一人でやっている。たくさんの人とやるというのは、分裂気質の私としてはとても疲れたので、これはいいと。スイスに行って、これでやろうと思ったので、今は一人でやっています。石福先生の所には負けますけども、かなり大きな図書室を持ってます。石福恒雄先生というのは乗馬の国体の選手だったんです。それで、正月二日に、病院の前に直線の海岸線があって、そこを初乗りしてた時に流木に足を取られて馬が転倒して、その下敷きになった。乗ってたのがサラブレッドで、五〇〇キロぐらいあるんです。それで亡くなってしまったんですね。

あと『分裂病の神話』では、ニジンスキーも、四倉病院にいた御縁で取り上げてます。というのは、四倉病院にニジンスキーのカルテのコピーがあったのです。それは宮本先生がビンスワンガーの所に行った時に、石福先生のためにコピーされたものなんです。天才バレリーノですけども、統合失調症になってしまった。その発症直前のニジンスキーの日記というのがあるので、それを元に論じています。例えば、ムンクは治癒したけど、ニジンスキーは発症に至った。その二人を、治癒した人と、病気へと至ってしまった人というのを比較分析して自己治癒機制を論ずるのに、ニジンスキーの日記を使っています。

山中　ありがとうございます。

　僕は実は医者になって一番最初に書いた論文が「芥川龍之介の病跡」なんです。あの当時の学会の風潮は、当然ながらヤスパースの言う、「病のゆえに」こうなった、発病してしまった、あるいは絵がダメになったという文脈がほとんどだった。それを、その「病があったがゆえに」人間性がより深まって、表現の層が二段にも三段にもいって、そしてそこの最高点にいった時に死を選んだというのが、僕の芥川龍之介論文の骨子だったんです。

精神医学と心理学

山中　先生、最近の臨床家を見ておられて、先生が嘆いておられる事がいっぱいあると思うんですよ。ちょっとそれについて一言二言。

武野　そうですね。まず精神医学は、英語でいえば psychiatry、独語でいえば Psychiatrie です。つまりギリシア語の psyche（プシュケー）と iatreia（イアートレイア）からなる造語なんです。psyche は心、iatreia は治療という意味です。医学の中で iatreia がついてるものは、psychiatry と pediatrics（小児医学）、それと、geriatrics（老年医学）の三つしかないんです。それ以外は大体、基本的には logos（ロゴス）由来で学問という意味の logia からなる造語です。そして、iatreia と logia の違いというのは、全体から部分を取り出して、それをロゴス的に、すなわち論理的に徹底的に論じるのが logia です。それに対して iatreia は、全体をそのままにまるごとかかわるものです。例えば、psychiatry に対して neurology（神経科学）。神経というのは人間の中で一部分です。urology と言ったら泌尿器科。泌尿器も人間の臓器の中の一部です。ophthalmology というのが眼科学。それも眼というのは一部分ですね。じゃあ gynecology（婦人科学）というのは、なんで logia なんだと思われる方もいるかもしれませんけども、プラトンは『饗宴』で、男と女はもともとは男女《おめ》といって一つの丸い球形でみごとな全体性を有していたのですが、傲慢になって神々と競合しようとしたので、怒ったゼウスが男女《おめ》を真っ二つに引き裂き、そしてそれぞれの片割れが男と女になったと言っています。だから、原初の全体性を求めて男と女は互いに引かれ合うという。女性だけ、男性だけでは全体ではないんですね。だけど、老人とか子どもというのは、全体的な人間の、ある phase なので、老人と子どもには iatreia がつく。心というのは、もともとギリシャ語では psyche と pneuma（プノイマ）の二つがあるんですけども、pneuma というのは、息とか空気。それは質量を持たないもの。後に、Geist とか spirit すなわち霊と呼ばれるものです。それは主に宗教で扱われるもので、一方 psyche というのは、もともとの意味は、命という意味なんですよね。命の、心へのアスペクトの表れが psyche で、命の、身体というアスペクトへの表れが soma（ソーマ）。だから psyche と soma というのはアスペクトの違いで、根源的には一つの命なんだと。だから、psychiatry、精神医学というのは、本来は、そういう心というアスペクトを通して根源的な命そのもの、その命全体にかかわるものであるはずなんですけども、最近の生物学的精神医学の隆盛によって、どんどん logia 化していっています。本来は、psychology が、psyche を logia としてみるものなのですが。昔の精神療法の開拓者が心理学者ではなく、ほとんど精神科医であったというのは一理あると思います。精神療法家はあくまで iatreia の徒であり、logia の徒ではないからです。もともとの心理学というのは哲学の一分科で、かなり概念的に、悪く言えば机上の空論として心を見ていた。つまり治療の対象としてではなく、学問の対象としてのみ心を見ていたわけです。logia 化して見ていくという意味で、本来は実験心理学の方が、語源的には正統とも言えるかもしれない。そういう意味で clinical psychology というのは一見、語義矛盾していてなかなか難しい部分があると思います。でも今の医学の趨勢というのはどんどん、精神医学も含めて logia 化しているので、せめて臨床心理の方たちには、iatreia の徒として頑張っていただきたいと思います。ちなみに psychotherapy――基本的には psychiatry も psychotherapy も、語源的にはほとんど同じような意味です——therapy というのは therapia（テラペイア）という、care とか heal とか、あるいは配慮するとか、そういう意味。psyche を care したり、癒したり、配慮する。psychiatry が時代の趨勢として logia 化していくのはたぶん止められないので、せめて心理臨床を志す方たちは、その点において、psychotherapist として、どんなバックグラウンドの方でも、命の根源的な意味に向き合い、命の心というアスペクトを通して、また心という側面から根源的な命を care し、癒し、あるいは配慮するという態度を大事にしていただきたいと思います。

スイスのユング研究所の一番魅力的な所というのは、そこ以外はみんな医者と心理の人しか入学できないのに、スイスのユング研究所はどんなバックグラウンドの人でも入れる。それは、psychotherapy の語源を考えれば——例えば、ソクラテスは魂ないしは psyche としての心を配慮する事を哲学と言っていますし、そういう心への配慮のできる人の事を哲学者と言うと述べていますから——ここにいるみなさん方は、みんなそういう意味では psychotherapist たり得ると思いますし、またそういう真の意味での psychotherapist になっていただきたいと思います。

山中　ありがとうございました。

（於　第一〇三回ヘルメス心理療法研究会、二〇一〇年一二月一九日、京都）

5

岸本寛史＊
（きしもと・のりふみ）
×
山中康裕

サイキック・リアリティを読みとる

コッホとユング

山中　わがヘルメス研究会も今回で第一〇一回です。今回は、岸本先生をお招きしました。お招きしたと言っても、岸本先生ご自身は複雑なお気持ちで……本会の会員なのですね。岸本先生はだから、皆さんと同じ立場です。僕はいつも言っているんですが、彼の事を別にべた褒めするつもりは全くないんですけれど、本当に正当にものを言っているつもりなんですが、私は〝出藍〟と称しています。〝出藍〟というのは「青は藍より出でて藍よりも青し」（荀子）という中国の諺です。

私は、岸本くんがこの研究会から出てくれた事を、とても嬉しく思っています。なぜかというと、彼は我々の新しい領域、誰もまだ踏んでない領域、要するに〝緩和治療〟という非常に難しい立場にあられます。京大病院の中で七つ程の診療科をつないだ一つの新しいユニットです。スタッフが非常に少ない中で、彼が准教

＊現在、高槻赤十字病院緩和ケア診療科。

授として、看護師さんとか、臨床心理士さんとか、いろんな人たちをまとめた形で、人々の痛みやいろんな問題を、医学を中心として総合的に解決する場で活躍してくれています。これは全く新しい領野で、今後おそらく最も中心になっていく、医学の中で今まで一番困難な、言葉は悪いがいわば医療の掃き溜めですわ。皆が敬遠してほっぽり出していたものを、全部まとめてそこを中心にしていく場で働いて下さっています。これは全く新しい領野ですので、そこでの事をちょっとお話を伺うのが一つと。

そういう難しい話から始めると、岸本先生も困られるので、その前に嬉しい話を冒頭に持ってきました。それは何かと言うと、もうすぐバウムテスト第三版のドイツ語原版からの翻訳が出ます。これが表紙の原稿です。『バウムテスト―心理的見立ての補助手段としてのバウム画研究』（カール・コッホ著）岸本寛史、中島ナオミ、宮崎忠男の三方が翻訳して下さって、私が序文を書いている、というのが出ます（誠信書房、二〇一〇年刊）。私がこの仕事に着手したのは四十何年前なんですけれど、インターンの時に初めてバウムテストをして、このバウムテストのすごさに目を拓かれたんですが、少し後に出た英訳版からの重訳の間違いだらけの日本語版がバウムテストの方向性を歪めました。非常にとんでもない歪みを生じました。その事を是正するためでもあるし、これからバウムテストの本当の歩みが始まるという意味でも、今日がその誕生の日を祝う前祝いの日でもあるわけです。そこら辺りから、ご苦労話を、バウムテスト翻訳の際の秘話や、皆さんに先取り的にお伝えしたらいいかなと思われる辺りを、ちょっとまず話していただけますか。

岸本　ありがとうございます。私がバウムテストの事を一番最初に知ったのは、山中先生のケースを伺った時で、それこそ二〇年ぐらい前になりますけれど、絵画療法のケースでした。

当時、私は基礎の道に進むか、臨床の道に進むかという事を悩んでいた時期で、京都大学にウイルス研究所というのがありますが、そこにアルバイトで実験の手伝いのような事をして、基礎の道に進むか、臨床の道に進むか、迷ってた時だったんですけれども、山中先生のケースを伺って、臨床に進もうと決心しました。自主研修で山中先生のインテーク面接の陪席をさせていただいた事もすごく大きな体験で、その時も確かバウムを描いておられたのもあったと思うんですけれど、そういう事が重なる中で、不思議な方法があるなという印象を受けました。実際医者になってからは見よう見まねで、本当にあんまり勉強しないで、見よう見まねで「実のなる木」を描いてもらっていたというのが最初なんです。

そうすると、自分が患者さんと会って話をして、例えば外見から見てこの人はこんな感じかなとか、話を聞いていてこんな感じかなと思っているのと、バウムから出てくるイメージとのギャップがあるという事がしばしばあって、その時に私が思ったのが、言葉とか外見だけで判断してしまうというのは危ないという事でした。山中先生も教育学部のインテークカンファレンスで、「初心者ほどバウムは最初にやりなさい」とよく言っておられた。今では「ある程度関係性ができてから描いてもらわないと駄目だ」という意見もあるんですけれど、やはり初心者ほど相手の事がよく分からないわけだから、言語的なやり取りだけではなく、バウムのイメージも一緒に持ちながら話を聞いていくと、慎重に話を聴く事ができると思いました。

それで、見よう見まねで臨床の中に取り入れて患者さんにバウムを描いてもらっていました。そうすると、ある人はバウムを頼んだら、「いや、自分は絵を描くのが苦手なので」と言って、千切り絵でバウムを表現してこられたりだとか、バウムをきっかけに自分で絵を描き始められたりだとか。あと、絵を間に置く事によって、話の質が変わるという事も感じました。病院ですから、ベッドサイドに行っても体の症状の話しかしない。やり取りはそういう内容になる事が多いんですけれども、「木を描いて下さい」と言うと、まず驚かれて、描くのが好きな人は「病院で絵を描いてもいいんですか」とか、いやあ絵は苦手でと言いながら描かれたり。それをきっかけにその人の表現が始まる事もありましたし、あるいは描いたものを見ながら自分で考えていかれるという事もありまして、セラピーの幅も広がるし、こちらの対応も慎重になれる。そんなふうに感じていた時期が最初の六年間ぐらいです。

　その後、京都に戻って勉強をさせてもらい、前にいた病院で心療内科と緩和ケア病棟を立ち上げるという事で再び赴任した時は、心療内科の外来については、すべてのケースで基本的に一人三〇分という構造を明確化した面接を行う事にしました。それで、初診時に可能な限りすべての人にバウムを描いてもらって、風景構成法もできるだけお願いしていたのですが、そうすると、やはり描いてもらう事で、やり取りの位相が変わってくるという事をすごく感じました。話だけ聞いてると、行き詰まりを感じるような場合でも、絵があるとちょっと違う形でのやり取りができるようになると感じる事が多かったです。そうして、心療内科で二年ほどやり出して、本当に心理臨床をやっている人たちの大変さが身にしみて分かるようになりました。私自身が結構行き詰まりを感じて、かなり大変な状況になって、新患をストップして、山中先生にも相談にのってもらったりしていたのですが、その時にたまたま京大でコピーしてあった、バウムテストの第八版をパラパラとめくっていると、なんか読んでみたくなったんですね。冒頭の第一章は木の象徴性について書かれていて、神話とかが次々と出てきそうだったので、ここから読み始めたら絶対に挫折するなと思って、そこは飛ばして、第二章の概論という部分から読み始めました。そうしたら、冒頭付近に、バウムの解釈というのはバウムの絵それ自身から自然に生じるものでなければならないとか、分からない部分を何日も何カ月も何年もずっと持ち続けている時に閃いてくる直感がすごく大事だとか、それまでバウムの本を読んでも書いてないような事が書いてあって、私自身が感じていた事と重なるし、山中先生のやっておられるバウムともつながるという事を感じました。それでドイツ語が全然読めないのに、一語一句辞書を引きながら、訳していきました。

　それで、話が戻りますが、私にとって翻訳とはどういう作業だったかというと、もつれた思考の糸を解きほぐしてくれるものでした。頭の中が混乱してますから、考えれば考えるほどもつれてしまう。そういう時に、自分で考える事を留保して、著者に乗り移り、著者の思考を辿りながら自分の思考を整理していくという感じでした。だから、あの時期はコッホの翻訳をやって、あとエディンガーの訳や、ナラティブ関係の翻訳など、翻訳を五冊ぐらい同時並行でやっていました。そういう形で自分を保っていたわけです。

コッホの翻訳ですが、一応下訳は二〇〇五年ぐらいにできていました。その頃、京都とか東京とかいろいろ声をかけて下さる先生があって研究会を始めて、その中で訳を練り直したりしてるうちに、中島ナオミ先生と出会いました。中島先生は発達がご専門なんですけれど、すでにバウムテストの翻訳本に間違いがあると一九八五年ぐらいに指摘しておられる先生なんですね。苦労話もたくさん聞かせていただきましたが、中島先生がすごいのは、緑の本（林勝造他訳『バウム・テスト』日本文化科学社、一九七〇年）に、二線幹の出現率が七〇％ぐらいであると書かれているんですが、二線幹というのは二線で描かれた幹ですが、二線幹の出現率が七〇％というのは、どう考えても低すぎるんです。小学校に入る年齢ですでに九割以上が二線幹になる。中島先生はこの数値が絶対におかしいと、国吉先生や林先生に指摘されるのですが、コッホがアメリカへ行ってきて取ってきたデータだからとか、本当か嘘かよく分からないような話をされて、全然相手にしてもらえなくって、でも中島先生は絶対におかしいからと言って、コッホの娘さんのレグラ・コッホに手紙を書かれます。

実は、この部分の文章は初版にはありますが、第三版では削除されている文章なので、初版がないと分からないんです。それでレグラさんも初版を持っておられなくて、しばらくは分からないままだったのですが、一九八九年ぐらいに、レグラさんがスイスの古本屋で初版を見つけて、それを林先生へ送って、林先生がそのコピーを中島先生に送られて、確認したら、二線幹ではなくて二線枝――枝だったんですね。

という事で、緑の本には、これを始めとして非常にたくさんの間違いがあるまま、四〇刷り以上重ねています。最初に緑の本が出版されてからもう四〇年にもなりますが、間違いが訂正されないまま今に至っています。そういう事情があったので、これをなんとかしないとならないなという気持ちが強くなって、中島先生とも相談しながら、話を進めていました。

その途中で、中島先生が、宮崎忠男先生が訳された一章の翻訳のコピーを送って下さったんです。私も訳していましたから、両方を照合して調整したりしましたが、その中で、コルマール写本という、中世のドイツ語で書かれた、普通の辞書では太刀打ちできない文献が引用されているところがありまして、困っていたのですが、宮崎先生の訳では、それが読み説いてありました。お話を伺うと、宮崎先生の先生が西丸四方先生で。西丸四方先生つながりで、中世ドイツ語が読み解かれていました。

山中　西丸先生はすごいドイツ語の堪能な方ですよね。

岸本　宮崎先生のところに直接お会いしに行って、中島先生と事情を説明し、一緒に訳に加わってほしいんですとお願いしましたら、すごく喜んで下さいました。

それで、コッホのバウムの出発点というか原点を考えると、一言で言うと、優れた記述が優れた解釈になるというのが、コッホの基本姿勢かなと思います。そして、これは山中先生のバウムの解釈も同じです。バウムの事例解釈の本の中でも山中先生のコメントは全てそういう形になっています。なので、はからずもというか、山中先生がやってこられた事と、コッホがずっと考えていた事とがつながるわけです。

もう一つ、コッホはユングの影響をすごく受けています。これは今まであまり指摘されませんでしたが、だからテストとして描いてもらって、それを評価して、この人はこんなところがあるという形じゃなくて、描いてもらう事を通して、やり取りしたりとか、そのイメージを持ち続けながらお会いして行くというか、そういうものとしてバウムを使って行くと、治療に利用できる部分があるんじゃないかと思います。

山中　まず、概論的に、苦労の一端を少し聴く事ができました。私は、今岸本先生が言われた、第一章から読み始めたわけですよ。その第一章の文化史の部分がむちゃくちゃ難しいんだ。ドイツ語としても非常に難しいし、思想そのものの組み立て方がむちゃくちゃ難しくて。これは私では訳せないなと思ったからこそ、悔しくて悔しくて。それを、岸本くんが、ドイツ語が一字も読めないのに始めるというんだからすごい。

何が良かったかというと、その中島ナオミ先生という方と、宮崎忠男先生という方を引きこんだというか、一緒に共訳された事ですよ。実は、中島ナオミ先生とは私は面識はないんですが、岸本先生からいろいろ伺っていて、どうも発達研究で苦労されてきた人らしい。それで発達研究というのは、実はこれを翻訳して出した、国吉政一先生たち、特に林先生の門下の津田浩一先生辺りが一番進めて、バウムテストといったら発達研究というのが、最初二〇年間の基本的主流だったと思うんですよ。ところが私は、それは傍流だと始めから思っていたんです。で、これは変だと思ったんですが、その発達研究で苦労してきて、さっきの七〇％云々のところから。それは非常に些細だと皆さん思われるかもしれないけれど、実に些細な事に神は宿っているんですよ。その部分に引っかかって、中島さんがずっと頑張って、訳者たちに何回も指摘してきたにもかかわらず、彼らは一度も反省せずに、一度も翻訳の間違いを直さずに四〇版を重ねてきたという事が、私は許せないんですね。学者というものは、学者という名前をもし自分が体現しようとしたら、自分の間違いに気がついた途端にそれを直す、正すという事ができなければ、学者じゃないんです。

私の誤りについていうと、最近起こった事では、フランクルの事を拙論に三度にわたって書いたんです。ところがずっと私の思い込みでしたね。フランクルは初めはずっとドイツ語で書いていたんですが、ナチスに攻められてアウシュビッツに入れられて死ぬ寸前までいくわけですよ。ところが、以後はっきりと英語で書き直して、エクシステンシャル・アナリシス、実存分析という言葉で書き始めてから英語圏に読まれた。フランクルはアメリカで見直されて、日本にこれら二つが入ってきた。つまりドイツ語からと英語から両方から入ってきてたのです。彼が英語で書き始めたところから、私はアメリカに移ったと思い込んでいたんですね。それで、私はある時期までウィーンにいたフランクルが、途中からアメリカに移って、そしてこの実存分析の方法を進めてきたと記載したんですが、東北大学の二人の先生から、全然別のところで、先生あれは違うと思いますと。非常に遠慮深くですね、フランクルというのは、ずっと終生ウィーンにいて、旅行にはアメリカへ行ったかもしれない、講演には行ったかもしれないけれども、一度もアメリカへは移住していないので、あれは間違いですよと指摘して下さったので、私も調べ直したんですね。そしたら間違いなくそうだったので、すぐそれを確認した時点で、私はあれは間違いだったと、ちゃんと論文を書いた書肆に手紙を書いて、その次の号にちゃんと訂正が載りました。それが本当なんです。私がやったから俺のようにせよと言っているのではなくて、それが当然の事で。それを一度もされなかった事が私は許せない。という事があったので、そういう意味でも、今回の出版はものすごく嬉しいんですね。

ただし、翻訳はお世辞にも上手とは言えません。これははっきり言っておきます。私が訳してたらもっとひどいので。それでもこなれないドイツ語がいくつかあります。私が監修をもするとしたら、また同じぐらい時間かかるので、監修を私がするとは言わなかったんです。なぜかというと、とても難しいので。今岸本先生がおっしゃった通り、あとはここが違っているよと指摘を受けて、修正していくほうがベターだと思いました。

ちょっと話を戻して、ユングの事を言われたので、そこを取り上げたい。ものすごく面白い事は、我々心理臨床学のほうからものを言うと、日本心理臨床学会で心理テストといったら、ヘルマン・ロールシャッハのロールシャッハ・テストとこのバウムテストが双璧だと思うんです。それに中井久夫先生の風景構成法が加わって、斯界に君臨していると私は思うんです。中井先生は別格で、ちょっと置いといて。

ヘルマン・ロールシャッハとカール・コッホの二人はいずれもスイスの人で二人ともユングの影響下にこれを始めたんです。ヘルマン・ロールシャッハは自分で開発したのを自分で書いて出したので、早く死んじゃったわけですよ。それで、中井先生は風景構成法は自分で開発したけど、本はお前がまとめろと私に言って。なんでって訊いたら、死にたくないからと。じゃあ、私は死んだらいいのかと。普通の人なら思うでしょ。違うんですよ。開発者が同時に推進者のほうもしたら早死にすると。事実コッホも、今回訳された第三版を出して翌年に亡くなってます。そういうジンクスがある。

さて、ユングが書いたある事をベースにして、コッホは少し詳細に論じてますね。ちょっとそこのところを取り上げて下さい。

岸本　ユングは、グリム童話の「ガラス瓶の精霊」という話についてコメントを書いているんですけれど、コッホは第一章の最後にそれを結構長く引用しているんです。その中に、ナイジェリアの兵士が、木が自分の名前を呼ぶ声を聞いて、兵舎から飛び出して木の所に行くという話がある。その審問の時に、木の名前を間違えるとその声を聞くという話があるんですが、そのエピソードに関して、ユングはこんな事を述べているんです。

まず第一に、その声は木そのものと同一視されていて、最初に生じた事は自然の神を体験するというか、戦慄そのものであり、道徳とは無縁であると述べています。次に、第二段階として区別が生じるのですが、これは要するに、木と木の根元に埋められているガラス瓶から聞こえる声だとか、あるいは木とそこに投影された心的な内容とを区別する、といった事が生じるわけです。第三段階は、それが悪霊の声なのだというような形で、価値判断が生じる段階で、第四段階では、現代では悪霊というのは認められないので、精神医学的には幻覚なのだとか、そういう形で説明をしようとする。でも第五段階では、それはやっぱり幻覚とかではなくて、心の現象そのものなのだという事になる。この意識の五つの段階というのを詳しくユングが述べているところをコッホは引用して、第一章を結んでいるんです。

なぜバウムテストの本の中にそれが入っているのか、最初はよく分からなかったのですが、ずっと考えているうちに、やはりテストをやる時というのは、木そのものをまず体験する、それが第一段階としてある。第二段階として、木のイメージをジーっと見てると、その細かい所、いろんな指標というのが区別されてくる。第三段階として、価値判断ですね。病的なものかとか、健康なものかという事をかぶせていくわけです。そうして、第四段階では、精神病理的にいろいろ説明しようとするんだけれど、第五段階で、一番大事なのはやっぱりそれを心の現実と言いますか、そういうものとして捉えるのが大事なんだという事を言いたかったのではないかと思っています。そのユングの引用を第一章の一番最後に置いているという事は、コッホがバウムを考える時に一番ベースに置きたいのが、そのような木の捉え方ではなかったかと思っています。

山中　まさに生の状態というか、翻訳されて一番苦労されたところの一つなんだと、私には思われるんだけど。私はその話を聞いて、コッホは当時すでにその段階までバウムの事を考えていたんだというふうに思ったわけです。ここで「サイキック・リアリティ」という言葉をユングは言っているわけです。「心的現実」と我々は訳しているんだけど、その心的現実そのものなのだと。精神医学的には幻覚、幻聴という事になるんだけど、悪魔から声が聞こえたという事が心の現実として起こっている。それにどう対応するかという事なんです。

なぜバウムテストのこの部分にこれだけの長い引用をしたのか、長い事考えられたと思うんだけど、私はそれが良かったと思うんですね。それはどういう事かと言ったら、コッホは、描かれたバウムの描線、例えば私が名付けた包冠線であるとか、幹であるとか、枝とか、いろいろな細かい部分にクライエントの心的現実がそのまま表現されていると見ていい部分と、それが二段階から五段階にわたってあるんだと。だから例えば、木そのものの性質として、縦に伸びる。天に向かって伸びる。枝を出す、そこから小さい小枝が出る、そこから葉っぱが出る、そして葉っぱ全体を包む、葉っぱ全体の外側の線を結んだのが包冠線なわけです。そういう一次元的な、木そのものの構造論があるわけなんですが、それだけで済まなくて、最終的に描いたクライエントの心的現実、サイキック・リアリティの部分までバウムから見たいという表明なんだと、私には聞こえるわけです。

「ガラス瓶の中の精霊」という話は、グリム童話の中でもちょっと不思議な話なんです。これはロシア民話にも取り上げられて、ロシアではまた別の解釈もしているんですが、それ以上の敷衍をすると混乱するので一つだけ言うと、精霊の名前がメルクリウス（Mercurius）なのだという事が問題なんです。メリクリウスというのは英語で言うとマーキュリー(Mercury)なんですよね。マーキュリーというのは「水星」あるいは「水銀」を表す言葉です。水銀というのは、平常状態で液体であるという金属なんです。これには、それだけで表面上は自己矛盾を起こしている。金属という言葉を言った途端に皆固い物だとイメージする。鉄であるとか金であるとか銅であるとか。金属というと固い物でなかなか形が変わらないものをイメージする。ところが水銀は金属なんですよ。常温で液体をなしているような不思議な存在が水銀なんです。しかも有機水銀中毒が問題になったように、下手に使うと、特に有機水銀みたいに有機物と結合した水銀は毒物なわけです。ところが水銀は以前は、現在使われなくなったんですけれど、〝昇汞《しょうこう》〟（corrosive sublimate）と言って消毒剤として用いた。これは塩化水銀（mercuric chloride）です。これが〝昇汞〟だよと知らせるために、ピンクの色をつけて、水銀が入っている事を明らかにして、簡単な消毒剤として使っていた。少量だったら薬物としても使える。要するに毒物であると同時に薬物。これは毒物の宿命なんですけれどね。そういう非常にマイナスの要素をも持った物をマーキュリーと呼ぶわけですよ。グリム童話そのものは、それが小さなガラス瓶の中にいて、出てくるわけだけれど、それが暴れ出すとまた困るので元に戻ってもらうという話なんです。

あの不思議な話をユングがこういうふうに解釈していて、そこにコッホが着目する所が、私はすごいと思ったんです。ユングの引用というのもいろんな方が本を出されて、もう皆、引用の引用、孫引きのオンパレードなんですが、ここの引用は初めてですよ。そういう所に着目できるという事は、コッホが木の背後にそういうサイキック・リアリティを見抜くだけの洞察力を持っていたという事です。そこに岸本先生がとても注目されて、一所懸命悩みながら考えてきたという所が、私がとても共感をもって伺った話だったんです。

もう一つぐらい、苦労されたり、あるいは、ここは面白いと思われたところがあったらお願いします。

岸本　今すぐに浮かんでくるのは、〝投影の留め金〟という考え方ですね。これはユング派ではよく言われる概念のようですが、バウムは〝投影の留め金〟として働く。これはどういう事かと言うと、私の理解では、「なんでもいいから描いて下さい」と言うと描きにくいんですね。反対に、例えば自分の顔を描いて下さいというと、絵が得意な人はすっと描き始められるかもしれないんですけれど、私のように絵を描く事にトラウマがある人は描きにくい。臨床場面でバウムを描いてもらうという時に、私はどっちかというと描きたくないという方に共感しながら頼んでいる事が多いです。でも描いてもらうんですけれど。自分が描くとしても、木だったら描けるかな、という感じがあるんですが、これが例えば動物を描きなさいとなると、やっぱり描きにくいですね。

それから、医療の領域で言いますと、例えば糖尿病のイメージ画の研究というのがありますが、あれは患者さんとしてはすごくやりにくいと思うんです。糖尿病のイメージを絵で描いて下さいと言われても、描けないですよ。膵臓が痛んでいるような絵とか、これはちょっとやりにくいんではないかなと思うんです。癌の人に癌の絵を描いて下さいというのもテーマが直接的すぎてやりにくい。描画テーマが〝投影の留め金〟としてどれぐらい適切かというのを考えた時に、木というのは、近すぎもせず遠すぎもせず、程よい距離を保って描けるテーマだと思うのです。木を描くわけだから、自分の事を描く事を求められているわけではない。だけど、木の立像、木の立ち姿が人間の立ち姿と重なっているので、半ば知らずと自分の事が、そこに重なってくる可能性があるのです。また、木の構造はシンプルです。根と幹と樹冠の三つの部分が大きくあって、そこに枝があって実がなってという形である程度構造が決まっている。だから比較が可能になるのです。ある程度自由に表現はできるけれども、ある程度の構造が決まっているという事で、木というテーマが、〝投影の留め金〟としては魅力的だし、やり取りの中でうまく働いてくれる構造を隠し持っているとコッホは考えてそういうふうに述べたのではないかと思っています。

山中　ありがとうございました。とてもいいお話ですね。ちょっとだけ引っかかった部分があるんです。悪いほうではなくて。ここに大倉朱美子さんがいらっしゃるんですが、彼女は臨床心理士ですけれど、今度内科の岡本三希子先生と私の三人で、糖尿病のバウムで、非常に特徴的なサインを見つけ出しました。今度、「心理臨床学研究」誌に載ります。大倉さんもものすごく努力してくれて、「離接」というサインを見つけました。これも心理臨床学に載ったら見て下さい。その名称の概念そのものは哲学者の九鬼周造からとりました。

そこで糖尿病のイメージを描きなさいというのは、不可能ですわ。癌の人に癌のイメージを描いて下さいなんて酷ですよ。それは二重にトラウマを与えるようなものでね。ところが、木を描いて下さいというのは、そういう意味では非常に中立なんですね。全くダメージを与えないんですよ。さっき岸本先生は「自分はトラウマがあるので」と言われたけど、このトラウマの話で、描画テストとか描画法の話をする時に、いつも大橋一恵先生の事が思い出されるんです。私の一年先輩で土居健郎先生の所へ行かれた大橋先生が、「僕にはそのトラウマがあるんや。だからあんたら、簡単にバウムテスト描けとか、風景構成法を描けとか絵を描けとか言うけど、僕は絶対にせーへんぞ」と彼は言うんですよ。なぜですかと訊くと、小学一年生の時に、彼は幼稚園に行ってないもんだから、私も行ってへんのやけど、他の子は皆、テーブルをちゃんと立体的に描いて、足を四本描いて、向こうのほうは見えないから、下だけちょっと描いて、それで上に花瓶を描いて、花を描いてと、その描き方の上手下手は全然別なんですけれど、皆そう描いた。一年生でも。ところが彼は幼稚園へ行っていないので、本来の子どもは見たまんま、知っているままを描くので、足を四本、両横に出っぱる形で描いたわけですよ。教育の影響を受けてないとこう描くんですね。ところが教育の影響ですぐに消えてしまうんです。それを描いたら「なんやお前、まるで幼稚園やんか」と言われて、もうそれ以来絵は絶対描いてやらんぞと、彼は思ったというんですよ。実際そうですね。絵が下手だ、絵に抵抗があるという人は、それは文化や教育の影響。それは言葉を言った教師ないし親ですよ。あるいは身近な者ですよ。兄とか姉とか。とにかく自分より目上の者が、それを称して下手だと言った事の結果なんですよ。トラウマといったら、それなんです。文化の影響を受けると、絵はもう描きたくないというトラウマを負う人たちが出てくるんです。

緩和ケア医療について

山中　先生が今かかわっておられる、緩和ケアの話を伺いたい。何に今一番心を砕いていらっしゃいますか。

岸本　自分一人で個人面接を行う、あるいは主治医としてかかわる場合、目の前の患者さんとの関係をどうつなぐかという事を中心に考えていく事になると思うのですが、私自身は、今はコンサルテーションチームというスタンスでかかわっています。どういう事かと言いますと、主治医の先生がおられて、病棟にも看護師がいてという状況で、例えば痛みがある人の事をちょっと相談に乗って欲しいという事を、主治医から依頼を受けて動くわけですね。それで、多くの緩和ケアチームは、その依頼が伸びないというところで苦労しているという話をよく聞くのですが、私はそのチームを運営していく上で、何を考えたかというと、まず準備期間を半年以上おいて、全体の状況を把握するように努めました。

私がたまたま所属した部門が地域ネットワーク医療部という部門で、退院調整をやっている部門なんです。退院調整というのは、入院している患者さんが転院の調整とか、退院後の在宅療養の支援が必要な場合に、依頼を受けて調整にかかわる部門です。ここで一緒に仕事をしている看護師長さんがすごい人で、彼女が病院の中で退院調整システムを動かす時に、初回カンファレンスというシステムを確立しました。普通は医師と患者・家族が相談して、例えば脳梗塞の患者さんであれば、この様子ならリハビリしたら退院できますからという事で在宅療養の支援を進める事になり、ソーシャルワーカーに話を聞いておいて下さい、という事で、依頼箋と一緒に患者さんが紹介されるというような事が多いです。そうすると、ソーシャルワーカーはその依頼箋を読んで、患者さんと相談して話を進める。ところが、いざ退院の二日ぐらい前になった時に、家族が今のような状況だったらとても家に帰れないので転院でお願いできませんか、という事を言われたら、医師はそれではという事で頑張って関連病院に連絡をしたりして転院を進めたりするのですが、その事を主治医と患者家族しか知らないと、病棟の看護師や退院調整を進めているソーシャルワーカーがとても困るんです。それで、転院の当日になってからその話を聞いて、それまでの苦労が全部水の泡みたいな事がよく起こるわけです。つまり情報が共有されていない事が問題である。そこで何が大事かと彼女は考えたかというと、最初に依頼を受けた時に退院調整部門と主治医、病棟看護師が顔を突き合わせて、どういう形でかかわるかという事を相談しておく事を義務づけたのです。

そこで、緩和チームを立ち上げる時に、このシステムを利用させてもらって、私は地域ネットの医師でもありますので、初回カンファレンスに同席をして各病棟を回りながら、各診療科の雰囲気や主治医がどんな人か、といった事を半年くらい観察しました。そうして、今度は協力的な病棟から部分的に活動を始める事にしました。これは、ダム理論、山中先生に教えていただいたダム理論を適用しての事です。問題を全部いきなり解決しようとするのは大変なので、動きやすいところから動いて、そこが流れるようになったら、後は全部が流れるという理論です。そうして二～三カ月、運用の調整というのをやって、その後、全体に広げるというような事をしたら、チームとしての流れはうまくいって、依頼をたくさんいただいて、非常に忙しくしています。

あと、モルヒネの使い方一つとっても教科書的な使い方というのがあるのですが、我流でやってる先生もけっこうおられるので、そういう時に、これは間違ってますからこうして下さいという形で指導的にかかわる事があるのです。が、そうなると依頼が次からは来ない。僕はそれはしないようにしようと思いました。主治医あっての我々だというスタンスで入ろうと思ったので、依頼をもらった時に、特にモルヒネの調剤にかかわるチームの医師には、標準から外れていると思っても、まずはそこを受け入れて、そこからスタートする事にしようという事を共通の認識にして動き始めたんですね。結局、これが間違っているからこうして下さいと言っても、主治医の先生がそれを受け入れられなくて、患者さんにもそれが還元されなかったら、意味がないわけです。自分が主治医であれば患者さんとの関係を考えていればいいのですが、今の立場ではそれだけではなくて、主治医との関係、受け持ちの看護師との関係という事を考え、それを軸にして、どういうふうにやっていくかという事を考えるという事が、苦労した部分です。

カルテの書き方についても、例えば心療内科でやってた時は、面接記録はカルテとは別に作って二重カルテにしていました。今のチームでは、聞いた内容をカルテにほとんど逐語の形で記載して共有するようにしています。そうする事によって、共有して動けるというような感じにしています。

山中　ありがとうございます。今言われた事ばかりではなくて、実は先ほど言われた事から、おそらく類推はできると思うんだけれど、随分といろいろな事がいっぱい起こっているわけですよ。だけど、我々の立場が要求されている事は、患者さんが持っている苦しみや悲しみや痛みを、どう緩和するかという事の一点ですよね。それに対して、今言われたように主治医もいろんなやり方でやってこられた。看護師もいろんな道を通って現在に至っている。臨床心理士もしかり。ソーシャルワーカーもしかり。そういう人たちを総合して足せば全てうまくいくというわけには絶対にいかないのです。だからまず最初に、どう捉えるか、どうアプローチするかという事のカンファレンスから始める。それだけでも、とんでもない話なんだけどね。それから始められて、今少しずつ動きつつあるというのは分かりました。そこら辺で、もう少し語られる事はありますか？

岸本　最近、がん診療連携拠点病院というのが全国に配置されるようになっていまして、その事業に対して財政的な支援がある関係で、心理の先生方がどんどんこの領域に入って来ておられます。それはその事業費の使途が、相談員もしくは心理士の雇用に充てると決められているからで、心理士の雇用が進んでいます。それで、最近は緩和領域で仕事をしておられる心理士の先生の事例を伺う機会も徐々に増えているのですが、その時に感じるのは、さっきのバウムの話と通じてくるんですけれども、心理の先生方が逆にアセスメントをあまりしないでかかわっておられるケースが多い。話を聞けばいいというか、話を聞く事が中心というのはその通りなのですが、バウムでも他の方法でもよいですから、アセスメントできるものが一つでも入っていると違うかなという事は感じます。

ナラティブについて

山中　ありがとうございます。さて、岸本先生というのは、本当に感心するところがいっぱいあって、ナラティブの世界でも第一人者、とは本人は絶対に言わないだろうけれど、第一人者に近い位置を占めているし、さっきエディンガーの話もちょっと出たんだけれど、エディンガーを言い出したら、また面白い話がいっぱい出てくる。いろんな所で仕事をしておられるんです。ちょっと、ナラティブの話をして下さい。ナラティブだけでなかなか論じられないと思うんだけれど。最近そこの領域でちょっと感じておられる事、思っておられる事が何かありますか。

岸本　ナラティブについては、二つあります。一つは、患者さんとやり取りをする時に、特に医療者にとっては、語りを中心にまず出発するという事を強調してくれるムーブメントなので、医学の中からこういう動きが出てきたという事はすごく勇気づけられるし、自分が医療の領域で実践をしたりそれを他の人たちに伝えようとしたり、整理しようとする時に一つの基礎になる考え方です。

もう一つは、私は医学部の学生の頃から、医学的なものと臨床心理学的なものと両方をやろうとしていたところがあって、引き裂かれる思いをしてきました。医学的な観点と臨床心理学的な観点と、二つがあるのですが、医学的な観点のほうが、大きいというか重いんです。そこに心理的なものをどう入れるかという事に苦労しました。ナラティブの基礎になっている考え方の一つに構成主義という考え方がありまして、哲学的な難しい事は分かりませんが、簡単に言えば医療者が持っている疾患概念とか、治療法とか、科学的な病態説明は全て、医療者側の物語なのだという形で、括弧に入れるという考え方があるんです。そういうふうに考えられると、何かすっと腑に落ちた感じがしました。先ほどの例で言えば、心理学的な観点と医学的な観点とが、自分の中で同じウェイトになったというんですか。それで両方の観点で引き裂かれるのではなくて、両方が同じウェイトで納まるようになったというところが、私がナラティブの考え方と出会って、大きかった所かなと思います。

山中　それはとても大事な部分だよね。さっきのバウムの話で、ユングの引用の所で述べてた事、もちろんバウムそのもので医学的観点からものを言うのはなかなか難しいですよ。だけど、さっきの糖尿病での、我々の見つけたものが、それが即糖尿病を語っているとは私も思っていないんですけれど、糖尿病の患者さんに相当の関連性を持って、高いパーセントで出てくるという指標を見つけ出した。一次方程式で論じようとしたら無理だよね。おそらく三次方程式、四次方程式、三元連立方程式の辺りが人間の現実だろう。その時に岸本先生としては、医学的概念、医学的な考え方と、臨床心理学的な考え方をどう突き合わせるかという所で、前は医学的なものが圧倒的に大きかったんだけれど、それが相当均等になるようになってきたと言われたのは、とても面白いね。結局、患者さんが持っているサイキック・リアリティは、実はメディカルなリアリティも含んでいるわけです。

私が以前名付けた「無意識的身体心像」というのは、例えば体のほうのサインが、患者さんが語られる言葉の中に無意識的に入ってくるというものです。それを元に戻すと、実は癌の転移だったりとか、いろんなイメージの事を語っているんです。そういう事を見ていくと、患者さんに起こっている、その人の心的現実にどういう形で我々が寄り添うか。その人たちが感じたり、思ったり、苦しんだりしているところに、我々がどう寄り添って、その苦しみを全く一致して持つ事は不可能なんだけれど、ある部分まで共有できるか、持ちこたえるか、という事が問われている。実は、私にはナラティブという概念はなかなか抵抗が強かった。だいぶん私はrejectiveだったんですよ。だけど最近、今言われた物語なんだという形で取り上げていくと非常に取りやすいと。もしそうだとしたら、私なんか物語だという捉え方では『少年期の心』の赤頭巾庭子から始まって、口無し太郎でも何でももう全部物語として捉えてたわけです。そういう捉え方で見ると、少しナラティブも入ってくるかなと思ったんですが。それも括弧に閉じて。

錬金術について

山中　エディンガーですが、錬金術について一言、感じておられる所を。

岸本　エディンガーの『心の解剖学』（新曜社）という本を翻訳したんですけれど、私にとってはバイブルの一つになっている本です。これは、心理療法で起こってくる事の内容を見ていくというよりは、その形式に焦点を当てている。例えば、母親が、傷が化膿して炎症を起こして入院した、周りで火事が起こったのを見に行った、キャンプファイアーには絶対行きたいと思った、というような事が次々と報告された時に、一見するとこれらの出来事には何の関係もないように見えるのですが、火とか燃焼という観点から見ると皆関連しているのではないかと見えてくるのです。炎症はまさに炎という字の中に火が使われていますが、燃えるイメージなんですね。そして火事、キャンプファイアー、いずれも火が関係しています。内容は全部違いますが、燃えるという点で共通している。エディンガーは、錬金術からいくつかの作業法を抽出して、それを整理して述べてくれています。なぜこれが僕にとってすごく重要か、役に立つかというと、いろんな現象がつながって見えてくるようになるからです。患者さんの話を聞いていて、一見バラバラに見えるような事が、作業法という観点で見ると、これは何か固めようとしているんだとか、これは何か溶かそうとしてるんだとかいう形でつながってくる。物事とか出来事のつながりを見ていく時に、一つの見方として役に立つ。心理療法の中でいろいろな事が変わっていく、変化して行くという事を見ていく時に、作業法がいろいろ変わっていくんですね。順番は何が最初で、次がどれでと、決まっているわけではないんですけれど、何か変化を理解する上で、一つの座標軸を与えてくれるという事で、この本は僕の中では大事な、もう一つの柱になっています。

山中　ありがとうございました。

（於　第一〇一回ヘルメス心理療法研究会、二〇一〇年八月七日、京都）

6

山中康裕 × 岸本寛史（きしもと・のりふみ）

表現と流れ

岸本　今回、心身臨床学研究会として、この山中先生の古稀記念の企画をするにあたって、選んだテーマは《表現・身体・心》という事ですが、「表現」は、山中先生のお仕事の一番中心に来るようなキーワードの一つではないかなと思っています。それで、もう一つ、今回は、「流れ」という言葉を入れていますが、これも先生のお仕事を考える上で、私が最初に先生に出会わせていただいた時に思ったテーマの一つであります。クライエントさんとやり取りをしていく中で、「表現」という事と「流れ」というこの二つのキーワードが出てきたので、今日はこれを伺ってみたいと思ったわけです。その事に入る前に、今日は、四人の先生方に、「表現」という事をテーマにさまざまな切り口からお話しいただきましたので、それを受けて先生のほうからお話しいただければと思います。

山中　今日は、わざわざ、私の古稀の祝いと銘打って、こういうアカデミックな形で会を持って下さった事を、とても嬉しく思っています。お世話下さった岸本寛史・前川承包・平尾和之先生らをはじめとして、今日ご参加いただいたすべての方々に感謝します。本当にありがとうございます。

さて、討論者の河合俊雄・山愛美・鈴木壯・北本福美の四人の方々は、それぞれの持ち味を生かして、持ち時間の中で最大限、縷々自分の思う所を語って下さって、私にとっても、とても勉強になりましたし、そういう形で「表現されたのだ」というふうに受け取りました。個々の内容については触れませんけれど、考えてみますと、この四人の人たちは皆私の教え子という事ですが、一体私は何を教えたんだろうと、お話を伺いながら思っていたのです。大した事は何も教えていないですね。特に河合俊雄くんに至っては、普通からしたら、とてもひどいと思うのですが、次のような経緯があります。私が京大に呼ばれたのは、一九八〇年の一〇月一日でした。その時河合くんは大学院の一回生（M1）だったわけです。いちいち説明しなくてもお分かりのように、京大の主任教授は河合隼雄先生、つまり、河合くんのお父さんだったわけです。そこに私が助教授として招聘されたわけですが、その時私が考えた事は、お父さんのおられる所で博士論文を書いても何も誇れないですね。だから、君、こんな所に長く居るのはやめろといって追い出したのが私なのです。ですから、彼は結局、私に追い出されて、スイスに行かれた。面白いなと思ったのは、お父さんは我々の領域でおそらく知らない人はいないというくらい臨床心理学では超有名な人でしたが、彼はチューリッヒに行って、その臨床心理学を選ばずに、お父さんが苦手とされていた哲学を選んだのです。つまり、チューリッヒ大学の哲学科に入ったわけです。さて、三年経って、彼から「卒業をしたけどどうしましょうか？」という電話がチューリッヒから入った。そこで、何を言っているんだと、チューリッヒにいるんだから、ユング派の分析家の資格も取ってこいと、さらに突き放したわけです。結局彼は七年チューリッヒにいて、チューリッヒ大学の哲学博士号と、ユング派の分析家の資格を取って帰ってきた。私はその二つをやっただけです。要するに分離・突き放しだけ（笑）。つまり、境界を作ったわけです、彼と私との間に。そこで彼が、今回の抄録に書いているのを見ますと、彼は、私が隼雄先生の所に分析に通っていた時、先生が私との分析の約束をすっかり忘れてしまわれた時に、卓球をしてくれた事を書いていますね。俊雄くんが小学校高学年で、当時精神科医で名古屋から通っていた私と、卓球をやった思い出を書いてくれているのですが、私が『臨床家河合隼雄』（岩波書店、編者は、河合くんと阪大総長の鷲田清一さん）のほうに書いたのは、そっちのほうじゃなくて、彼がカブトムシの幼虫を飼っていたのを見せてくれた事を書いたのですが、その二回隼雄先生にすっかりすっぽかされましたからね。新幹線で京都まで来て、近鉄に乗りかえて、はるばる、時間とお金をかけて来ているのに、河合隼雄先生は壁紙かなんかを買いに行かれて、すっぽかしているわけです。ところが次の回に行くと、最初に、息子に分析料を払ってくれましたか、と言われたんです（笑）。二回とも。河合くんは、抄録に「遊戯療法をしたのか、されたのか」と書いていますけど、あれは非常に正確で、私はまさに遊戯療法を受けたのです。だから分析料を払わなあかんかったのです。ただし彼は、まだ小学生ですから、資格は持っていませんでしたけどね、という思い出がまず出てきました。

山愛美さんにしてもですよ、あるいは鈴木壮くんにしても、私は彼の教育分析だけはしましたが、北本福美さんにしても何も教えていないです。ただ、「種を蒔いた」という言葉がありましたが、それは三人とも、事実かもしれない。みんなすでに独自の領域におられて、例えば鈴木くんなんかはオリンピック級のトップクラスのアスリートの選手たちを、その時はカウンセリングではなくてコーチをなさってたはずですし、北本さんは、トンテンシャンという琴や三絃の音が出てくる所で育った料理屋さんの娘です。どれだけお母さんが泣かれたか。金沢城のふもとの素敵な料亭ですよ。そのお母さんも踊りが上手で、僕が褒めたら七曲も踊って下さった。そういう方ですから、北本さんが生まれた時には、これで女将《おかみ》は任せられると思っておられたら、変な事になって、臨床心理士なんて仕事を選ばれたわけで。彼女の最初の指導者の山松質文教授からバトンを託されて、私はほんのちょっとお世話しただけです。そういう意味でも、四人のお話を伺っていて、私は本当は何もしていないなあと思いました。特に山さんなんかは、河合先生に招かれる一年前に、たしかアーベントだったと思うのですが、京大に初めて伺った時の、私の後ろ姿を見ていた、という所から始まるわけです。それでいいのです。三尺下がって師の影を踏まずというのが昔の教えだったけれど、山さんなんかは僕の影を踏んでばかりでした。ともかく、四人の発表はいずれも充実していて、方向性が全く違ってましたけど、非常に面白くて、後のほうで、フロアから、これまた私の教え子ですが、神戸大学教授の森岡正芳くんが、見事に、「限界性」という事をキータームに、「表現」という事と「身体」という事がかかわってくる、と纏めてくれましたけど、森岡くんで、ただ一つだけ私が仕事をしたのは、森岡くんの場合はギリシア語のミメーシス、英語のミミーク、つまり「模倣」という事をテーマにした博士論文を書かれましたが、その時に審査でかかわりました。そういう事です。

流れ理論

岸本　ありがとうございます。それでは本題に入らせていただきますが、この場を借りて、先生から前に一度お伺いしたいと思っていた事がありまして、「表現」という事もそうなのですが、「流れ」という事なんですが、山中先生のケースを伺っていると、最初読んでいくと、症状が悪くなったり、すごい表現が出てきて、これ、どうなるんだろうと不安になったり心配になったりする事がある。ところが、これは私がこの領域に関心を持つようになってまだ初期の頃に先生が言われた事で、「心理療法というのは悪くなるという所からスタートする。そこでどう取り組むかという所が大事なんだ」と言われた事がすごく印象に残っています。何か、「表現」という事が実現し始めて、深い所の何かが流れるようになってきたら、いろいろな事がうまく流れるようになっていくという、その流れに対する信頼感と言いますか、そういうのがあるような気がしています。傍目に見ていて大丈夫かなと思っても、それに対する信頼感というか、深い流れを察知してそれに対して全幅のコミットをされて流れていくという、そういう事をすごく最初の頃に感じていました。これは「表現をどう捉えるか」という事とも関連してくると思うのですが、どのレベルの表現という事も関連してくると思うのですが、「流れ」という事で先生のほうから開いていただけるとありがたいのですが。

山中　「流れ」というコンセプトを持ってきて、キータームにして下さって、僕の人生の今までの流れ、古稀を祝って下さるというのは、全く思ってもいなかった事なので驚いているのですが、今日までの「流れ」を見ても、まさに「流れ」そのものですね。私は京都大学を、もう七年前になりますが二〇〇五年に辞めた後、「カワンセラー」(註)になったのです。まさに「自然の流れ」をコンセプトにしてやってきた。だからそれも一つの「流れ」だと、今はっきりとつながってくるのですが、「心理療法の流れ」、「精神療法の流れ」、「セラピーの流れ」という事をおっしゃったのだと思いますが、そういう意味では、理論的な事を言えばいろいろあります。

表現療法の私の「流れ理論」で言うなら、一番最初に、お互い最初にためつすがめつ、「対峙の時期」、「沈黙の時期」、「試しの時期」というのがありますね。治療者を見て、こいつ本当に俺の味方になってくれるのか、と。

自閉症児なんかは言葉が話せませんから、いきなり最初からガブっと咬み付いてきたりします。前からではありません。後ろから咬み付いてきます。当時私は普通のTシャツの下に、アンダーシャツも着ていたの

(註)カウンセラーのウの字の角を取ってワにした駄洒落的な命名である。丁度二〇一四年の夏七～九月の三カ月間NHKラジオ第二放送で詳しく話した(教科書あり、『心をつなぐ川を訪ねて』NHK出版)。現在、従来では考えられなかったような事件が頻発するのは、心が「キレた」からだと読み解き、それは「人と人、人と自然がキレた」からであるとして、それらをつなぐことが必要で、古来その「つなぐ」仕事をして来たのは「川」なので、まず、川との関係性を取り戻そう、というイデアである。ただし、自然は単に包み込み抱きかかえてくれるポジティブな面だけでなく、すべてを流し去り呑み込むネガティブな面もあることを知った上で接する必要があることを説いた。

ですが、アンダーシャツが血で滲むわけです。歯形が付くわけです。それも一人だけじゃないです。三人も四人も同時期に診ていたので、歯形があちこちに付くわけです。そうするとかみさんが、「こんな、血だらけにならなければならないような治療を、毎週木曜日にしなければならないというようなら、そんな職業についてほしくないわ」と反対するんです。だけど、僕は「これは彼らの愛情表現」だと見ていました。だって咬み付いてくれたら、実はしめたものです。「咬み付く」という言葉は、何か興味がある時に、それに咬み付くという表現を使うわけです。表現は悪いですが。咬み付くがなかったら、胃の中にも入らない。僕は愛情表現だと見ていましたが、それは間違っていなかったと思います。もちろん僕は安易に許容するわけではない。痛いやん、痛いやん、と言います。そして口と肩の間に手を入れて、振り払うまではしませんが、手を入れて置いておく。そうすると、子どもは、「この人、怒らへんやん、今までと全然違うやん」と思ったと思うんです。そうしたら咬み付きはおそらく四週以上は続かなかったと思いますね。二～三週で咬み付かなくなった。そうすると、ぺたっと後ろにくっついてくるようになったんです。さっき北本さんが足の裏からという事を言われましたが、僕もそう思います。自閉児たちが絵を描く時は、足の裏から描くんです。しかも横向きに。そうして最後に顔が出てきて、一番最後に目が入るんです。普通の子どもの絵の描き方と全く逆ですね。普通の子は、まる描いてチョンチョン、お鼻描いて耳描いて首描いて、体描いて、最後に足を描くわけです。要するに、この子たちは反対側から、下のほうから、基底たる地面から人間を吟味しつつ確かめているんだという事を最初の二年で看破したのです。

今と違ってインターネットなど全くない時代に、当時の世界中から得られる自閉症の論文を五〇〇本近く読んでいます。だけど、私の目に適ったのはたった四つ五つだけでした。その一つが、ベッテルハイム、その一つが、ティンバーゲン。自閉症の専門家たちが排除した論文ばかりです。そして自閉症の専門の論文には何が書いてあったかというと、自閉児と正常児を比べると血液中のなんとかが有意差を持って多いとか、そういう治療に全く役に立たない論文ばかりでした。私がなぜこういう事を言うかと言えば、そういう研究を全否定しているわけではないですが、しばしば論争した事があります。あなたの論文にはどういうふうに血液を採ったかが書いてないじゃないですか、と。自閉症児たちは注射が大嫌いな子どもたちです。注射をされた途端にものすごいパニックに陥るんです。その時に採った血液にアドレナリンが多いのは当たり前ではないですか。そんなばかな事をしておいて、有意差がどうこうと言っても問題外なのです。だから、科学的論文と言われるものの、私の目に適うような方法論がきちんと書かれて、自閉症の本質に迫る血液採取の仕方をしている論文などはほとんどなかった。これはあかんと。だから私はほとんどの論文を信じませんでした。

当時マイケル・ラターが世界中を席巻していた頃で、マイケル・ラターが書いた事は、ほとんどの日本の研究者が信じていて、ラターがああ言っているのにおまえはなんだと、一〇〇人いたら九九人の人に言われました。私が東大出版会に書いた論文を認めてくれたのはほんの数人だけでした。一番最初が河合隼雄先生、二番目が中井久夫さん、三番目が村瀬嘉代子さん。四人目が小倉清先生です。今で言うと日本の心理療法の大元をきちんと捉える事を可能にしてくれた恩師たちばかりです。この人たちが、お前のやっている事はどうも本質に根ざしていると思う、と言ってくれたので、今日まで四五年間やってこられたと思うのです。つまり、見る目を持った人がちゃんといたからこそ、やってこれたんです。

私も指導者としてはあまり大した事はないですけど、見る目は持っているつもりです。例えば大江健三郎さんなんかは文学としては一・五流ですよね。日本語表現として言っているのであって、フランス語訳のことを言っているのではないですよ。あんなのノーベル賞に値しない。でも光くんに対する態度は一流です。光くんが音楽、音にすごい関心と並々ならぬ能力を持っているのを見つけたのはお父さん、つまり大江健三郎さんご自身です。一緒に森を歩いていたら、上からピピピピピと鳥の声が聞こえた。その時、光くんは間髪入れず、「あれはクイナです」と言ったのね。それまで、五歳になるまで一言もしゃべった事がなかったので、自分の息子がしゃべったとはとても思えなかった。それで、ウッ、ボクと子どもしかいないし、今の言葉は空耳だったかと、大江健三郎は思うんです。そしてまたしばらく歩いていると、ピピピピピと鳥の声が聞こえる。すると、あれはクイナです、とまた同じ事を言うんです。それで、お前クイナの声が分かるのか、と言うんですけど返事しないんですね。それで家に帰ったらすぐに奥さんに、奥さんはあの伊丹十三の妹ですね、「どうも光は音にすごく敏感なような気がする、一度音のほうでいろいろやってみよう」と、もう完全な親バカですね、テープをいっぱい買ってくるんです。鳥のテープやら、モーツアルトやら、バッハやらなんか、自然そのものと、超一流の音楽家のものばかり与えたんですね。大正解です。さらにピアノの先生をつけたんです。そして、そのピアノの先生がすごいと思うんですけど、ピアノで中央ハの音をぽんと叩いて、楽譜ではこの位置だけど、本当はこの音の事なのよ、と言ったら光くんは一発で覚えたんですね。次の音はこの音よ、と言うと、一発で覚え、彼が作曲家になれたのは間違いなく、この先生とお父さんのお陰です。それで彼に作曲の才能がある事が分かって、札幌のある公会堂で彼の作曲した曲を演奏してもらったんですね。それ、NHKで二回放送されましたが、演奏会が終わっても、光くんはわなわな震えて、怒ってるんですね。お父さんには何が悪かったのかさっぱり分からなかったんですが、そこへ演奏者たちが汗を拭きながら帰ってきたら、バイオリンを弾いた女の人に向かって、「あんた、一六分音符を一つ抜いただろう」と言ったんです。一六分音符一つだけ手が滑ったか、無意識にか、とにかく跳んだんですね。彼は自分で作曲したから全部知っているし、しっかりと聴いてるんですね。たった一つの、しかも、一六分の一が許せないんです。それが自閉症なのです。なぜそういう事になるかは、今日は語りませんが、そういうのを見つけていく才能は大江さんも超一流です。あるいは、もう一つ加えれば、ノーベル賞受賞後の大江さんの作品は一流なのです。

さて、「流れ」の話に戻します。今はたまたま大江健三郎の話をしましたが、別の話で、宮沢賢治の『セロ弾きのゴーシュ』の話をしてもよろしいでしょうか。彼の作品はほとんど短編なので、すぐに読めるのが多いのですが、『セロ弾きのゴーシュ』については私は、岩波の講座『精神の科学』というシリーズに論文を書いています。どういう話かというと、簡単にあらすじを言えば、「金星音楽団」という、田舎の音楽団ですが、おそらく東北の花巻の事だと私には思えるのですが、そこで毎日練習をやっているわけです。それで、団長が、ゴーシュ、なんやおまえの手つきは、下手なおまえのためにみんなちっとも合わんじゃないかと怒るわけです。ゴーシュは申し訳なさそうな顔をして、みんなも楽器を持って帰るのですが、彼はセロつまり、チェロですから重いんですね。それを担いで自分一人だけで住んでいる掘立小屋に戻って練習するんですね。そこへ猫がやってくるんです。第一日目。猫は青いトマトを持ってくるんです。まだ熟していない、未熟なという意味ですね。それがゴーシュのなけなしの畑で作っているのを引きちぎって持ってくるわけです。それでゴーシュはむちゃくちゃ怒るわけです。猫をいじめまくって、ただし、殴ったりけったりではなくて、音楽でいじめるわけです。「インドの虎狩り」という曲で。これが大事なんです。俺のトマトを、成熟する前にとって、何だ、とものすごく怒るわけです。その攻撃がね、またこの猫が半知りの偉そうにする人間の言いそうな事を言うんですが、こう言います。「ロマチックシューマンのトロメライでも弾いてくれるかな」と。このロマチックシューマンという言い方は、シューマンの名前はロベルトですから、本来ならロベルト・シューマンのはずなんです。ロマン派のという事とロベルトとを、すっ飛ばして勝手にくっつけてるわけです。そこら辺も、半知り人の特徴を見事に捉えている。ゴーシュの未熟というのを象徴的に表しているのですが、またそういう意味なんですが、そこに省略します。とにかく猫を「インドの虎狩り」で追い出して、目をぱちぱち、電気をぱちぱちさせて、猫は必死の勢いで命からがら出て行きました、と書いてあります。これが第一日目。

そして第二日目。窓ガラスが破れているんです。その穴があいている所からかっこうが入ってくる。入ってきて、ゴーシュさん、後生だから、ドレミを教えて下さい、と言うわけです。何を言うか、と。かっこうなんて一万回鳴いてもかっこうしか言った事がないじゃないかと。ドレミなんかお前に教えて何になるのかと、怒るわけです。ところがかっこうは、ゴーシュさん、私たちは、血反吐が出るまで鳴くんですよ、一万回鳴いたら一万回とも全部違う音程で鳴いているんですよ、それが聞き分けられないんですか、と。音楽論で言ったら「音程を正確に」弾かなければならないというのは、どうしても規則規則となるわけですが、それをかっこうから教えてもらうわけです。ところが、そんな事は分からないですから、なめんなお前と、がーっと追い出そうとして窓を蹴っ飛ばしたので、窓は落ちちゃったんですね。これが二晩目です。

で、三晩目です。今度は狸で、これが可愛いんです。僕のイメージでは太鼓のバチを一本と楽譜を持って、背中に入れて、ちょこんと座って、ゴーシュさん、こんにちは、僕のお父さんがゴーシュさんに教えてもらえって言ったので、と言うんです。それで、何を教えてもらえと言うんだと。今から僕が太鼓を叩きますから、と。太鼓はどこにあるのかと言うと、セロの胴のところを、トントコトントコと叩きだすわけです。そしたら、ゴーシュは、変な狸だなあ、と意地悪をしだすんです。お前、狸汁を知っているか、と。もし失敗したら狸汁にして食ってやるからと意地悪を言うんです。すると狸は、ボク、狸汁知らない。それより、ゴーシュさん、二番目の糸を引く時にキタイに遅れるね、と言うんですね。この、キタイに遅れるという意味は、私が小学校三年くらいの時に読んだ際には、「期待」に遅れるという意味だと思っていたんですが、違いました。花巻弁では、「奇っ怪に」、とか「奇妙に」という意味なんですね。ビミョウに遅れる、という意味なんです。そういう事で、狸に教えられるんです、テンポが違うという事を。テンポがちょっとずつ遅れているんですね。音楽で一番の基礎は音程ですよね。次に音と休符の長さですよね。この二つは音楽を基本的に規定するものです。これをこの二匹に教えられるわけです。

次に四晩目。ねずみのお母さんが子どもを連れてくるんです。いいかい、今からね、ゴーシュさんに治してもらうからね、坊や、おとなしくしてるんだよ、と言いながら、セロの中にポーンと落とすんです。足から落ちるんだよ、頭から落ちちゃだめだよーと、お母さんが言ってるんです。そしてコーンと、ねずみの子どもが下に落ちた音がします。そして、ゴーシュさん、後生ですからうちの子を治してやって下さいと。そこで、ゴーシュは、何を言うか、俺は医者じゃないから誰も治した事なんかないと。何を間違えているのかと。すると、いや、兎さんも狸さんもみみずくさんもみんなよくなりましたと。全部ゴーシュさんのおかげで治ったと言ってましたよ、と。本当に音楽が成就・完成したら、人を癒す事ができるのです。

そこで僕が大事だと思うのは、賢治がこの「流れ」で、全部一〇晩目まで書いて、『十往心論』の如くと一〇段階を事細かに書くというのではないんです。僕が宮沢賢治を天才だと思うのは、例えばそこの所なんです。五晩目から一〇晩目までの六夜は、全くの空白なのです。この「空白」に根源的な意味がある、という事を最初に言ったのは、たしか別役実さんでした。河合先生はインキュベーションという言葉で書かれていますが、インキュベーションというのはいろいろなものが発酵する時に、密閉した状態のままで保つ事を言うわけですが、それで宮沢賢治の作品はどういうふうに展開するかと言うと、次のページでは、万雷の拍手がなっているんです。もう演奏すら終わっている。六日間どうだったかも書かないし、どういう演奏だったかも書かない。もう終わっていて、万雷の拍手です。みんなが拍手をしている。ゴーシュはまだ、自分の音楽が見事に「変容した」という事に気がついていないんですね。だけど、団長は気がついているわけです。

ゴーシュ、お前、この一〇日間でよくここまでやりあげたなあと。お前、行って来いと、カーテンコールにゴーシュを送り出します。ゴーシュはいつも怒られてばかりいたので、みんなに謝るために出されたと思っているんですね。だけど、カーテンコールなんて生まれてこの方やった事がないので、引ける曲がない。「第六」は皆で演奏した曲です。僕はこれ間違いなく、「田園」（ベートーベンの第六交響曲）だと思っているのですが。結局、「インドの虎狩り」しか弾けないので、それを、ガーっと弾くわけです。そうしたらまた万雷の拍手です。それで、もうやめろという拍手かと思ってゴーシュはうなだれて、楽屋に戻ってくると、団長が、なかなか大したもんだと。それで、ゴーシュは褒められたのかよく分からないという顔で帰るんです。

するとと、道を歩いている途中ではっと気がつくんですね。ああ、団長は褒めてくれたんだと。皆が手を叩いてくれたのは僕の音楽を良しと認めてくれたんだと。そこは全く書いてないんですが、私の勝手な思いです。そして最後はどう終わっているかと言うと、蹴飛ばした、破れているガラスが落ちた、穴が開いた空間、窓の所に行って、そこにはいないかっこうに向かって、「ああ、かっこう、僕はあの時、怒ったんではなかったんだ」と。そこで終わるわけですが、本当はあの時は怒ってたんですね。だけど、怒ったんではなくて、カラスのほうが言っている事のほうが正しい。あ、カラスではない、ここでカラスと言い間違ったのは、本当は問題にすべきですよね、カラスではなくて、なんでしたっけ。（かっこうです）そう、かっこうが言っている事のほうが正しいという事に気がついたんですね。それで、かっこうに謝った。あの時僕は怒ったんじゃなかったんだ、で終わるわけです。

これが「流れ」の典型例です。私の心の中にある流れは、始めのうちは、もう遮二無二やっているうちに、起こってくる。とにかく、コミットメントして、エネルギーを、まず一所懸命に表出する。表現でいえば、それが出てくるべきだと。その状態が出てくると、そこからその通奏低音になる部分、音楽なら音階だと思うし、建物を立てるのなら土台づくりだし、絵画だったらまず基礎の描線だと思うし、最もベーシックな事だと思うし、色合いの在り方だと思うし、いろいろな素地。そういう事を乗り越えて、自分の表現を、表現の流れに任せていく。そうして六日間遮二無二やっていく。僕らの面接が六回で終わるかと言ったらそんな事はまずなくて、二〇回とか四〇回とか一八〇回とか延々と時間が流れるのですが、その「流れ」がすごく大事で、そうしたらクライエントは、僕のケースでいくと、「あんな、先生、悪いけど、ここに来ている事は楽しい事は楽しい、でももっと楽しい事があるねん、だから来週から来るのは止めるわ」とはっきりと自分のほうから「別離」を設定する事ができる。そういうのが一つの「流れ」としてあると思います。もちろん自閉症の場合と、今のような神経症範疇の子どもの場合とは次元が違います。まるで次元が違うけど、「表現の流れ」としては、きちんとこちらがクライエントの波長に tune in すれば、ちゃんと見えてくるものがあると感じました。こんなところでいいでしょうか。

心の問題と表現

岸本　ありがとうございます。いただいたアンケートの中で、たまたま一番上にあるものを取り上げてみようと思いますが、「表現としての声や音についてお聞きしたいです。心理臨床においてクライエントの声の質には、またその変化には何が表現されているでしょうか。声や音の根底にある全体のリズムについて、あるいは声や身体の波長が合う事についてお考えをお聞きしたいです」と言う事ですが。

山中　今お話しした事と重なる事もありますね。おっしゃる通りです。クライエント自身、声が変わってきます。表情が変わってきます。問題を乗り越えた暁にはまず、不安が消える。緊張感が減ります。だから緊張で出ていた声が、そうでなくなる。クライエントは、自分が抱えている心の問題を、表現するだけで手一杯の時は、声も緊張しているし、高い音だし、あるいは非常に低い音だったり、どちらかで、中間がない。だけど、その中間の非常に微妙な彩《あや》が表現できるような声を発してこられたら、大分乗り越えられたという事が、それだけでも分かります。だから、声そのものだけでも、表現の裏側が分かる。服装でも。要するに、あらゆる表現に私は開かれていました。私の若いころのカルテを見ますと、クライエントの頭の先からつま先まで、全部描いてあります。今日は靴は何色、名前を知らないので家内に聞いていたら、あなた、女の人の服装ばかり聞いているじゃない、と。でも男の人の服の事は私も自分で知っているから聞かないだけでね。そういう事も書いていました。それと、クライエントの語るつぶやき、悩み、苦しみ、悲しみ、怒りは第一軸で書いていた。ところが第二軸の所には今日はこういう服装だった、今日はこういう髪型だった、という事を全部絵で描いてある。これはちょうど、いみじくも中井久夫先生が『分裂病の精神病理』の第二巻に「統合失調症の治癒過程」を見る時に、どういう変化が身体症状で起こるか、精神症状で起こるか、という事を表に克明に書いておられたのと全くパラレルですね。やはり、私は、ある部分では、とてもクライエントの方々が示しておられる表情や、表現そのものが、わざわざ絵を描いてもらわなくても、すでに表現されているという事に気がついていたからです。そこの所が、後々の私の理論を形成していくのにとても意味がある、と今思います。

岸本　ありがとうございます。ちょっと「流れ」という事に戻して、最後に、またアンケートからですが、山中先生が、今後どこでどのような活動をされるのか、大変関心があります、お聞きしたいです。

「今後の流れ」という事で。これは実は、浜松大学の大学院生で、先生のところで二年間学びたいと思っていたという思いがおありの先生からのご質問ですが。

山中　確かに騙されたと言われても仕方ないですね。三月いっぱいで本当に辞めてしまいますからね。分かりました。私自身がこういう方向を持っていますという偉そうな事は言えませんが、私が今やりたいと思っている事はやはり、「カワンセラー活動」が、浜松大学に行っている三年間は全くできませんでしたから、それをまず継続するつもりです。それから、心理療法に関しては、浜松大学で私が少なくともかかわってきた人たち、今Ｍ１で別れちゃった人たちは、卒業されるまでは僕は僕なりに関与するつもりです。それから、浜松大学だけではないです。私の「京都ヘルメス研究所」では、京都周辺の六大学、京都大学、京都文教大学、梅花女子大学、神戸女学院大学、神戸親和女子大学、帝塚山学院大学などいろいろな大学院がありますが、そこから来てくれる院生たちの指導にかかわっています。それから、黄檗《おうばく》病院は首がつながりました。黄檗病院には就業規定があって、七〇歳以上はお断りで、今まで、院長だった人も理事長だった人も全部七〇歳で辞められたのですが、僕は、七〇歳になったので当然ながらくびにされるかと思ったら、なんと、院長が、あんたはいいです、来て下さい、と辞令を下さいましたので、そこは続けます。そこでやる仕事は、病棟の師長さんが最も困るとして挙げて下さる各病棟のワースト１を見て下さいというのを頼まれて診ています。それと八年前から研修医に精神医学が必須になったので、その指導をしています。だから日常のルーチンワークだけでもいろいろあるのですが、一つずつ完璧にいっているかというとそんな事はあり得ません。人間ができる事に完璧はありませんから。だけど私がよかれと思っている事に関しては、やっていくつもりであります。それとちょっとした文筆活動と、ちょっとした子どもたち孫たち、家族とのかかわりがあります。論文のほうでは、「病の意味」が残ったままです。それを完成させていきたいですね。

（於　心身臨床学研究会　山中康裕先生古稀記念特別企画、二〇一二年三月一八日、京都）

第Ⅱ部
文化人との対談

7

谷川俊太郎*
（たにかわ・しゅんたろう）

×

山中康裕

詩と心理臨床

山中　お久しぶりです。
谷川　本当にそうですね。
山中　谷川さんと初めてお会いしたのは、もう二五年前になりますね。京都大学の一番大きい講堂での催しで「ことばを中心に　ことばとイメージ・サイコセラピー」というテーマでの対談でしたね。見て下さい、これが証拠品のポスターです。
谷川　（笑）ほう、よくこんなもの持っていらっしゃって、捜し出されましたね。
山中　私の部屋の壁に貼ってありますので、捜すまでもありませんよ。
谷川　えっ、お部屋に（笑）。
山中　はい、そうなんですよ。こうして対談という形で谷川さんとお話しできるのは、今回が三回目ですね。とても愉しみにして来ました。よろしくお願い致します。
谷川　こちらこそ。

*詩人。

山中　それにしても、昨年はとんでもない大災害の年でした。個人的にも学会としても、岩手・宮城・福島にいろんな支援をしてきましたが、谷川さんも詩で……。
谷川　『文藝春秋』三月臨時増刊号の「3・11から一年一〇〇人の作家の言葉」などで……。
山中　たしか巻頭の詩でしたね。
谷川　ええ、そういう形でしか僕たちは貢献できないから。
山中　いや、それこそが立派な支援ですね。
「何もかも失って／言葉まで失ったが／言葉は壊れなかった／流されなかった／ひとりひとりの心の底で／言葉は発芽する／瓦礫の下の大地から／昔ながらの訛り／走り書きの文字／途切れがちな意味……」すごいインパクトで被災地の人びとを根底から支えています。
谷川　ありがとうございます。

「詩の自覚」とは

山中　さて今回は、一番最近のご本、山田馨さんとの対談（『ぼくはこうやって詩を書いてきた　谷川俊太郎、詩と人生を語る』ナナロク社）を拝見したところです。そうした刺激もあって、いろいろ伺いたく思っております。よろしいですか。
谷川　ぜひ、そうしていただければうれしいです。
山中　ところで谷川さんは『二十億光年の孤独』が処女作ですよね。初めて詩を書かれたのは、それより数年前なんだけれども……。以来、六〇年間、詩を書いてこられたんですね。
谷川　そうですね、嫌になっちゃいますね。
山中　いやいや、そんなことはないですよ。僕らは楽しみなんです。山田さんとの対談（先述『ぼくはこうやって～』）の中で、六〇年の間に作られたものすごい数の詩から、山田さんがいくつか選ばれた作品について、お話しされている。山田さんのご意見と、谷川さんの「実は、そうなんだよ」とか、「いや、全然あなたの考えていることと違うよ」といったやりとりを、とても面白く拝見しました。
京大での私との対談も思い出してのことなんです

が、私は、詩というのは、イメージを介在させて、それを言葉に凝縮させるという方法でお書きになるんだと思っていたんです。ところが谷川さんは「いや、違う。イメージなんか介在させない。音なんだ」と。音をずっと連ねていって、そして、そこから言葉が紡ぎ出されてくるんだ、という言い方をなさったと思うんです。

谷川　ああ、当時はそうだったかもしれませんね。

山中　それが、変わってこられたわけですね。

谷川　そうですね。この変化には、河合隼雄さんにお会いしたことが相当大きく影響していると思います。二度目くらいにお会いしたときに対談をしたんです（『魂にメスはいらない』講談社）。僕が河合さんにいろいろ質問して、お仕事を聞くということ事だったんですが、話を聞いているうちに、河合さんがしていらっしゃることと自分が詩を書いていることとが、すごくよく似ているという感じがしたんです。意識下というんでしょうか、潜在意識というんですか、我々はそういうところから言葉が出てくる仕事をしているわけですよね。心理臨床の仕事をされている方々も、やっぱりそういうところを探って、どうにか人が変わってゆけることに寄り添おうとしていらっしゃるわけでしょう？　そこで僕は、意識じゃなくて「意識下」ということを意識するようになった。詩の言葉が、意識から出てくるわけではなくて、どっちかというと、意識下から、もやもやしたものが、やっと言葉になってポコッと出てくるというイメージに変わっていったんです。その中には、音的なものもあるし、イメージ的なものもあります。相当、未分化なものなんだけれどもも「意味」も含めて出てくる。だけど、そこで出てくる言葉の意味というのは、普段、我々がこうやってしゃべっている、日常的な言葉の意味ではない、なにか違う意味みたいなかたちで出てこないと、詩にはならないんですね。

山中　なるほど。そうなんだ。そういうふうに変わってこられたんですね。

谷川　うん。それまでは、意識とか意識下みたいなことでは考えていなくて、自覚せずに同じことをやっていたと思うんだけれども。つまり、「詩の自覚」ですね。

こころの臨床との共通点

山中　なるほど。それを伺って今想い出しました。『ぼくはこうやって詩を書いてきた』を読んで私が共感した部分は、ジョン・キーツ（John Keats）のネガティブ・ケイパビリティ（negative capability）――「負の受容性」というふうに谷川さんは訳しておられたと思うんですが――あそこの部分でした。まさに、詩人と我々心理臨床家がやっていることが、ある部分、同じことをやっているな、という感じをもったんです。

それを谷川さんの側から言うと、心理臨床家がやっていることと詩人がやっておられることとが、重なるなと思われたんですね。

谷川　ところが、河合さんは、どちらかというと「物語」というものを中心にして人間を理解するし、心理療法的に「物語」を探っていくというかたちでやっていらっしゃるでしょう？　僕は、まったくそれの対極なんです。「詩」というのは、「物語」とはぜんぜん違うという立場なんですね。

「物語」というのは、ある程度、歴史的にずっと遡って、源を辿っていくということが可能ですし、未来に向かっても、やっぱりプロットが感じられるというところがあるんだけれども、「詩」の場合には、僕は「ぜんぶ輪切りだ」と言っているんです。輪切りにして断面を見せるというイメージなんです。

山中　面白い。まさに対極じゃないですか。

谷川　そうなんですよ。それでいて例えば、まど・みちおさんなんかの詩とか、長新太《ちょうしんた》さんの絵とか、物語とはかけ離れた詩的なものを、ちゃんと感じ取っていらっしゃるというところが面白かったですね。

山中　いずれも開かれたところを見ておられるんですね。だから、物語論を語りながらも「詩人」のこころを持っておられるところがあった。

谷川　「意識下」というものがどんな可能性を秘めているかということを、私は河合さんのお陰で言葉にできたという感じです。

山中　なるほど。ちょっとだけ、私どものほうへ引きつけてものを言うと、その「意識下」という物言いをしたのは、ジャネ（Janet）という人で、ジャネの影響下にフロイトとユングがいるんです。彼らは「無意識」という言葉を使います。フロイトは「個人的無意識」を扱うわけですが、ユングは「個人的無意識」だけではなくて、人類全部に、あるいは、下手をしたら動物にだって、植物にだって共通する、「通底するもの」を持っている、という考え方です。それで、ごく最近、谷川さんの詩がそうなっているように、私には見えてきたんです。

パッと石ころを見ても、パッと空を見ても、すぐ向こう側に宇宙がある。ほとんどその世界の辺りを、ごく自然に語っておられるじゃないですか。

谷川　うん、まあ、少なくとも自然に見えるように語っていますね。

山中　えっ？　自然「に見えるよう」にと。

谷川　できるだけ苦労していないように見せよう、ということです。けっこう苦労をしたりもしているんです。でも、苦労して出てきたものはだめなんですよ。何か、ポコッと出てこないと。出てきたあとは、かなり推敲に推敲を重ねるので、苦労をしていますけど。

山中　そうなんだ。僕は漢詩が好きなので、そのあたりを考えることがよくあります。

李白と杜甫が対比されるんだけれども、李白はもうまさに白髪三千丈のごとく、ばばばっと、滝が流れるごとくに一気呵成に書く人ですよね。谷川さんは李白型だと思っていたんです。ところが、杜甫なんですね。

谷川　どっちかと言えば、杜甫だと思います。

山中　ああ、びっくりしました。出てくるおおもとは、全部李白的に出てくる。だけど、あとは、杜甫的に毎日推敲している、と。

谷川　そうなんですよね。

詩の王道

山中　ここにもおられるけれども、よく編集者から「先生、ちょっとこれ、字が多すぎるんです。この頁におさまるように、ちょっと縮めて下さい」と言われるでしょう？　私はそれがけっこうできるほうだと思います。

谷川　僕も「一五字詰め何行かで書いてくれ」みたいに言われるのが好きなんですよ。

山中　やっぱり。

谷川　何か器に入れたいというのは共通なんですね。だいたい言葉の出かたというのは散文だろうが、なんだろうが、みんな共通なものだと思うんですが、その出かたにも二手ある。出っ放しで、垂れ流したい人と、何か器に入れないと気が済まない人と、二手に分かれるような気がするんです。僕は、どっちかというと、器に入っていないと不安なんです。

山中　面白い分け方ですね。私も器に入れたい人です。

谷川　だけど、入らないぐらい、どんどん書けちゃうんでしょ。

山中　（笑）いや、だから、入れるために漢詩を始めたんですよ。漢詩は絶対に入れないとだめなので。

ところで、私が拝見するところ、谷川さんは、日本の詩形で決まっている七・五調であるとか、あるいは、イメージを介するのとは違う方向で、形に捕らわれない方向から始められる。だけど、器には入れる。

谷川　そうですね。七・五調のもっている日本的な情感というのに、僕はちょっと不感症的なところがあって、俳句止まりなんです。短歌になると、もう、あの演歌みたいな詞子が心情的にちょっとだめなんです。七・五調で書かれたものというのは、やっぱりどうしても我々から見ると、アナクロニズムなんですよ。

だから、七・五調をうまく取り入れながら、それを崩して、日本語の調べというものをなにか探してきたというのが、私の詩の書き方だと思いますね。

山中　そう思います。だからこそ、谷川さんは「一匹狼」なのでしょう。現代詩の中では、まったく「一匹狼」でやっておられた。ところが実は、それこそが王道だったと思うんです。最初から人間の原点のところへ、ぽんと据えられて、広がってこられて、とうとう宇宙と通底しておられるというイメージです。

谷川　今の現代詩の人たちは、例えば、エリオットとか、あるいは、ランボーとか、そういう外国の翻訳詩の影響を受けているところが、すごく大きいじゃないですか。だから、何か日本語のもっている調べとかリズムとかというものを、むしろ排斥してきた。

戦時中の戦意高揚の詩とか、歌とかは、ことごとく七・五調だったわけですよね。それに対してすごく神経質に反応しちゃって、できるだけ日本語の音律は排斥して書こうみたいなことになっていたのに、僕は、全然そこのところは知らなかったので……。

山中　かえって災いでなくて幸いだったんですね。

谷川　そうだったのかもしれません。

だから、近代詩の中原中也とか、三好達治とか、萩原朔太郎とかという人たち、ある程度、日本語の伝統的な調べを踏んで書いている人たちの方につながっているんですね。

学校へ行かない

山中　「一匹狼」といえば、二回目の対談「心の健康会議」の折にも語ったけれど、谷川さんは、みんなが行く学校へ行くのが嫌なんだ、もう行かない、と言って、学校へ行くのをやめられましたね。まさに不登校のはしりだと思います。

谷川　そうかもしれませんね。

山中　僕は、不登校の人にもずいぶん多く接してきました。不登校にもいろんな方がたがいらっしゃるんですが、谷川さんみたいに幸せな不登校は、極めて珍しいですよ。

谷川　うん、その点、恵まれているとは思っていますけどね。

山中　ええ。いろんなことがそうなんですが、谷川さんは、才能なんです。自分の個性を的確に敏感に感じ取る力とか、センサーとか、そういうものがおありになったからこそ、大学なんかもう行かないと。

谷川　それで僕は、やっぱり自分が、ローン・ウルフ(lone wolf)なのかもしれません。ただ、「一匹狼」というのはちょっと気恥ずかしいですね。僕はあんまり「狼」みたいじゃないから。

山中　それはそうだ。

谷川　だから、僕は……

山中　トラかもしれない。
谷川　ネズミかもしれないじゃないですか。子ネズミ（笑）。
山中　こんな大きなネズミはいないですよ。ああ、カピバラというのがいます。でもあれはもっと可愛いですね（笑）。
谷川　英語にはローナー（loner）という言い方がありますよね？　それが近いような感じがします。「単独者」というのかな、僕は生まれつきそのような気がするんですよ。
　というのは、小学校の時、僕は、どんなに仲良くなっても、友だちと肩を組めなかったんですよ。
山中　もう最初からローナーだったんだ。
谷川　その頃から、友だちとのスキンシップみたいなのを避けていましたね。スキンシップなんて母親とかしないみたいな子どもだった。
山中　また、すごいマザコンですね。
谷川　そうです。すごいマザコンですよ。それはもう、本当に、古稀に至るまで引きずっていましたね（笑）。それを自覚したところから、マザコンをコントロールできるようになりましたけれども。
山中　無論無論。でも、学校へ行かなかったから良かった、というのは僕は当たりだと思うんです。学校へ行っていたら、四角四面の人間がつくられちゃって、谷川さんみたいな個性豊かな人間にはなりませんから。
谷川　それを予想していたたら、僕は学校に行きたくなかったんだと思いますね。まあ戦時中ということもあって。軍事教練とかそういうのが、もうね。疎開先の京都では文化的な違いがあって、東京弁を使うと笑われるような状態で。
山中　ああ、現実的な理由もあるんだ。だけど、それでかえって、より早くローナーになれたんだ。
谷川　そうですね。本当に運が良く。詩が書けなかったら、どうなっていたか分かりませんものね。
山中　僕は一般的に言って、子どもたちが不登校をしているのを、ネガティブには捉えていないんですよ。
谷川　うん、それは助かるな、きっとみんな。
山中　彼らは、今この世の中に、普通に要求されていることに乗っかっていったら、自分はおそらくやっていけない。脱落することがとうに見えている。それで、初めから、自分のほうから戦線離脱しちゃうわけですよ。

何をやっているかと見ますと、例えば、魚釣りだけやっているとか、ロックだけ聴いているとか、漫画ばっかり見ているとか。それで、たいていの親たちは、それを悲しむわけですけれども、実は、そこのところで彼らの目が輝いているんです。

それに気がついたので、私は、目が輝いているところで彼らと話し合うという方法論を考えたんです。それが、「窓」論なんです。窓が開いているから、その窓で付き合う。そうしたら、彼らはちゃんとしたものになっていくんですよ。

例えば、学校では落伍したかもしれないけれども、岐阜の春慶塗という漆塗りをする塗り物があって、その後継者が全然ないとなると、僕はそれをやりたい、ということで弟子入りするとか。

谷川　ああ、いいですね。

山中　いいでしょう。自分なりに、面白い「窓」を見つけていく子がいるんです。

本質は変わらない

山中　今の世の中、確かに、いろんなものの役割が変質してきていることは事実だと思います。でも、僕は、社会のシステムなんかが変わって、その位置づけやら意味づけは変わっても、大事なものは意外と変わらないんじゃないかと思うんです。

その「ものの見え方」に、ミクロの見え方やマクロの見え方が加わってきたんだけれども、本質はあんまり変わらないような気もしているんです。

谷川　子どもなんかを見ていると、本当にそう思いますね。今の子どもは、我々の時になかったコミックスとかアニメとかをいっぱい見ていて、ゲームももちろんあるし、表層的にはすごく変わっているように見えているけれども、深層ではやっぱり同じだと思います。

山中　同じなんですよ。使うツールやら方法論とかタームは違うけれども、結局、本質的に同じことをやっているんですよ。

谷川　そう思います。そうでなきゃ、人間じゃないですよね。そんなに深層から変わるはずがないんだから、人間は。

山中　そうなんだ。そういう意味でも、谷川さんの詩で、僕が一番いいなと思うのは、何もかも破壊されたようにぐっと書いていかれるんだけれども、必ず最後に、玉がポコンと出てくる感じ……。

例えば、子どもがそこでぱっと生まれてくるとか、我々の言葉でいうと「死と再生」と言っているプロセスが、非常に見事に死の世界から湧き起こっているように感じられるんです。やっぱり「次への可能性」というところで終わるんですよね。

谷川　それはよく言われるんだけど、自分では、そんなに意識しているわけではありません。なにかオチがあると言われるんですけど、それは、やっぱり自分の意識下のなにかがあるからなんですね。

山中　絶対そうだと思う。

谷川　なにか、絶望的なところで終わりたくないというのが、たぶんあるんだと思います。

山中　そこでおそらく最も苦悩しておられるのかもしれません。「これだけで終わりたくないな」という気持ちがおありなんだと思うんです。それで、うーんとやっているところで、実に見事に芸術的に、完全にベクトルが逆転するんです。僕らの言葉でいうと、エナンチオドロミアです。これはユングのターム です。

谷川さんの詩を味わっていると、それまで冥界の方に向かっていたベクトルが、突然、上に向かって、そこで終わる。それはもう、見事としか言いようがないぐらい……。

谷川　それでいうと、加藤周一さんが日本人の感性の型として「今ここ」性というふうに書いていらっしゃったのを思い出します。

宇宙への突き抜け

山中　これは日本人だけの特質ではありませんが、精神医学の世界では、東大の安永浩という方が「中心気質」という見方を提示しておられます。私は『二十億光年の孤独』を読んだころから、谷川さんのことをそう感じていました。

谷川　それは、どういうものなんですか。

山中　真ん中がずん胴に抜けて、宇宙にそのまま行ってしまう感じです。過去も未来もあんまり関係なしに、「今ここ」が大事で、突然、上に向かってそこで終わる。

谷川　分かります。その時、「今本当に自分はここを生きているんだ」ということですね。

山中　もう一人、精神病理学者で木村敏という方が、「祭りのさなか」という人間の在り方を提示しておられます。

「祭りのまえ」にすでに祭りが自分に到来してしまう在り方と、すべて「あとの祭り」として、済んでしまったメランコリーな在り方があって、第三の在り方として「いつも真っ最中」という生き方、それを木村敏先生は「祭りのさなか」と言っておられるのです。

谷川　なるほど、なるほど。山中さんを見ていると、それ、すごく腑に落ちますね（笑）。

山中　なぁんだ……「中心気質」の代表に谷川さんを挙げようと思ったら、先に挙げられてしまいました（笑）。

箱

山中　そういえば、かつて私が『老いのソウロロギー（魂学）』という本を書いたら、谷川さんはそれへの感想として、「ほほえみのわけ」という詩を作って下さった。あれ、『シャガールと木の葉』に入っていますね。

そういうこと一つとっても、谷川さんの宇宙への突き抜け方、芸術的なベクトルの逆転には、いつも驚かされます。

谷川　いや、ところが僕は、今はもう自分の詩を、芸術とか文学作品と考えるよりも、職人さんがつくった「手作りの箱」とか、そういうものとしてイメージする方がずっと強いんですよ。

だから、自分が芸術家とかアーティストとかよりも、クラフトマンであると、職人であるというふうに考えていますもの。

山中　それは、めちゃくちゃ面白い。クラフトマン＝アルティザンなんだと。

谷川　そうなんですよ。だから、アルティザンというのは、べつにそんなにいろいろ自分の作品の解説をしなくても、黙ってなにか手を使って作っていればいいわけでしょう？　作品が美しくて存在感があれば、それでもういいと。

僕は、どっちかというと、生まれつきそっちのタイプなんです。詩を書く前は、僕は、模型飛行機とか真空管ラジオを組み立てるのが大好きで、本当は、手仕事のほうが好きなんです。

山中　詩を「手作りの箱」としてイメージしておられる、という言い方をされたけれども、心理臨床の世界には、ご存じのように「箱庭療法」というのがあります。カルフ(Kalff)さんという方がスイスでやっておられたのを、これは日本人向きだと、河合先生が日本に導入されたんですが、その「箱による守り」が、絶妙なんですね。今、「守り」が非常に少ない子たちが多いので特に、です。箱庭療法では「外枠」が、子どもたちの成長を育ててくれる大事な「守り」になっているんです。

今回お話しをしていて、そういうところに驚いています。まさに谷川さんが詩の世界でやって来られたことと、我々が心理臨床の世界で到達していくところと、ほぼパラレルなので、びっくりしました。

谷川　そうですね。最初の方に話に出た「器の中に言葉を入れたい」というのも、一種、「箱づくり」的な方向かもしれませんね。

山中　そうかもしれませんね。

谷川　ひょっとすると、器の中で「曼荼羅」ができるような感覚があるのかもしれませんね。

山中　そうそう、まさにそういう感じがいたします。……今日は、本当にありがとうございました。

谷川　こちらこそ、本当に楽しかったです。

山中　とっても楽しかった。一瞬に終わってしまいました。

8

手塚治虫＊
（てづか・おさむ）

×

山中康裕

山中少年、漫画を持ち込む

山中　お久しぶりです。
手塚　もう、ずいぶんになりますかね？
山中　はい。百万遍の梁山泊でお会いするようになったのは、ずいぶん後の事で、本当言うと、一等最初から言えば、もう、二五年以上になるんです。
手塚　え、そんなに前からでしたっけ？
山中　はい、もちろん、その頃は、先生は、押しも押されもしない売れっ子大漫画家でしたから、毎日超ご多忙で、私の事など、全く覚えておられないと思います。
手塚　…………
山中　だって、その頃は、私はまだ高校生でしたから。
手塚　えっ、高校生？　じゃあ、原稿でも持ってきたの？
山中　そうなんです。僕のほうは、とっても鮮明に覚えています。あの豊島区のトキワ荘まで出かけたんだから。

＊漫画家。アニメーション作家。一九八九年没。

手塚　あの頃は、そういう少年たちがゴマンといたからねえ。
山中　実は、『ウィンダム星の最期～The Last of Windam Star～』という作品を完成して、しかも、最初の八頁はオールカラー、次いで八頁は赤・黒、ラストの一六頁が黒だけ、という完全原稿を、ケント紙に描いて、勢い込んで出かけたのでしたから。
手塚　それだと、《雑誌の巻頭を飾る》という意味じゃないか！
山中　はい。だって、先生の作品は、どれをとっても、他を圧していて、誰だって、志を持つ者は先生に憧れていましたから……。その中でも、一番目立とうと。
手塚　悪いが、アナタの事は、何も覚えていない……。私、その時、何か悪い事でも言いましたか？
山中　いいえ、私の作品を、一応、ざっとは見て下さいましたが……。何か、私の作品の問題点とか、悪い所をご指摘下さる事を期待して、固唾を呑んで緊張して、お言葉を待っていました。
手塚　で、何と言いました？
山中　ところが、作品に関しては何も触れられずに、突然、「……で、キミは、大学は受けないの？」って、言われたんです。
手塚　それで？
山中　あ、やっぱり、才能ないんだ、と思ってがっかりしながらも、正直に、「先生と同じく、医者にはなろうと思ってますから、医学部を受けます」と答えたんです。
手塚　それで、私は、何て言ったの？
山中　「じゃあ、大学生になった後にでもその気があったら、もう一度描いて、持って来てみたら？」と。
手塚　それ、よかったんじゃあないの？
山中　え、どうしてですか？
手塚　だからこそ、京大教授（対談当時は、まだ助教授）になったじゃない。
山中　いいえ、それは、別問題で……。
手塚　でも、それはそれで、アナタにとっては結果よし、だった事になる。
山中　あの時、実は、先生の博士論文（註1）も、読んでたんです。

手塚　えっ、僕のを？

山中　はい。でも、あれこそ、完全に漫画ですよね！

手塚　と、言うと？

山中　だって、あれ読んで、やっぱり、先生は、根っから漫画家だと……。

手塚　僕の博士論文が漫画だと言うの？

山中　ええ、だって、先生の論文の内容って「タニシのシュペルマトゾーム（精子）の膜構造の電子顕微鏡的研究」でしょ！

手塚　そうです。

山中　あれ、完全に「デカンショ節」ですよね。

手塚　え、それ、どういうこと？

山中　だって、「デカンショ、デカンショ……」の七番と八番、唄いますよ。

（註1）「異形精子細胞における膜構造の電子顕微鏡的研究」で医学博士取得。『奈良医学雑誌』第一一巻第五号、一九六〇年一〇月一日、七一九‐七三五頁。

♪どうせ、するなーらぁ、でっかいことなされ、
　ヨイヨイ～奈良の大仏、屁でとばせ～
♪どうせ、するなーらぁ、ちっさいことなされ、
　ヨイヨイ～蚤の〇×△×、八つ裂きに～

もう、説明など全く要らないと思いますが、要するに、でっかい奈良の大仏様を屁でぶっとばしたり、小っこいちっこい蚤の精子を八つ裂きにするんでしょ。先生の論文、まさにそれで、蚤の精子をあろうことか、五〇〇万倍に引き延ばした電子顕微鏡写真で論じてられるんだもの。まったく人を食ってる、というか、私の師の河合隼雄先生といい勝負です。

手塚　うーん。高校生の時のアナタが、そこまでちゃんと読みこんでくれていたとは……。

山中　でしょ。だからこそ、私の先生は手塚治虫先生しかいない、と。

手塚　それは、全く知らなかったなぁ。

山中　だから、私としては、ケント紙に烏口で墨入れして、本格的に真っ向から、勝負したかったんです。

手塚　そうか、あの頃は忙し過ぎて、私のほうにゆと

りがなかったかも。

山中　ぼくとしては、一所懸命ストーリィ（註2）を考え、ちゃんとプロットも考えて、あちこちにギャグも交えるけど、内容的には、本格的に精密・大胆不敵な科学的・政治的に……要するに、先生の大向こうを張ったつもりだったんです。

手塚　なら、どうして、僕の目に留らなかったんだろう？

山中　家に帰ってから、冷静になって、自己評価してみた結果、ああ、キャラクターのデザインが、先生のエピゴーネンにすぎなかったからだ、と。

手塚　うーん。それだと、確かに、効果半減だよね。

（註2）《地球と月とのそれぞれの中心を結んだ線の延長上に、実は、もう一つの月（ウィンダム星）があって、普段は全く、地球からは見えなかったのが、アメリカとソ連（当時）は、もうすでに、秘密裏にそこに基地を持っていて、そこで、原水爆を爆発させる代理戦争をしていたため、ウィンダム星の歳差運動に歪みが生じて、時々、地球から見えるようになったため、大騒ぎになるけど、結局、この原水爆戦争でウィンダム星が終焉を迎えてしまう》というストーリィ。

山中　ええ、そう思いました。キャラクターも、ちゃんとオリジナルなものを考えて行かなきゃ、いけなかったんだと。

手塚　そうか、それで、僕の気を惹けなかったわけだ。

山中　ええ、残念ながら、そう思ったんです。先生の、漫画的方法論って——無論、当時は、そういう言葉自体では考えていませんでしたが——すごいじゃないですか。

手塚　どういうふうに？

山中　例えば、「キャラクター制」とでもいうか、今のテレビで言ったら、いろんな作品があるけど、演じるのは、いつも数人の役者の、全く同じ顔なんだけど、作品ごとに役が代わる、とか。視点の置き方一つをとっても、映画の小津安二郎ばりの固定点ではなくて、ある時は、ずっと高い所からの鳥瞰図的な、ある時は、虫瞰図とでもいうか、地面すれすれのとても低い位置から、と、いわば黒澤明ばりよろしく縦横無尽に描き込んであるじゃないですか。

手塚　うん、自分としては、それが、私の編みだした全く新しいマンガ手法だった。

山中　あれ、特に『七色いんこ』でいろいろ試みられていたでしょ。

手塚　うん、あれは、私にとって、大切な、漫画作法の実験室でもあり、すごく、勉強した結果だった。

山中　シェイクスピアや、イプセンや、ブレヒトなど、古今東西の劇作家たちの手法を、ことごとく漫画で表現なさっている。

手塚　うーん。高校生の君が、そこまで読みこんでいたとは……。

山中　いえ、表現の言葉としては、それ以後に入ったのもあると思いますが……（註3）。

手塚　でも、気づいてはいたんだ。

山中　はい。そのつもりでした。それに、ギャグの描き方だって、すごかった。例えば、一番下の枠線を、鉄棒にみたてて、ピノコがくるっとまわって見せる、とか、頁の端をくるっと丸めて、そこから、裏の頁に隠れてしまうとか、あるいは『ブラック・ジャック』の第五七話だったかに出てくる、ヒョウタンツギのスープの作り方とか。

手塚　うーん、今聞いてると、とっても、惜しかったかも。

山中　そうですよ。もし、あの時、「うん、この線で行けるよ」と先生のツルの一声があったら、当時、今をときめく、石ノ森章太郎とか、藤子不二雄、横山光輝とかいった先生影響下の第一線の描き手に、並んでいたかもしれません。

手塚　すごい鼻イキだったんだ。

山中　はい。

手塚　でも、やっぱり、キミは君の道を歩んで、結局、よかったンんじゃぁないの？

山中　ええ、結局、そうしかならないんですけど……当時は、悔しかった。

（註3）『七色いんこ』の連載は一九八一〜八二年。山中少年（私）が手塚先生の元へ原稿を持ち込んだ時点ではまだ連載されていない。これは先の学位論文の事も同様で、萬亀楼での対談の時に時間軸が混乱した可能性がある。手塚プロダクションからのご指摘で気づいたが、ありがたいことだ。

手塚　僕は、医師免許は取ったけど、結局は漫画家になった。

山中　でも、先生は、本業は医者で、漫画家は副業だっておっしゃってる。で、それが、『ブラック・ジャック』などの名作に結晶化してゆく。

手塚　君は、漫画評論家としてもなんと、一流じゃあないか。

山中　ええ、先生からそう言われれば、嬉しいですけど、手塚漫画では決して引けを取らない。

手塚　じゃ、聞くけど、私の作品では、何がお好きなの？

山中　いろいろありますけど、『ブッダ』とか、『リボンの騎士』、『火の鳥』、『ブラック・ジャック』『ジャングル大帝』『どろろ』など、いっぱいあります。

手塚　うーん。

山中　でも、こうして、今日、こうやって、当時の悔しかった思いを、先生ご自身に打ち明けられて、よかったです。

手塚　こういうのも、運命だよね。

山中　ええ、そう思います。今日は本当に、ありがとうございました。

（於　西陣・萬亀楼、一九八五年三月、京都）

9

中村雄二郎*
（なかむら・ゆうじろう）
池内　紀**
（いけうち・おさむ）
×
山中康裕

エンデを楽しむ

エンデとの出会い

山中　今度『エンデ全集』が出るんですってね。楽しみだな。

僕は、エンデの作品が大好きで、ほとんど全部読んでいるはずなんですが、その面白さというのは、どの辺りにあるんでしょうか。

中村　エンデの作品を私も比較的初めから読んでいるのですが、どうしてこれほど現代的で重要な、面白い問題、普通のやり方ではとても捉えられないようなことをズバッとつかんでいるのかということが、ずっと気になっていました。

とくに私の場合、エンデの『モモ』を読んだころは、「共通感覚」ということを主題化した時期です。「共通感覚」というのはアリストテレス以来の言葉ですが、目で形を見たり、耳で音楽を聞いたりするように、時間は何で知るかというとそれは心の働きによるのだと

*哲学者。明治大学名誉教授。
**ドイツ文学者。翻訳家。エッセイスト。元、東大教授。

いうのがありました。これはすごいなあと思った。それ以来自分のキーワードと重なっているわけです。

もちろんエンデは『モモ』でそういう言葉は直には使っていませんが、時間というのは非常に捉えにくいもので、アウグスティヌス以来、聞かれなければよく分かっているけれども、聞かれると分からなくなるという、その問い自身が大変素晴らしい問いだと思うのです。

山中　私の場合もエンデに出会ったのは、やはり『モモ』が最初でした。まず「灰色の男たち」です。それと、『モモ』のたしか第二章の、人の話をジーッと聞くというあの部分ですね。私が日常やっているカウンセリングという仕事、心理療法という仕事の大部分はジッと話を聞くことなものですから、それですごく親しみがわいたんです。

心理治療の中で、私が診ていたある女性クライエントが提出してきたイメージが、実は『モモ』で書かれている灰色の男のイメージそのものだったんです。『モモ』がドイツ語で最初に書かれたのが一九七三年、日本語になったのが七六年頃だろうと思うのですが、その女性クライエントが私にそれを示したのは、それより前の六九年でした。灰色の人が自分というものを奪っていってしまうというイメージの、絵画療法で描いた絵なのですが、そのイメージはすごく鮮烈なもので、私はその人と七年半かかわりました。彼女がその世界から抜け出すのにそれだけかかったのですが、日本語訳が出てきたのは、そのケースがちょうど終わるころでした。それでおやっと思ったのです。クライエントの方々は時代の先兵だと僕はいつも言っているのですが、エンデはまさにそれを言語できちっと記載した。クライエントのほうはイメージの中で世界を先取りしていた。

そういった二つが私の心の中で一致して、エンデへの興味をかきたてられたという――。

池内　僕はヘソ曲がりのせいか、あまり本の人気が出ると逆に警戒するんです。それで最初の『モモ』辺りは敬遠していた。むしろ次の『はてしない物語』と訳されている『終わり（エンデ）のない物語』ですか、自分の名前をタイトルに詠み込んでエンデのないエンデの物語なんてつくる男は、よほど遊びの好きな人物だろうと、思いましたね。エンデには社会とか文化に関しての発言があるけれども、それらが社会的な大きな発言として取り上げられるようになり照明が当たり出したころ、こちらは逆に、エンデという人はとても遊び好きな、言葉の遊戯が好きな人で、発想のもとには言葉の遊びがあることに気づいたのです。ドイツだとバロックのころから言葉遊びから発想するという伝統があります。

『モモ』などもそうですが、「女の子が時間どろぼうとどうとかしてナントカしたお話」というような長いタイトルのつけ方なども十七世紀ころのドイツ・バロック小説のスタイルです。一見社会性をもった作品の中にあるモラルふうのものを全部取り去っていくと、とても面白い遊び人間が出てくるのではないか。そういう目で読んだんです。『モモ』にしても、どうして主人公の女の子を「モモ」という名前にしたんだろうとか……。

数字遊びを含めて、数字とか時間を遊びの中に入れ込んでしまう。永遠と一瞬とが重なったり、極大と極小が一致したりする。そういう視点から親しんできました。ですから、どちらかといえば言葉の原形に引き戻して読むというところがありましたね。

両義的な世界

中村　バロック的であるという話が出ましたが、もちろんエンデというのはドイツの作家ですが、『モモ』の場合、舞台はローマですよね。

いまおっしゃった遊びの問題もそうだが、ある種のズレをかなり意識的に生かす遊び心がある。コロンブスの卵のようなところがあって、やられたという感じです。同時代人としての感じでしょうか。

池内　たしかにエンデさんの生まれ育ったミュンヘンのあの辺りからだと、イタリアは存外近いんです。ブレンナー峠を越えて車を飛ばせば、すぐですからね。太陽の量なども、あの辺りからうんと違いますね。『モモ』の舞台はコロシアム、廃墟みたいな、時間が死んじゃったようなところが舞台ですね。

『モモ』に出てくる「灰色の男」ですが、精神病理学などのクライエントのイメージの原型――、無数の小さな男が出てきたり、宇宙の果てに行くような奇妙な時間の列車に乗せられて遠くに運ばれていくとか――ああいうイメージは病んだ頭と言われますが、病んだわけではなくて、我々の一番意識の底にあるものではないでしょうか。幼い時、ひとりぼっちにされると、ものすごくさびしくなったことがありますね。何がさみしいわけでもなく、根源的な孤独感を子どもがもつ、あの生きものの一番原型にあるような時間とか空間――そのうんと遠いところに自分が行っているのではないかというあのイメージは、別に病んだ頭ではなくて、人間の心の一番根っこにあるもののような気がするのですが。

山中　まったくそうです。

僕らがクライエントの人たちをどう見ているかが大事だと思うのです。病んでいるというのは世間的にはネガティブに言われることが多いのですが、僕らに言わせると逆で、病んでいるがゆえに暗闇の世界にも目がいく、暗いほうのものがよりよく見える。僕らは明るすぎるのです。明るすぎて、つまり意識の世界が広がりすぎているために、無意識が真っ暗でなにも見えない。ところが無意識の世界は、ほんとうに少ししかない光で逆に見えてくるので、今おっしゃった人間の不安の原点とか、一番根源的な部分にうごめいているものが見えてくる。ユングの言うシャドー、影にはポジティブ、ネガティブ、両方の意味が付与されているのですが、明らかに『モモ』に出てくる「灰色の男」というのは虚無の代名詞というか、現代合理社会の向こう側の延長上にある、きわめてネガティブなほうからくる存在として書かれていますよね。

中村　「灰色の男」というのは、私も『モモ』を読んだ時、イメージとして素晴らしいと思ったわけです。ところが、最近色彩論をやっているうちに、どうも色というのは、実は灰色がすべて原点だという見方があることが分かってきた。

ヴィトゲンシュタインも言っているんです。シュタイナーも言っていたかな、とにかく何人か、気になる人たちがみんな言っている。それでもしかすると、我々はテクニカラーとか、カラーとか言うけれども、こちらのほうがある種の幻想なのかなという気がする。

だから、灰色というのは普通の意味ではネガティブだし、自分のバイタルなボルテージが下がってくるとだんだん灰色に見えてくるということがある。しかしそれともう一つ逆の灰色がどうもありそうだということです。

池内　灰色というのは、白でもなく黒でもなく、白であり黒であり、白と黒の両者をもちながら白でもない黒でもない。要するに否定と肯定が重なり合っている、そういう色なんでしょうね。

山中　いまお話を聞きながら思ったのですが、白というのは色光でいうと緑と青と赤の三つ合わさったものですね、加算混合。まったくの黒というのは光のない状態でしょう。ところが、色光ではなくて、実際の有彩色の補色で独楽をぬり分けてまわしたら独楽の色は必ず灰色になるんです。

池内　夜明けとか夕方とか、ちょうど光と闇とが入れ替わる時間帯というのがありますね。それは普通灰色の時間、薄明かりですね。日本だと「夜明け」と「夕方」は別の時間ですね。ドイツ語だと「デンメルン」で同じなんです。だから、全体のコンテキストを読まないと、それが朝なのか夕方なのか判断がつかない。ちょうど光が闇に入れ替わる時間なのか、闇が光に入れ替わる時間なのか。

中村　一種の魔の時ですね。

池内　だから、仕掛けという意味では、エンデは微妙な時間なり光の量なりの時間帯を上手に使いますね。

山中　まさにそれは入口でもあり、出口でもあるというところですね。精神医学で、「デンメル・ツーシュタント」、日本語訳で「朦朧状態」という言葉がそれです。要するに意識がだんだんと暗くなっていき、言ってみれば向こうの世界——「無意識の世界」という人もあれば、「精神病の世界」という人もありますが——に入りかけたところを言うんです。まさに今の夜明けから朝、夕方から夜にかけてに相当する……。

池内　それは、眠りなどにも共通していますね。意識から眠りに入るそのちょうど境目、逆に眠りから意識に覚める時間、ちょうどその分かれ目です。その辺りの小説における使い方ですね。

中村　……ということは裏返して言えば、まさにデンメルというものは人間にとってとても重要なんですね。ところが、近代文明というのはだいたいデンメルを追っ払っちゃうでしょう。

山中　そうですね。全部明るくしてしまう。

中村　そのデンメルの方が逆に、我々にとっては懐かしいという面もあるだろうし、不気味だという面もあるということで訴えかけてくるものがあるのだと思いますね。

山中　そこら辺りをエンデがうまく使っているわけですね。

天性の詩人

池内　エンデは、ドイツ語の音感――これは翻訳のしようがないから、おしいことにだいたい翻訳では消えてしまうのですが――がタイトルを含めて実にうまいんですね。

中村　表題とか、言葉の使い方がそうですね。

池内　ええ、同じような音を使って、一方は無意味なだけの名詞で、もう一方は明らかに意味をもった名詞として、対比させながら、しかもそれがずうっと入れ子になっている。あれはあの人の小説づくりの基本にある、本能的な音から連想する方法があるんでしょうね。

山中　そこら辺りが宮沢賢治とよく似ていますね。宮沢賢治のオノマトペーというか、擬音の表記の仕方がすごく似ている。二人とも天性の詩人だと思うんです。根源的に音がどこから出てくるかをそうとう見つめることができた人たちだと思う。

中村　なるほど、それは面白い。

池内　理論的にはヴィトゲンシュタインが時間について述べていたことと一致するような、エンデが小説のあちこちに盛り込んだ時間というものの使い方は、これまでの児童文学にはまるでなかった要素だと思いますね。

中村　時間というのでどうしても我々は文字盤の上の時間を考えたり、はかれる時間を考えてしまうけれども、灰色の人を出すことによって、そういう時間に対してぜんぜん違う原理を出したわけでしょう。その時間が、人の言葉を聞くということとすごく深くかかわっている。

山中　今言われたはかれる時間というのは、クロノスと言われているものですね。

もう一つはかれない時間の一つにカイロスと言われるものを考えるのです。そういうはかれる時間とはかれない時間の交錯したところに我々の臨床があるといってもいいぐらい、クライエントの人たちはそういう二つの種類の時間をきわめて鮮明に出してくるんです。両方とも実は大事で、どっちも無視してはいけないはずのものなんです。おっしゃるように、あまり文化が発展したせいかクロノスが前面に出すぎちゃって、いままでカイロスと言われていた部分があまりに無視されていた。エンデはその問題も指摘してるんじゃないでしょうか。

池内　はかれる、はかれない、という意味では、はかれる時間の延長線でいくと、命もはかれて、時間が尽きるとき命がなくなる。だからそんな時間を小説の中に取り込んでくるということは、命が刻々と減っていくような、ある種の気味悪さ――気味悪いという言い方が適当かどうか分かりませんが――怖さがエンデの小説にはあるんですね。

山中　だって、名前がエンデなんだから。最初から終末が予測されているんですよ（笑）。

池内　絶えず時間帯の中での死の意識みたいなものは、エンデのお父さんのエドガーの絵からもうかがえますね。どちらかといえば命よりも死を感じさせるような、まったく音が途絶えてしまった風景とか、およそ人の気配のない世界とか。それと似たものがエンデの小説にも非常に強い要素としてありますね。それは時間の問題をどう意識しているかを知る手掛りではないでしょうか。

中村　どちらか一方になってしまってはだめでしょ

う。エンデには暗さがあるけど、まったく救いのない暗さではない。そこのところがイタリアとのつながりというか、彼の中でのある種の解放感がどこかにありますね。

池内　死があるとしても、死は次の再生のための死のような、そういう使い方ですね。シュタイナーの考えていたある種の命とか死の問題と、エンデのその問題とは論じられるところなんでしょうね。

中村　シュタイナー的なものの中からエンデが一つの源泉を掘り起こしているという点はたしかにあるでしょう。けれども、狭い意味でのシュタイナーの理論でエンデを解釈してもしようがない。

池内　たしか『モモ』についてもシュタイナー学からすべてを解釈するような読解があって、そういった本も出ています。読み方だからどう読んでも構わないといえば構わないのですが、おそらくエンデの意図したところからは非常に遠い解釈のような気がします。

エンデという人の生い立ちの中には、生と死とさらに生がまた転生するような感覚がありますね。それはエンデの小説のあちこちに出てくる要素で、シュタイナーとはかかわりなしに面白い問題だと思うんです。

山中　実際、何度かエンデ自身は死のうとしているんですよ。ギムナジウムかなんかの試験で落ちて、死のうと思ったことがあったり……。彼はドイツに住んでいてすごく暗くなって、どうしようもなくなる。ものすごい灰色の生活になって、もうだめだと思って北イタリアへ移るんです。そこで救われて、その時の体験が『モモ』に結集されていくんですね。おっしゃるように彼自身の実際体験の結晶化という意味もある。

池内　そうですね。

中村　ドイツとイタリアというか、あるいは北と南というのは、ゲーテ以来の伝統ですね。ドイツ人にとってイタリアは光の国……。

山中　マンの『ベニスに死す』だってそうですよ。あそこで死にたいのですよ（笑）。

池内　あれも主人公はミュンヘンからベニスに行くんですよ。

シュピール・ウント・シュピーゲル

中村　ところで、『モモ』もさることながら、私は『ジム・ボタン』というのがとても好きです。すごく面白いですね。

池内　ある意味では一番の代表作ですね。

中村　あれは書かれた時期が面白いですね。一九六〇年でしょう。六〇年というのはすごい年なんです。例えばアリエスの『〈子ども〉の誕生』が六〇年。六一年がフーコーの『狂気の歴史』、六二年がレヴィ＝ストロースの『野性の思考』です。

この時期は二〇世紀後半の一つの大きな切れ目なんですね。その後いろいろ世界は変わっているけれども、私の観点からすると、精神史、思想、哲学的に言えば、六〇年というのはとても大きな切れ目で、そこで一気にいま言ったような人たちの仕事が出ている。そのことをエンデ抜きにして私は考えていたわけですが、そこにエンデを入れてみると、もっと面白くなる。

山中　面白いですね。『ジム・ボタン』というのは二年くらいあちこちの出版社を回って、一一軒目にやっとこさ日の目をみたと聞いているけれども。

中村　面白いのは、あの時期の他の人たちの本もみんなそうなんですね。むしろあとになって大問題になった。アリエスもそうだし、フーコーもみんなそう。みんな売れなくて困っていた。

山中　時代を先に読んでいたから、理解されなかった部分があったと思うのです。その『ジム・ボタン』を書く動機が面白い。初め友人が絵本を描くから、それに話をつけないかという話がエンデにあって、それで書き出したらすごい分量になっちゃったという……。それで最初に書いた本だというのに、二冊に分けて出版したんですね。大した度胸(笑)。あの本がもし売れなかったら、彼は作家にならなかったんですよ。あそこで彼の才能が認められて急激に頭角を現してきた。今お話があったように、時代を先取りする四人が六〇年代初めにまさに同時に出てくるわけですね。

私の領域でいうと、その時代は日本で登校拒否が前面にワーッと出てくるころなんです。登校拒否というのは時代を先取りした現象で、実はこのままの生き方で学校へ行っていたら自分がだめになってしまうと感づいて閉じこもってしまうことの現れと見ています。みんなからはネガティブな目で見られるけれど、実は彼らは今おっしゃった意味で時代の先取りをしているんです。このままの時代の進行状況と同じ歩み方でいったらおそらくだめになっちゃうぞ、とこの感覚の生徒や学生が、フーコーやレヴィ＝ストロースやエンデと同じ時代に出ている。

中村　何度もエンデ自身が死のうと思ったということからも分かるように、時代の共通の痛みみたいなものを敏感に感じたのでしょうね。

山中　そう思いますね。それともう一つ『ジム・ボタン』が書かれたころはリアリズムというか、現実のことをしっかり書くことが前面に出ていた時代じゃないですか。

池内　児童文学の世界ではね。

山中　ところが、それをファンタジーにもう一ぺん回帰させるということだったと僕は思っているんですが……。

池内　そうだと思います。あのころは社会とか人間とかを見つめ直すため啓蒙的な意味の強い児童文学が非常に盛んだった。社会問題を取り上げたり、今で言えば公害に当たるものとか、戦争中の記憶とか、そういうものをテーマに取り上げたお話が人気があった。ファンタジーだけで書き続けたエンデがたくさんの出版社から断られたというのもそういう時代だったからでしょうね。

中村　ファンタジーといえばファンタジーだけれども、私の印象では、あれはむちゃくちゃですよね。荒唐無稽（笑）。

池内　そうそう、思いつきだらけのデタラメ（笑）。行き当たりばったり。ただ、あれが話としては一番痛快で、爽快で幸せな話という感じがしますね。

中村　物語の面白さというのは、整っているのもいいけれども、めちゃくちゃなのがいい（笑）。

山中　それはそうですよ。だって、日常のなかがあまりに閉塞状況にあり過ぎるわけでしょう。だから痛快にいろいろ開いてくれるところへね。

池内　『魔法のカクテル』も僕には面白かったですね。五時に始まってたしか一二時に終わるという話でしたね。一二時というのは時間がゼロに変わっちゃう時間ですね。

こういうゼロにしてしまう時間の使い方なんか、エンデが非常に好んだのが鏡のモチーフですね。考えてみれば、鏡と鏡——これは無限にいけば無限に増殖していきますね。どれも虚像であって、実物はたった一つで、「無限」と「一」がちょうど一致するという発想ですね。

中村　これは広く言えばバロックの伝統の中に入っているのでしょう。

池内　バロックは鏡が好きだった時代ですね。今でも鏡の間なんていうのが古いバロック時代の宮殿に行ったりするとありますね。いったい全体、あんなものをなぜ好んだのか……（笑）。

ところでエンデの芝居というのは、例の遺産相続のややこしい話がありますね。あれを一度ミュンヘンで見たことがあるんです。大劇場ではなくて、小さなところでした。

山中　どうでした？

池内　舞台装置もなにもなく、どの程度まで原作に忠実にやったのか知らないけど、奇妙な文字をバラバラにした紙をどう合わせるかという、鏡をこわしてまた合わせるみたいな作業ですよね。あれは舞台のほうが分かりやすい。活字で読むとややこしくて、なにがなんだか分かりませんよね。

山中　たしかにややこしかった。彼自身もあとがきで書いているでしょう。今は自分はブレヒトを否定しているけれども、当時あの作品はブレヒトの路線で書いたものだ、と。時代的な意味もあるから書き直さずにおいておくけれども、読んだだけでは分かりにくいとも書いていますよ。

中村　さっきおっしゃった「遊び」は「芝居」につながる。同じシュピールという言葉だし。今ブレヒトの話が出たけれども、ドイツで芝居を書く時には絶対ブレヒトを意識せざるを得ないです。逆に言えば反対なものは非常に生産的なんです。だから、ブレヒトがどうだったからと、それに追随するのではないというところが、面白いですね。ブレヒトだってほんとうにある意味ではシュピールですよね。

池内　まったくそうだと思いますね。

中村　単に啓蒙家とか、社会主義だけじゃないと思います。

池内　自由に原作から演出していったほうが生きてきてますね。エンデの基本には一言でいえばシュピールがつきますね。それは遊びであり、演じることであり、かつそれ自体が形をもっている。

山中　シュピール（遊び）・ウント・シュピーゲル（鏡）(笑)、まさに言葉遊びという感じなんですけれども。

中村　それで答えが出ちゃった（笑）。

山中　私が『サーカス物語』で好きなところは、一番カギを握っている女の子が知恵遅れでしょう、それが物語の世界ではお姫さまになっていく、あの知恵遅れの女の子に焦点を置いたところなんです。職業がら、と言うべきか(笑)。あの時代まったく無価値だとされていた知恵遅れと言われる人がむしろ実は一番の宝を握っているというあの反転のやり方、これも鏡の発想じゃないか、と気がついて……。

池内　『モモ』なんかも決してそういう書き方ではないけど、そう言えばそうですね。いわば共同体からちょっとはみ出さざるを得ないような人が主人公に……。

中村　それと、良い機会だから伺いたいのですが、エンデの作品は世界各国でどう評価されているんでしょうか。日本人は『モモ』から良いメッセージを受け取っていますよね。

池内　ドイツ以外では日本で非常によく読まれていますね。一つは訳の素晴らしさ……。それともう一つはエンデの作品の中にあるモラルのようなものが、日本人の好みに合っているんでしょうね。

中村　その点はアングロサクソン的でないかもしれませんね。加えて感受性の点でも日本人には好まれるのでしょうね。

ことば遊びの妙

中村　私が気になっているのは、『オリーブの森で語りあう』のような啓蒙的、ある種の社会的発言がどういうふうにエンデの文学の中で位置づけられているかなんです。エコロジーとかなんかにわりあいまっとうな発言をしている。緑の党とかかわったり。それはそれでいいんですが、エンデがそれを言わなければならないのかどうか。

池内　僕なんかちょっと人が悪いから、それも一つの彼のシュピール（遊び）だったのじゃないかという気がしている。

中村　シュピールになっているのかなっていないかがよく分からない。井上ひさしさんなどもそのことをかなり買っているところをみると、かなり仕掛けになっているのだろうとは思う。ただ、井上さんのほうが仕掛けが巧妙なのでは……。

池内　エンデ流の一種の役割を演じたという、そういう部分じゃないかな……。

中村　それはあるでしょうね。あそこまで多くの読者をもつようになれば、これは責任を負わざるを得ないと思うんです。

池内　そう、それは大きかったでしょうね。ある時代以後はそんな社会的発言はほとんどなくなってます。ちょっとドイツを離れるような生き方もしていますしね。

中村　今広い意味のドイツの文学の中で、エンデのような人が出てくる背景というのはあるのですか。今のドイツの文学の中で特殊なのか、一つの流れの中で出てきた人なのか。

池内　僕は特殊とはぜんぜん思わない。戦後文学のある時期からむしろ本流になった流れだと思います。非常に言葉遊びの強い小説、それは子どもであれ大人であれ、文学に詳しい人であれ、まったくの素人であれ楽しめる。かつてのドイツ文学がもっていた重い教養主義的なものへのアンチテーゼとして、ドイツの作家たちが一番目指したものだと思います。エンデは戦後、とくに六〇年代以降に始まった――ドイツに限らないでしょうが――文学のその流れの中の一人だと思っています。

『Lirum Larum Willi Warum』というタイトルのエン

デのバラードがあります。ヴィリという少年が、どうしておじいさんのひげは白いの、おじいさん、どうしてしわが多いの。ヴァルーム（なぜ）、ヴァルーム、ヴァルームと、そこから詩の形をつくった物語詩なんです。こういうものはエンデが一番楽しそうに書いていますね。「リルム・ラルム・ヴィリ・ヴァルーム」と音をずっと変化させていって物語になっていく。

山中　赤ちゃんがだんだん言葉を覚えていく過程で、言葉遊びをしますよね、「ブブブブ、ババババ、ダルダル」とかね。その中で意味をもったものを言ったとたんにお母さんがそれを拾う。

池内　音というのはたしかに遊びで、どううつるか分からないようだけれども、わりかしご当人の法則があるんですね。谷川俊太郎さんだったか、まったくでたらめな言葉遊びではなくて、ある法則を自分でつくりながら、まず音をこわしてまたつくっていく、こわしてつくって、こわしてつくって、それをずうっと続けることによってある物語ができあがっていくというんです。こういう自動筆記に近い音のオートマティズムを物語に結びつけたところがエンデのすごいところでしょうね。

中村　物語ということがいろいろな領域で今言われています。それはそれでいいんですが、物語というのはまとまりのあるお話だけになるとつまらない。音を入れない物語論というのはまずいのではないかと思っています。谷川さんなどはそれをとても意識的にお使いになっていると思うけれども、そういうものを使うようにならないと学問もだめですね（笑）。

デカルトが哲学を始める際に、いわゆる形而上学の前に音楽論を書いているんです。おしまいのほうに情念論。情念論と音楽論はまさに一致する。リズムとか、音というものが人間の情念をいかに喚起するかということをみごとに書いてます。

なぜそんなことを言ったかというと、リズムとか音とかいうものにすぐれた思想家はみんな感じているのではないかと思ったからです。音というものなしにコミュニケーションというのはあり得ない。人間の心のなかにバンと入ってくるのは、音の特性を生かしたものなわけで、ドイツ語と日本語とではいろいろ違いがあるけれども、工夫すればその音楽的美しさとでもいうものを生かしつつかなりいい訳ができますね。

池内　意味以上に音のもつ生理感というのは非常に人に訴えかけますよね。ですから、エンデは黙読ではなくて音読のほうが本来面白い人だと思います。

中村　もともと読むというのには黙読というのはあり得ない。偉そうなことは言えませんが、あらゆる文章は音読すべきだというのが私の意見です。

山中　絶対そうだと思います。彼も成功してからは、あちこち呼ばれているようですが、そんな時にも自分で朗読するというのがすごく好きだったみたいですね。

池内　そうですね。もともと役者志望だったと言いますからね。音読はうまいと思います。ＣＤなんかに、なにか入っていませんか、「エンデが読むエンデ」なんてね。

山中　これだけ韻が踏めるというのは驚きですね。ファンタージェンに入っていくときにずっと韻でやりとりするでしょう。あれなどそうとう彼は生理的なものの原点をきちっと押さえることができた人で、それが彼の文学の基礎に必ずありますね。

ところで、お二方はエンデさんにお会いになりましたか。私は残念ながら、お会いしたことはありません。こんなに作品を愛しているのに……（笑）。

池内　僕はありません。活字でだけです。

中村　お父さんのエドガーさんの絵の展覧会がありましたね。あの時にミヒャエル・エンデさんも来られて、お会いしました。私の印象では、外見は柔和ですが、内側はずいぶん悩みなども抱えている感じでした。そして日本で自分の作品がよく理解されているのをよろこんでいました。

お会いした時のことです。さっき出た、ミュンヘンからローマへ行く、という話を聞きました。私もたしかパリ五月革命のころだったか、ブレンナー峠の辺りをうろうろした経験があったものですから、いきおいそんな話になったんだろうけれども、彼は面白いことを言ってました。彼によるとドイツとイタリアというのは、二つの異なった国ではなくて、連続したものだ、しかも非常に違う。

山中　なにか矛盾しているようですが……。

中村　ええ、それをエンデは「切り替える」という表現をしていましたね。飛行機で飛んでいる自分がどこかでブレンナー峠の辺りかな——変わる。それを自分で自分を切り替えるという話をしていました。これは面白かった。

山中　自分を切り替える？

中村　そうそう。言われてみればその通りですが、我々日本人ではそんな器用なことできないでしょう。

池内　ここまでがエンデ、ここから始まりと。

山中　名前の通りなんですよ。だからエンデじゃない話というのがどうしても彼にとっては必要だったんですね。

池内　これほど名と体が一致した人はめずらしいですね。

10

今江祥智＊
（いまえ・よしとも）

×

山中康裕

“河合さんと子どもの本”の話をしよう

たましいの声

山中　それにしても悲しくて残念でならんです。私にとっては大恩師、今江さんにとっては大親友の河合隼雄先生が亡くなってしまわれた。

今江　いえいえ、僕にとっても先生で……。ほんまに惜しい人を亡くしました。

山中　私は京大で河合先生と一二年ご一緒に仕事して、その前後も含めると四〇年。本当に、何を語っていいか分からないくらい、いろんなことがありました。河合先生と今江さんは、「飛ぶ教室」を作って、長く続けてこられた。今日は河合先生と子どもの本がテーマですから、その辺りの事からお伺いしたいと思います。

今江　河合さんが岩波書店の「図書」に『ゲド戦記』について書かれたのを読んで、上野瞭さんと話したのがきっかけです。「偉いおっさんやな、いっぺん会おか」言うて。

＊児童文学作家。

山中　そうですか、『ゲド戦記』でしたか。
今江　子どもの本の雑誌になんか載らないと思いはったんですかね、河合さんは。
山中　僕も『ゲド戦記』から入ってるんです。『少年期の心』（一九七八年）という本に『ゲド戦記』と『モモ』を引用した。河合先生が僕を拾って下さったのは、『ゲド』を読んでたからと思ってます。
　それで、手紙を書かれたんですか。
今江　『叢書児童文学』という全五巻の企画があったので、原稿依頼の手紙を出しました。そしたら、一回会いましょうという返事が来て。
山中　それはいつですか。
今江　一九七九年。「図書」に書かれたのが一九七八年でしたから。ところが、待ち合わせの京都ホテルの喫茶店に三〇分経っても来はらへん。上野と二人で、「けったいなおっさんやな」「行く言うてはったのにな」言うて待っとった。
山中　「けったいなおっさん」いうのはいつもです（笑）。
今江　上野が「おまえ、顔知ってるのか」と聞くから、「知らん、知らん」「ほな、会いようないやんか」言うた時に、後ろの席の人がのっと立ち上がって「河合です。壁に耳あり、背中に目あり」（笑）。
山中　それが河合先生の出方ですわ（笑）。
今江　びっくりしました。でも、その後は一気に意気投合。
山中　そうでしょう。
今江　それまで河合さんは子どもの本について話すのを遠慮してはったでしょう。日本ではよその領域のことを言うと評判が悪いから言うて。だから、あの時はしゃべりにしゃべりました。それで、『叢書児童文学』になんでも自由に書いて下さいとお願いしたら、今度は『不思議の国のアリス』やった。時計に注目して書いてきはった。びっくりしましたね、こういう切り口があるのかと。
山中　新しかったわけですね。
今江　というのも、一九七〇年代の子どもの本の批評は、パターン化して弱かったんです。イデオロギーで批評する思想派と呼ばれる人たちと、石井桃子さん、松居直さんらが書いた「子どもの文学」の考え方、つまり、子どもの本は子どもが中心であるというもの。僕の『山のむこうは青い海だった』は、十年無視されましたもん（笑）。そういう時代やったから、本当に文学が分かる人、人間が分かる人に子どもの本の世界に入って欲しかった。

山中　それが河合先生やったんですか。

今江　河合さんの書かれたものを読んだとき、僕が一番欲しいのはこれやと思って。自分の声、人間の声、河合さんに言わすと……

山中　たましいの声。

今江　そう、たましいの声。自分が本当に心を打たれた、腹が立ったものを正直に書く。それが河合さんやった。自分の納得できるものが児童文学であれ、絵本であれ、漫画であれ、自分の物差しできちっと批評する。河合さんは心理学を武器にして出てきはったから、強い感じがしましたね。

山中　非常に新鮮で、しかも切り口が鋭かった。

今江　ほんま嫉妬しましたよ。文学という物差しはあいまいですから。それからは、機会があるごとに書いてもらったり、講演をお願いしたりしてね。河合さんは「僕が行ってもよろしか」てな調子なんだけど、実は来られると困るわけ（笑）。

山中　話が面白すぎるからね（笑）。

今江　最初に聞いたとき、唖然としましたもん。「なに、このおっさん、最初から最後まで面白いやん」（笑）。

山中　だけど、ただ笑わせてるだけじゃない。

今江　きちっと押さえてはんのですわ。

山中　みんなが笑ってふうっとなった後の、河合先生の顔の厳しさ。

今江　河合さんの目ぇ見たら、怖い。

山中　三白眼ですからね。白目がほとんどで、黒目はほんの少し。接線が引けるくらい。上のほうにちょっとあるだけ。

今江　みんな一瞬戸惑って、その次に大爆笑でしょ。ものすごい破壊力。僕は何回講演をお願いしたか分からんですけど、河合さんは一回も同じ本についてしゃべったことがないし。

山中　それが河合先生のすごい所ですよ。同じ話はしない。彼にとったら一つの自負やったと思います。自分で臨床をやってはるでしょう。日々刻々違うわけです。昨日通じた手を、今日別のクライエントに使っても通じない。いつも新しい方法論、新しい切り口、新しい言葉で聞かなかったら、全然だめですからね。

今江　ちょっと考えられへんですね。河合さんはすごいと思いました。

山中　そうやって、河合先生が子どもの本の世界に入るきっかけを今江さんたちが作られてきたわけですね。

今江　河合さんにとってみたら、相手は誰でもよかったんちゃいますか。ぽんと背中を押されたら、後は飛ぶ人ですからね。

山中　そりゃ「飛ぶ教室」ですから（笑）。

「飛ぶ教室」のはじまり

山中　「飛ぶ教室」発刊は、一九八一年でしたね。

今江　はい。これまでの子どもの本の批評になかった目で書いたり話したりするのは大事やけど、それを発表する場がなかったらあかん。それなら作りまひょかということで……。

山中　で、始まったのが「飛ぶ教室」。

今江　いや、まだまだ……。その下準備として、河合さんに光村図書の国語教科書の編集委員になってもらうんです。それから、当時の社長に「子どもの本の作家だけでなしに、大人の本の作家も自由に行き来できる場を作りたい」と言いました。「そんなものできますか」とおっしゃるから、できますよ、とプランを作り始めた。編集委員は、河合さんと阪田寛夫さん、尾崎秀樹さん、栗原一登さん、石森延男さん、それに僕。

山中　もう怖いものなし（笑）。

今江　それで、時間はかかりましたけども出発することになった。河合さんは非常に力を貸してくれはりました。雑誌の事になると本当に一所懸命で、自分も率先して書いてくれはったし、困った事があったらなんでも手伝う、相談に乗ってくれるとおっしゃる。すごい気持ちが楽でしたね。

山中　そこが河合先生のいい所なんですよ。名前だけ貸して、何もせえへんという人もいるじゃないですか、中には。でも、彼はまず自分が書きますから。

今江　一冊ずつ子どもの本について書くとか、書く本がなくなって読む間は対談するとかして、河合さんには大きな時間をとっていただきました。僕も、長篇連載を書きなさいと言われて書かせてもらった。河合さんも僕も、「飛ぶ教室」の一五年がなかったらあんなに書かなかったかもしれませんね。

山中　「飛ぶ教室」には僕もすぐ後で加えていただく事になりましたけど、書く場としてすごくよかったですね。

選びは的確、読みは正確

今江　僕はこの三日ほど、河合さんが子どもの本について書いた本をまた読み直したんです。何気なしにそこにある本を読んで書いてはるように見えるけど、とんでもない。選びは的確、読みは正確、丁寧。

山中　頭の中できちっと整理されて選んでおられる。どれを先に置くか、後に回すかという事は、頭の中でぱっぱっとできる人ですからね。

今江　並べて読み返してみると、それがよう分かります。

山中　我々の学問の世界でもそうです。この時はこれを言わない、この時はあれを前面に出す。機を見るに敏、かつ正確というのか。

今江　河合さんも最初は、「今江さん、次は何を読んだらよろしいですか」と言うてはった。それで箱いっぱいに送る。それでも次、次とくるから、こんな人、付き合いきれんわと思うてね（笑）。「先生、一冊面白いのお勧めするのにこっちは何十冊読むと思てますねん」と言うたら、「分かってます」。それは河合さんやから言えたことやけど。

山中　それをものすごい速さで読んで、その中からピックアップするのがまた的確。取り上げたのはどのくらいでした。

今江　五〇分の一くらいでしょうね。きちっと読んで、もういっぺん語る感じで書きはった。決していらんことは書かないですね。

山中　ウソツキクラブの会長というのは、フロックでね。

今江　あれがあるからよろしいねん。なかったら、真面目な話はできへんかった。

山中　そうやってバランスをとっておられたんだけど、僕、おこがましいけど河合先生には申し上げた。「文化庁長官なんてやめて下さいよ」って。

今江　途中から顔が変ってきましたからね。つらそうやった。

山中　先生は文化庁長官に居座られたわけじゃない。なぜとどまられたのかといったら、我々臨床心理士の国家資格化をしたいという悲願があられたからです。それなのに、いろんなことが重なってむちゃくちゃの心労で……。

今江　河合さんが最後までやってはった仕事の一つに、「ちゅうでん児童文学賞」の選考委員もあったんやけど、そういう時はいきいきしてはった。

山中　絶対そうでしょう。そういう仕事をもっと持ち込めればよかったんやけど……。

真剣勝負やった

今江　河合さんは、子どもの本を随分時間をかけて読んでくれはったと思います。僕が一番ショックを受けたのは『ねずみ女房』論。

山中　ゴッデンの。

今江　もとの話が面白いから、どんなに下手に書いてもしゃべっても面白い。ところが、河合さんのを聞いたら切り口が全く違うんですね。えっ、こういう読み方もあるんか。生身の人間を相手にしてはる人はやっぱりちゃうなと思いました。これは『子どもの本を読む』にも入ってます。『ねずみ女房』論で、僕は降参しました。

山中　だけど、一回や二回の降参で済む人はええやん。私なんか何回降参したか（笑）。

今江　ほんまやね（笑）。

僕の作品はひいきで取り上げてくれはったんやけ

ど、『ぼんぼん』四部作について書いてくれはった。

山中　自分の中で絶対に変わらないものが変わった、という所からばしっと入ってましたね。

今江　河合さんが倒れられるちょっと前にお会いした時に、「今江さん、星座ちゅうのは初めから決まってますねん。今江さんがだれに出会うかちゅうことは、最初からもう決まっててんねん」とおっしゃる。それで読み直すと、そんなふうに書いてある。こっちが読み落としとしてるだけで。

山中　読み落としとしてるんじゃなくて、真実が書かれてるからですよ。僕らにとって、星座（コンステレーション＝布置）というのは、ものすごく大事なキータームなんです。

今江　自分ではそんなに意図的でなく、はじめての長篇の最初に星座を持ってきた。天文学者になりたいほど星が好きやったというだけで。

山中　それが真実なんですよ。一〇歳の主人公「洋」の世界とのかかわりの深さ。今江さんは無意識に置いたと言うけど、河合先生はそこを読み解くのにまず星座を持ってきはった。すごいですよ。

今江　第四部の『牧歌』で、洋は女の子に振り回されるでしょう。それを河合さんは「洋が迷うのも当たり前である。名前の中に羊がおる」と書いてはる。まいったな、思うたですね。もちろんジョークで言うてはるんやけど、真実やもん。

山中　先生の言うジョークはほとんど真実。あの人の読みはめちゃ怖いわ。

今江　前に、河合さんと親しい人と飲んだ時に聞いた話なんですけど、先生方が集まって発表会をする時、河合さんが聞き手に回るとすごい嫌なんだって。話が面白くなくなると、靴を片方脱ぐ。もう片方も脱ぐと、発表する方は声が出なくなる。その次に靴下を脱いで……。

山中　ぱたぱたやるのね。それが臭い（笑）。

今江　両方脱いだら大抵黙っちゃう。退屈とは言えへんけど、「もうやめや」言うてはる。そういった信号を、河合さんは子どもの本にも出してはったと思うんです。それなのに、河合さんが書いたものをみんなちゃんと読んでんねんやろかと思う時があって。

山中　そこまで読みきれてないんじゃないですか。

今江　アウトサイダーが勝手にしゃべって勝手に書いているくらいにしか思うてへんのやろか。

山中　でも、私の立場から読むと、河合先生のお仕事の中で、子どもの本と接せられた部分というのは一番彼らしさが出た部分だと思います。心理学や精神医学、宗教の分野でもいろいろ書いてらっしゃるけど、遠慮してはるのが分かる。心理学では、全部言ってしまうと元も子もなくなるという事もありますから。だけど、子どもの本に関してだけは、真剣勝負やった。

今江　今日はそれを聞きたかったんです。みんな、そんなふうには読んでくれへんから。

山中　でも真剣勝負やったのは間違いないですよ。私は心理学と子どもの本の狭間に生きてきた人間だから、よくぞここまで切り結んだというのが分かる。河合先生が今江さんや上野さんと出会って子どもの本の世界に入ってこられたというのは、子どもの本にとっても私はよかったと思います。

今江　僕も、すごいプラスやったと思います。

心理学↑↓子どもの本

今江　逆に、河合さんが子どもの本をこれだけ読み込まれたことで、臨床心理学や精神医学の世界でプラスになったことはありますか。

山中　もちろんあります。僕らは生身の人間に当たらなきゃいけない。なまくらだと殺されるか、向こうが死ぬかのどっちかですよ。河合先生は、まず子どもの本を読みなさいとおっしゃるんです。ところが普通は、なんで今さら子どもの本なんか読まなあかんですかって事になる。でも読み始めるとのめり込む人が出てくるんです。

今江　出てきますやろね。

山中　特に、河合先生が読めとおっしゃる本なんて全然嘘がないでしょう。ケストナーにしたって、人間の真実を書いている。人間の心の真実に触れたいんなら、おそらくどの心理学や哲学の本よりもいいとよくおっしゃっていた。心理学の世界でどういうことを言おうとしているかを端的に語っていて、本当にどの教科書よりもよかったですよ。

今江　そこでのめり込んだ人たちが、本気で子どもの本を読み続けたり創作したりする事はないんでしょうか。

山中　梨木香歩さんがいるし、これからも出てくると思いますよ。

今江　アウトサイダーである河合さんが、あれほど子どもの本に興味を持って、深く読んで、しかも子どもの本の世界に大事に返してくれはった。僕らはまだお返しできてないですね。

山中　返していかなければいけませんね。まずは、先生が残してくれはったものをきちっと読み解く。そこから開ける部分が出てくるだろうと思います。

今江　余りにもすごい勢いで、たくさん、正確に書きはったから、みんな混乱してるんでしょ。あの人のスピードに追いついて、河合さんが論じたのと同じくらい深く読むのは大変ですわ。僕は、河合さんを継いでくれる読み手は山中さんやと思うてますけど。

山中　何をおっしゃいます。今日は河合先生の話をしてるんですよ（笑）。

今江　同じ畑から出てきて、同じくらい読めて、同じくらい書ける人やから。河合さんの児童文学論について、時間をかけてでも書いて欲しいですね。

山中　もし可能であれば、そういうことにもエネルギーを割いてみたいですね。

今江　それが今日の結びという事で。ありがとうございました。

（於　京都ロイヤルホテル＆スパ、二〇〇八年一一月一二日）

11

中村雄二郎
（なかむら・ゆうじろう）
矢川澄子*
（やがわ・すみこ）
×
山中康裕

子どもたちが見えない

最近気になっている事

中村　今日は「子どもたちが見えない」というテーマで話をするわけですが、子どもとか教育という問題はいろいろなレベルで今話題にされていて、ごく当たり前には学校制度とか、今までの日本の教育の原理とかが問われています。

しかし私は、子どもとか教育とかについては、そういう問題が初めからあるのではなくて、それらは今の社会や人間の問題を考えていけば、必然的に突き当たらざるを得ない問題じゃないかと思うんです。

ですから、特別に「子ども」とか「教育」が問題になるのじゃなくて、我々が生きていく上で、いやおうなしに気づかなければならない問題と、それらはどこかで結びついている。

それで、今日はいろいろな問題に飛んでもいい、自由にお話ししていただきたいと思いますが、まず、広い意味でこのテーマとかかわりがありそうなことで最

*作家。詩人。翻訳家。二〇〇二年没。

近気になっている事を、お二人にお話ししていただき、私もそれを披露した上で、ディスカッションに入ったらどうでしょうか。矢川さん、初めにお話しいただけませんか。

矢川　私は、実際の生活の場で直接子どもに触れる事があまりないし、自身親にもなっていないのですけれど、なぜそうなったかという事をも含めて、自分をネタにして子どもの心や少女の問題などを少しずつ考えてきたわけです。でも差し当たっては、ちょうど昨日『ミツバチのささやき』というヴィクトル・エリセの映画を見たばかりなので、子どもというとついあの子の顔が浮かんできてしまいます。

あれは私の大好きなメアリ・シェリイの小説『フランケンシュタイン』の、昔ボリス・カーロフのやった映画がスペインの田舎町にたまたま来て、それを見た少女が自分もほんとに同じ怪物に出会ってしまうという、その心理的過程を描いたものです。あれだけ静かな映画で、子どもの恐怖というか、子どもがだんだんそういう方向に引っ張られていく過程がとてもよく辿られているので、ちょっと驚いているわけです。

中村　詳しいことは後でお話いただくとして、今矢川さんがおっしゃった事で忘れないうちに言っておきたいのは、現代では人間がいろいろな形で問われているわけですね。例えばレヴィ＝ストロースの『野生の思考』とか、フーコーの『狂気の歴史』とか、アリエスの『〈子ども〉の誕生』とかで、それぞれ「未開人」、狂人、子どもが問題にされている。あと残るのは女性ですね。ところが、考えてみると、子どもだけはみんな体験しているわけです。だから子どもについてはみんなが問題を抱えている。子どもの問題にはそういう特色があるだろうと思うのですね。

ところで、今のお話のフランケンシュタインの映画というのはいつごろでしたっけ？　一九四〇年代でしたね。

矢川　ボリス・カーロフの無声映画のほうはいつごろだったのでしょうか。今度の映画自体はフランコ支配下の四〇年代スペインの片田舎が舞台で、制作は十年ほど前、七〇年代の作品です。

中村　『フランケンシュタイン』は現代でも怪奇映画として通っているわけで、そういうものと子どもの関係は、これから出てくる話にもいろいろかかわってきそうですね。

それはそれで一応予告篇として出しておいていただいて、山中さん、いかがでしょうか。

山中　まず予告として出すとすれば、私は精神科医であり、心理臨床家として子どもたちと出会っている、言ってみれば葦の髄からという感じではあるんですが、子どもとじかに接しているわけです。

そこで私が最近一番感じている事と言えば、我々が言う症状、あるいはシンプトームが、ひところだと、家庭内暴力とか、非行とか、表向きに誰にでも見えるものであったのが、最近は潜在化して見えなくなった、ということとです。

中村　症状そのものが見えないんですね。

山中　そう。その一つは身体化と僕は呼んでいるんですけれども、体についての事なんです。つまり、体の症状すらが、例えば以前だったら思春期やせ症とか脱毛症とか、外側に表れるものが多かった。ところが今は詳しく聞かない事には、検査で出さない事には現れてこないような内在化、あるいは潜在化という傾向が著しい。一つの例を挙げますと、突発性腎出血と我々が呼んでいる症状があります。腎臓に本当の異常があるわけではないので、腎機能検査をやると全部正常。ところがときどき尿に血がまじる。血が出た時にはもちろん顕在化しているわけですけれども、他の人には分からない。

そういうように潜在化してしまった身体化、言ってみれば内化してしまった形で子どもたちが悩んでいる、あるいは病んでいるという事もあるんですね。これが一つ大きな事じゃないかと私は思っています。

もう一つは、しばらく前から問題になっている事で、私自身が一番かかわっている「内閉」という事です。これは「自閉」とは別で、自閉は重症度が高い場合に使う言葉ですが、それと違って、内閉では自我機能とかが冒されているわけではないのです。けれども、内に閉じこもらざるを得ないような子どもがいる。

一つの例は登校拒否ですね。うちの中に閉じこもってしまって学校へ行かない。まさにストリートからも、学校からも消えてしまい、うちの中に閉じこもる。ひどい時にはカーテンだけではすまなくて、戸袋から雨戸を出して全部閉めて目張りまでしてしまって、押入の中に入り込んじゃう。そういう形で閉じこもる。そういうタイプの子どもたちが非常に増えてきている。そこら辺が非常に気になっていますね。

中村　今のお話は、精神疾患全体の中で一般に病気なのか病気でないのかあいまいな症例、ボーダーライン・ケースが増えてきているという事と関係がありそうですね。

山中　おそらく関係あると思います。さらにそれが体までも巻き込んできたという意味においてですね。

中村　私の気になっていることは、ちょっと古い話なんですが、八三年の二月、横浜のドヤ街の寿地区で起こった中学生たちによる浮浪者連続殺傷事件です。これは新聞でも報道されていますし、佐江衆一さんがそれに材料をとって詳しいルポルタージュのような小説『横浜ストリートライフ』というのを書いているのですが、なぜそれが大変気になるのかというと、老人の浮浪者を殺傷した中学生たちがそれを面白半分に「ゴミ掃除」と称しているという、その感覚が大きな問題を含んでいると思うからなのです。

それは、特別な中学生たちが持っている特別な感覚だとは、必ずしも言えないのではないか。つまり、そこには時代の感受性が歪んだ形をとって典型的に現れているのではないかという事なのです。もう少し言いますと、浮浪者をゴミと感ずる感覚は、このごろ小さい子どもたちが、おじいさんやおばあさんと同居していたのに、住まなくなったために、例えばおじいさんやおばあさんが死んだ時に「汚くなっちゃった」と言うという事とつながっている。子どもたちの気持ちから言うと、そういうふうに言うことは、今の社会環境の中では無理もないと思うのですが、振り返ってみるとこれはたいへん由々しい事なんじゃないかと思うのです。

これでそれぞれ現在関心を抱いている事を予告篇的に話したわけですので、これからもっとそれらの問題を立ち入って考えることにしましょう。

さまざまなきょうだい関係

中村　まず矢川さんが映画『ミツバチのささやき』の話をなさったわけだけれども、もうちょっとそこでどういう問題をお感じになったかという事を話していただけませんか。

矢川　私がまず考えさせられたのは、メアリ・シェリイがあの原作を書いたのは一八一〇年代でしたか、一九世紀初め頃ですけど、その時代とフランコの時代もほとんど変わっていないという事ですね。

中村　スペインについてですね？

矢川　スペインでも、おそらくヨーロッパではみんなそうかもしれませんけど、子どもと、子どもをおびやかすものとの関係というか、その原型を久しぶりに思い出させてもらったような気がします。その意味では『ミツバチのささやき』という映画はうらやましいくらい古典的で、主人公の少女の悩みが私の少女だった頃の悩みや恐れと本質的に同じなのですね。あの子は私にとっては見えなくはないので、今日のテーマからは外れそうだけど。今の日本でなぜこういう描き方の映画が作られないのか、その事のほうがむしろ問題じゃないかしら。

二人姉妹なんですけどね、例えばそんな怪物の存在なんてものを全然信じていない、世故にたけた感じのお姉さんが、ジワリジワリと暗示的な事を言ったり、妹を脅かすようないたずらをいろいろするわけです。人気《ひとけ》のない部屋の中でお姉さんのほうが死んだ真似をしている場面がありますが、うまく撮ってあるから、見ている私たちもほんとに死んじゃったのかなと思うぐらい上手に、怪物に殺された真似してるの。妹が入ってきて、そのお姉さんに触ってみるんですけど、全然動かない、その時の脅えといったら、はじめはウソだと思って、呼びかけて触ってみたりして、でもだんだんすくんでしまって言葉も出ない状態です。それでとうとうばあやを呼びに出てゆくと、そのひまにお姉さんは陰の所に行って、大きな手袋かなんかして、妹が戻ってきたところを、いきなりワッと驚かす。その辺りが実によく描けていてね。そういうなにげない残酷ないたずらや何かが重なり、たまたま脱走兵と出会ったりしたこともあって、妹はとうとう夜の森でまのあたりに怪物に会ってしまい、ショックで、一時的にでしょうけど、口もきけない重態におちいってしまうんですね。

エリセという人は四〇年代生まれらしいんですけれども、ともかくせりふの極端に少ない映画で、ミツバチを飼っている父親も、手紙ばかり書いている母親も、子どもの魂の冒険によけいな口出しは一切抜きです。あの奥行きをなんと説明すればいいのか……。

お姉さんと、それからばあやの存在、親子という縦の絆は、子ども自身にとってはある意味で全く無縁なのですね。

中村　今の話を伺っただけでも、ずいぶん重層的な話の組み立てになっていますね。

それからお姉さんが死んだふりして驚かしたという、妹と姉の問題ですが、これは山中さんの今度の本（『親子関係と子どものつまずき』岩波書店）の中に出ていて、私はアッと思ったんですけれども、女性の大学院生でしたでしょうか、弟が生まれた時に私は心理的に殺されたというすごい話がありましたね。戦前に書かれた林達夫さんの文章で、最近また見直されているエッセーに「子どもはなぜ自殺するか」というのがありますが、兄弟、姉妹の関係には、見えない部分で、非常に恐ろしいといえば恐ろしいし、あるいはそれが人間なのかという気もする。

山中　私どもの領域から見ていると、きょうだいの問題にはものすごく複雑怪奇というか、大変な事がいっぱいあります。実は今のお話を伺っていて連想したんですけれど、つい最近ある男の子が私の所に電話をかけてきて、会ってほしいと言ってきたんです。その声には聞き覚えがあったので、すぐ名前を思い出したのですが、七、八年前に会っていた人なんです。

以前会った時は、彼が中学生の頃だったんです。要するに、家庭内暴力の一つの典型だったと思うのですが、学校へ行かないでうちの中で暴れ回っていた。今は大学へ入っているのですが、彼は中学、高校を卒業してないわけです、やめてしまったわけですから。いろいろな紆余曲折を経て、結局検定を受けて大学へ入ったらしいんです。

ところが、この子が暴れている時、実は妹がいたわけですが、妹はジーッと我慢の子であった。大体家族自身が戦争しているようなものですしね。私は二年ほどこの子とかかわっていたわけですが、彼自身ある部分ではすごく能力のある子で、そんな治療法はないんだけど、論文療法とか、エッセー療法と言うとぴったりするような具合に、毎週エッセーとか小論文を書いてくるんですね。

中村　それは自分から進んで書いてくるんですか。

山中　ええ、私が言ったわけじゃないのです、私は何々をしなさいという事は一切言わないですから。僕の言葉では「窓」と言うのですが、彼らが持っている窓で付き合うのが私の方法なのです。得意なのはなんだと聞いたら、いろいろ本を読んでそれについて批評を書いたり、世相について自分が考えている事を書いたり、都市について考えている事を書いたりするというのですね。ちょうど七、八年前の事ですよ。それで二年間に五〇篇ほどの彼の「論文」を私は読ましてもらったわけです。それをしてゆく事で彼は立ち直ったというか、自分の問題を乗り越えた。だけど中学校を卒業する事はやめちゃったのです。

ところが、その後、兄が暴れている間ジッと我慢の子であった妹が発症してくるわけです。摂食障害と不登校とが重なったケースでより重篤だったんですよ。たしか私の覚えでは彼女は当時中学校の二年生だったと思いますが、身長が一六〇センチ近くあるのに体重二三キロですよ。標準体重の半分以下。表現が悪いですけど、骸骨に皮がかぶっているだけ、女性ですからほんとならふくらみやまるみが感じられたりする頃のはずなのに、一切ないわけです。おそらく発症前の状態は、すごくきれいな人なんだろうなと思ったんですけど、皮膚は乾いておばあさんみたいだし、見るも痛々しい姿でやってきたわけです。その子に聞いてみると、お兄さんの事はもう殺してやりたいぐらいだったと言うのです。というのは、彼が暴れている間自分がどれだけ我慢しなければならなかったか、お母さんが殺されそうでどんなに胸を痛めたか、と言うのです。

そういうケースなんですが、その兄のほうが訪ねてきたんです。また、たまたま最近その妹さんにもお会いする機会がありました。二人とも全然別の道を辿って、お兄さんのほうはある大学へ入り、妹さんのほうは自分で生きていかれる道を選んだ。

さて妹さんにお会いした機会に、私はお兄さんの事をチラッと聞いたのですね。あの時はすごかったね、と。そうしたら、二人とも別の所へ行き離れて考えてみると、当時お互いに自分自身が相手に投影されている——そういう言葉は使わなかったけど——のが見えて、しかもマイナスの部分、陰の部分、ネガティブの部分だけが見えていたので、ほんとにいやだった。顔を見るのさえもいやだった、そこにいるという事だけでもいやだった。だけど離れてみると、ああ、あの時はあの時で、お互いに闘っていたのだなと思うようになった。今は許せる、お互いに存在している事そのものが許せる、そういう気持ちなんですよ、とおっしゃった事を今パッと思い出したんですよ。

これは一つのケースですが、あるいはきょうだいの一人のほうが発病して、周りの人は、特に親からすると、もう次の子は発病させたくないという事ですごく気を使い、一方では発病した子を大事にしなきゃという事でそっちに全部目がいく。こちらは殺されたというか、全然無視された状態の中でいろいろな葛藤が生じるわけですね。ですからきょうだいでもいろんなケースがあるんです。

おとなしい子と荒れる子

中村　今のお話伺って感じたんだけれど、今まで親子関係については非常にいろいろな事が言われたけれども、兄弟、姉妹関係については、それほど注目されませんでしたね。いろいろなケースがあると思いますが、親子関係の場合と兄弟、姉妹関係、いわば世代的に言えば垂直と水平の関係になるけれども、それの違いは大きいでしょうね。

山中　それは全然違います。きょうだいというのは親というものを対置してみれば、親の愛情の取り合いなわけですから、ある面では敵同士なわけです。ところが、ある一面では同じ要素を内に持っている。あるケースの場合、「身内」という言葉を使った子がいました。自分は今はセーフだけど、今お兄ちゃんがやられている。やがては自分も発病するかもしれないという恐怖があるわけです。その事を称して「身内」という言葉――私の身の内にあるものという言い方をしたんです。

中村　親と子どもの関係というのはお互いにエコーみたいなものでしょう。それがきょうだいの場合とは、形態は違うと思うけれども、親子にしても、きょうだいにしても、さらに言えば友達にしてもそうだと思うけれども、人間関係そのものが、今まで考えられてきた以上に我々の生活の基本にかかわっている、という事が最近はっきりしてきましたね。

今の事を少し展開させますと、現在では問題が明確に現れる場合と現れない場合があるのではないか。例えば川本三郎さんが映画の事に関連して書いていたんだけれども、森田芳光監督の『家族ゲーム』ではどちらかというとノー・ジェネレーション、つまりすべて消極的に消極的に生きようという子どもの事が扱われているし、他方では突っ張り中学生を描いた曽根中生の『夜をぶっ飛ばせ』という映画がある。この二つ、つまりおとなしい子どもと荒れる子どもがいるというのですね。さっき山中さんがおっしゃった症状が見えなくなったというのは、この二つの子どものあり方のうちのおとなしい子ども――積極的に何かをしない、例えば男女関係にしても、疲れるような事はしない――とつながるんじゃないかという感じがしました。形態としては今二つ出ているんでしょうか。その二つはもしかすると裏返しみたいなものかもしれないとも思うんです、一般化はなかなかできないと思いますが。

あるいは、むしろこういうふうに考えたらいいんでしょうか。つまり、割合とはっきり現れるケースは今までたくさんあった。それに対して今度ははっきり現れないケース、荒れるというよりもおとなしい形での問題がだんだん潜在化していくというケースが増えてきた、と。

山中　両方あると思うんです。というのは潜在的ということ自体がもうすでに、顕在的なものがあらわに見えすぎている時は、あっても見えないわけです。だからそれは、顕在的なものが目立っていた時にも、ひょっとしたらあったかもしれないのです。

中村　潜在的なもののほうもですね。

山中　だけれども、顕在的なほうが少し下火になってきたわけですね、新聞を見ても分かるように、学校内暴力は相当終息してきました。家庭内暴力も散発的にありますが、ひと頃の毎日どの新聞を見ても出ているという感じとは全然違う。

そういう意味で、今度はより潜在的なものが目立つようになってきたという事が片方であるかもしれない。前にもあったんだけど見えなかったという事かもしれないし、やっぱりほんとになくて、今中村さんがおっしゃったようにより深化してきたという事かもしれません。両方あり得ると思います。

中村　私は前に一種の子ども論（「問題群としての〈子ども〉」『魔女ランダ考』所収）を書いた時に、かつての七〇年の怒れる若者が荒れる子どもに変わったという事を書いたのですが、その時の気持ちとしては、かつてのほうが年齢が上であった事と、相手とすべき敵がある程度はっきりしていた。ですから顕在化していたのですが、今度は年もだんだん低くなってきているし、現れ方も拡散的に見えがたくなっている。そういうとらえ方ができるんじゃないかなと考えたのですが、山中さんがおっしゃった事もそれとかなりかかわっていますね。

きょうだい喧嘩の必要性

山中　かかわっていますね。それと少しズレるかもしれないが、きょうだいの問題で言うと、むしろ今ではきょうだいがいる子が少ない、一人っ子がやたらと多い。二人いたとしても男の子と女の子と一人ずつ、部屋も完全に別々という形で、きょうだい喧嘩がまるでないんです。それを親はいい事だとしている。いかにも自慢げにうちの子たちはきょうだい喧嘩などした事がないと、にこやかに誇らしげにおっしゃる方があるんですが、これは大問題です。

きょうだい喧嘩というのはするのが正常なので、しない事には駄目なんですよ。人間の攻撃性は、きょうだい喧嘩という一番マイルドな形で処理されて初めてうまく統合されるのに、それがないものだから、ひと頃では殺人までいってしまうような家庭内暴力すらあり、歯止めがない状態になっていったという感じを私は持つんです。その問題も重なってきている。

中村　ほんとに、犬の子とか、ネコの子がたくさんいてじゃれ合っている、あれが一番初めの攻撃性の訓練ですね。

山中　今私が参加している面白い研究会があって、動物学者とか、児童文学者とかいろいろな分野の方々と一緒に集まっているのです。これはその会合である先生に聞いた耳学問なんですが、ある種のワシだったか、タカだったかは、子どもが生まれる時、初めからやられる専用の子どもと生き残っていく専用の子どもと必ず二羽ずつ産むんですって。一羽は徹底的にやられて、途中で死んでしまう。死んでしまうぐらいつっ突くタカでないと、タカとしての人生を送れないし、アイデンティティが保てない。だから、初めからプログラミングの中にそれがあるという話を聞いて、僕はびっくりしたんです。

中村　それはすごいですねえ。でも、ほんとうかな……。矢川さんの場合はごきょうだいはどうだったのですか。

矢川　私はほんとに大ぜいきょうだいの中で育っちゃって。

中村　何人でした？

矢川　山中さんのお嬢さんたちより二人多い。

山中　五人姉妹？

矢川　ええ。この間まで『若草物語』を訳していたのですが、訳しながら考えたのは、あれは繰り返し映画になったでしょう。キャサリン・ヘップバーンやなんか出たりしてね。ところが、この所ずっとリバイバルしてないんですね。

中村　という事は今では五人の姉妹なんていうのはリアリティがないと（笑）。

矢川　まあ、ほんとに一緒に育ったのは上三人だけですけどね。確かにたくさんの姉妹の中でずいぶん勉強させてもらったと思いますよ。でも渦中にある間は、一人っ子やきょうだいの少ない人にひたすらあこがれていました。

中村　私の場合は男六人ですよ（笑）。

山中　男ばっかり、女なし？　極端が多いですね（笑）。うちはよくもうまくいったと思うんだけど、男・女・男・女なんです。私が長男なんですよ。それだから喧嘩相手もかわいがる妹も全部いたわけです。

中村　それで人格が円満でいらっしゃる（笑）。

山中　円満かどうか分かりませんけどね。私の教室の主任教授である河合隼雄先生の所も七人兄弟、男ばっかり。動物学者の雅雄先生が三男でいらっしゃるんだけど、あの方が面白い小説を書いておられるんですよ。小説ですよ、『少年動物誌』という。いつも隼雄先生がおっしゃるんだけれども、すきやきなんかの時には、お母さんが肉を入れたなと見ると、もうないんですって。半煮えでもだれかが全部食べちゃう。だから七人の中では生存競争をまず最初に教えられたと、男の兄弟ではこんなふうなんだけど、姉妹の場合にはどうですか。

矢川　生存競争というか、女の子ばかりなので、つかみあいこそしなかったけれど、もっとメタフィジカルな面でね。大げさに言えば戦術という事は私の場合幼児期に、知らないうちに身についてしまったみたいですね。だから力関係が少し見えすぎちゃう。それでこんなへんな女になっちゃったのかもしれないけれど（笑）。

中村　私の所は河合さんの所よりも、年が少しずつ離れていましたから、河合さんのような事はなかったけれども、それでも六人もいますと、いろいろな結合があるわけです。その時どきで誰と組むかが違ってくるから、人間関係の訓練にはなる。ただ、今も話に出たように、男だけ、女だけというのは偏りますね、どうしても。

矢川　でもセクシュアリティというのは十代過ぎてから意識し始めるでしょう。うちなんかでは、偏るというよりも、男だから、女だからという区別抜きで、子どもとしてかえって平等に扱ってもらっていたような気がするんですけど。

中村　自分の経験よりも、自分の子どもたちの事ですが、例えば男の子にガールフレンドができるとどうしても男の側から見てしまうし、女の子にボーイフレンドができると、どうしても女の側から見てしまう。私の所は男の子と女の子の両方がいるので、両面から見る事ができました。そういう点で男だけの兄弟ではもの見方がずいぶん偏ったんじゃないかなという気がするんです。ほんとに両方の側から見ないといけないな、という感じがしました。

それはともかく、確かにきょうだいが少なくなったというのは現代の家庭の最大の問題かもしれませんね。

内向の傾向と現実に対する距離感の欠如

山中　大きな問題ですね。みんな小さいころに攻撃性の表現の仕方とか、処理の仕方を一切覚えずに育ってくる。だからもろにそういう攻撃性が出てきてしまう。一方でそれを抑圧してしまうと、内向して身体化してしまうというような図式が考えられると思うのです。

中村　さっきおっしゃった内閉、そういう形で症状がわりと見えにくくなった、というのは年齢的にはいくつぐらいが多いんですか。

山中　一番目立つのは中学二年生。中学二年から高校一年ぐらいです。

中村　すると、一三歳から一五歳ぐらいですね。

山中　そうです。そこら辺りが一番内閉化し、閉じこもってしまって、一切出なくなる。それから小学校の五年、六年辺りでしょうか。しかし一番のピークは中学二年です。

中村　実際にいろいろな社会的事件を起こしているのも、その辺の年頃が一番多いのでしょうね。

山中　そこら辺りですね。だからどっちへ出るかです、外に向かって表現するか、閉じこもってしまうか。

中村　先ほど私が申し上げた例の横浜の浮浪者連続殺傷の問題も、ちょうどそのぐらいの年の子でしたね。

その時に中学生たちにどうして浮浪者を殺したんだと聞いたら、面白半分にやった風太郎退治だ、そしてゲソパンというんですか、足蹴りを入れると骨がポキッと折れて気分がスカッとしたと言っている。同時にこの風太郎狩りというものを「ゴミ掃除」だと称していた。

また、青木悦さんのルポルタージュ（『やっと見えてきた子どもたち』）によると、彼らがそういうかたちで人殺しをしたのに対して、友人の女生徒は「あの子たちは遊んだだけよ」という受けとり方をしている。彼らはどちらかというと突っ張った中学生だったと思うのですが、面白半分に、野宿している無防備な浮浪者を選んだというのは、その行為を考えてみるとまったくみじめな感じがする。私はそういう行動をする人間を「マイナスの劇的行動者」と呼ぶのです。ヒーローというのは英雄と訳されるけれども、本当は「劇的行動者」なんで、責任をもって行為をする。それが裏返って一種の弱いものいじめになったりする事を「マイナスの劇的行動者」と言うのです。この問題が大変気になっています。

それから、年をとって弱った風太郎たちへの襲撃を「ゴミ掃除」と表現しているという事。老人のしかも浮浪者とは、現在の価値観念でいったら社会のゴミという事になってしまう。これは今日の問題全体にかかわると思うのですが、近代社会の原理が健康な青年と壮年が基準になっていて、社会のほとんどの価値観がそれによってできている。社会的な有効性や生産力が優先されるのもそこからきている事ですね。それから考えると、老人の浮浪者というのはまさに社会のゴミだという感覚が出ているわけですが、浮浪者を襲った中学生たちも、自分たちが学校生活の中での落ちこぼれである事を自覚しているので、逆にさらに弱い者いじめみたいな事になってしまっている。

またさっきちょっと言いかけましたが、最近では長い間病床にあってやつれて死んでいくおじいさんとか、おばあさんたちを、孫の幼児が全く率直に「おじいちゃんが汚くなっちゃった」という言い方をする。こういう事は社会的有効性とか、健康というものを一元的な価値にしている事の全く裏返しされた現れであって、表面的に物事が非常にきれいごとになるにしたがって、実はマイナス面がどんどん内向していってしまう。

また小学五年生の女の子が隣りに住む成績の上でライバルの友達を池に落として殺したという事件もありましたね。さっきも話に出たように、もしもじゃれ合いとか、いじめ合いとかを小さい時からもっと訓練していれば、お互いに攻撃性のいろんな段階があるのを知ることができる。動物でいえばふざけて軽く噛む、ほんきで噛む、噛んで殺してしまう、といろいろな段階があるわけですね。それがなくなったという事は、現実に対して感覚に基づいた距離のとり方が今の子どもたちはすごく下手になってしまっているんじゃないか、と思うのです。それが下手になっているという事は、日本社会あるいは日本人の生活がひどく薄っぺらになっているという事にもつながっていく。

だから、他人に対する攻撃性の現れ方は、いろいろな時代にさまざまな現れ方をしていましたが、この横浜の浮浪者連続殺傷事件というのはとても救いがない気がして、逆にそこからもう一回現代日本の「豊かな生活」を映し出す必要があるのではないかと思うんですが、いかがでしょうか。

子どもは純真無垢ではない

矢川　例えば山中さんのような所にそういう子どもたちが相談に来たら、どのように応対なさるのですか。彼らは病人ではないわけでしょ……。

山中　病人ではありませんね。でも、私は今、精神科医として機能するよりも心理療法家として機能しているほうが多くて、診ているのは病人でない人のほうが多いんです。例えば不登校だって病気とみるかどうか、社会的規定という問題も関係してくるわけですし、こういう子たちだってそうですね。それで、矢川さんのご質問をどうとらえるか……。

矢川　それを窓として聞いてやるだけだとさっきおっしゃったけど、それ以上の事は……。

中村　しかし、聞く事だけで治るという事もあるようですよ。

山中　治るという言葉はおかしいんですが、乗り越えていくという事はあります。その時に大事な視点をちょうど中村さんも出されたわけですね。つまり以前の子ども観というのは、子どもは純真無垢で、タブラ・ラーサ（白紙）として可能性を全部秘めているけれども、そこにはネガティブなものがほとんどないというものでした。ネガティブなものをもし持っているとしたら、それは大人たちが植えつけたもの、という子ども観があったと思う。私はそれは間違っていると思う。私自身は自分の哲学をクライエントたちに押しつけるつもりは全然ないのですが、子どもは初めから善悪の両面を持っているわけです。さっきのタカじゃないけれども、ものすごい攻撃性も持っているわけです。それなのにそういう部分だけは、いい子にお利口にと上澄みのほうだけをしつけられているので、一体どこで自己表現したらよいのか分からなくなっている。自分の中にあるそういうマイナスのもの、そういうネガティブなものを受け入れ、表現していく事が全然ない。

だから先ほど中村さんのおっしゃった浮浪者の事件は、子どもはとんでもない事をしたわけだし、やられたほうの方々にとってはなんとも言えん、ほんとに二重の意味でいやな事件ですよ。

ところが実は、私の立場から言うと、同様の傾向はすべての子どもが持っており、すべての親、つまり我々全部が持っているものなんだ、という事なんです。だから、おまえが悪いとか、なんであんな事したとかいう事は、私は一切言わない。「なぜ」という事を問わないんです。すべては彼自身が表現した事から始まるわけです。

私が何も言わないでしょう。どうしてあんな事したのとも問わないし、いけないじゃないかとも言わない。そうすると彼はびっくりするわけです。なぜかというと、今まで大人というのは叱責するか、賢者ぶって指導するものだと思っていたわけです。ところがそういう大人と全く違う人間に初めて出会う。そうするとどうなるか。私の言葉で言うと結局私は「鏡」になるわけです。そうすると自分のした事が彼ら自身に見えてくる。そして初めて自分のした事の意味に突き当たるという事が生じてくる。しかしそういう中でも、汚いやつ、ゴミは全部外だ、本人たちは自分はゴミじゃないと思い込んでいるわけです。

中村　あるいは、自分はゴミじゃないと思いたいんですね。

山中　そう思いたいわけです。

中村　でも、本当は自分もゴミだと感じているんだと思う。

山中　感じているわけです。さっき言われたように彼らは落ちこぼれで、いじめられっ子であった。だから自分たちよりさらに下をつくることによって、自分の仮の安定を得るという場合と同じですよ。

ところが私どもの方法では、彼らはそういう自分に初めて直面するわけです。何も言わずにずうっと見ていて、時どき、例えば「君はいつもうちでどんな事しているんだい」と聞くんです。そうするとたいてい初めはふてくされて「何言ってんだ、このおじん」という顔をしていますよ。初めは沈黙をともにしますけど、だんだん彼のと私のチャンネルの窓とがパッと出会う時が生じてくる。例えば彼が「きのうは、テレビ見とったわ」と言います。「ほおっ、吉川晃司かい」と私はパッと聞くわけです。そうすると「アッ、知ってるの」とびっくりして、目が光るわけですよ。

「うん、昨日のベストテンじゃ二位に落ちちゃったじゃない」なんて聞くでしょう。そうすると「うん、明菜がさ」と、こう（身を乗り出す）なるんです。

もちろんそれは、こちらのほうが釣糸をたらしていて子どもがひっかかってくるのを待っているというのとは違うんです。そういうふうに思われると全然違う。さっき中村さんが私たちは全部子どもを経過してきているんだとおっしゃったけれども、子どもの心を残しているかというと、それは違うんです。矢川さんのようにいつまでたっても子どもの心をずうっと片方で持ちつつ成熟していくという形をとっておられる人は実はまれで、経過しているのに子どもの心をほとんど忘れている。子どもの視点に立つという事すら忘れている大人のほうが多いんです。

私もそういう子どもの視点を保とうと思っているわけです。その地平にちょうどピタッと合った時に、彼らは話を始めます。そういう内閉している子どもたちが一番よくかかわるものは何かというとハム、無線です。彼らはずいぶん遠くの人とコミュニケートする。だけど、電話で話し合うとかそういう事はしない。ずいぶん遠いのですけれど人への結びつき、交流の願望はあるわけです。

さて、そこら辺りで僕がかかわっていきますと、子どもたちが自分で自己表現をし始める。その時に先ほどの直面という事が、彼らが全然意図しないのに起こってくるんです。それで自分がした事のとんでもなさに気づき、さっきのゴミも、自分の中のゴミでもあり、社会のゴミでもある、そういう部分と重なってくるのです。

だから、私自身は大人側から傾斜した一定の価値観とかいうのをもつ限りうまくいかないと思っておりますので、自分の立場を同行者として考えているのですがね。

老人と子ども

中村　これも、山中さんの今度の本の中に出ていて、興味深く思った事ですが、普通は治療者の多くの方が、子どもとか老人をいやがるみたいですね。これはとても大きな問題だと思うけれども。

山中　そうなんです。私は精神科医になった最初から老人・ジャリ外来とアダナされた外来だったんです。実は私はそういう人たちが好きだったし、それで始めたのですけれども、今は明らかに子どもと老人の時代だと思う。両極化しているのですね。精神医学の領域でだけものを言えば、老人の問題が最大の問題でしょうが。

矢川　人口比でもだんだんそうなってますしね。

中村　確かに今まで時代の価値観が、健康な青壮年が中心だったために、老人と子どもはなんとなしに第二義的なものに追いやられていましたね。

だけど、山中さんがたまたまそういうふうにずっとやってこられたというのは、今になると非常に先駆的だったことになりますね。

山中　先駆的と言われればうれしいですが、老人と子どもはいろいろな意味で面白いんです。

例えば老人というのはご承知のように六〇歳、還暦になるとちゃんちゃんこを着るでしょう。あれは子どもに戻るという意味ですね。実際老人というのは子どもに戻っちゃうわけです。ちょっと話が飛んじゃうんですが、たまたま今スイスから『心理療法の光と影』や『結婚の深層』という本で知られているグッゲンビュール＝クレイグというユング研究所の前所長さんが京大にいらしていて、老人の話をなさったんです。その時に彼は非常に面白い事を言われた。まず一つは専門的な話で恐縮ですが、老人についてユング派では老賢者元型という事が言われます。オールド・ワイズマンのアーキタイプですね。しかしあれはウソだと彼は言うんです。老人の元型は実は賢者だけではなくて両方ある。知能は低くなるし、汚くなる者もある。しかも死に一番近い存在で、老人自身が死を最も恐れ、痴呆になる事を恐れ、力が弱くなる事を恐れている存在なのだ。ワイズマンというのは何も年齢に関係ない、小さい子どもや青年やどの年齢にだってワイズマンというのはいるんだ。オールド・ワイズマンという言葉は老人のそういう問題を隠蔽するものだと、彼は言うんですよ。

中村　それは反語で言っているんじゃないですか？

山中　いいえ、ほんとにそう言うわけです。それで、彼は我々治療家に何をアドバイスしてくれたかというと、だから老人は賢くならねばならぬとか、きれいにあらねばならぬとかいうふうにやっていく限り絶対治療は失敗する。そうじゃないんだ、老人はバカでいい、汚くていい、いたずらに理想化しないで、そういうものだと……。

中村　いたずらに理想化しないで、そういう醒めた視点を持てという事ですね。

山中　そうです。老人とほんとの意味で同じ地平に立つ事は不可能だろうという話だったんです。僕は非常に感銘を受けました。

中村　確かにある固定観念から老賢者みたいなものを到達目標として押しつけるのはまずいでしょうね。

山中　そうですね。実際、例えば窪田空穂でしたか、九〇を越えた時に、年とれば賢くなって何もかも悩みがなくなるとか聞いていたけれども、ウソだ。九〇いくつになった今考えてみると、おれは苦しみも、悩みも多い。あんなのは全然ウソだと言ったそうですね。

それから、話が全然飛んで恐縮ですけど、親鸞が八〇歳の時だったかな、唯円が聞くでしょう。「念仏唱えたら幸せになるとかなんとか言うけど、私は全然幸せな気持ちにならへん。先生どないだ」って。そうしたら「わしもそうだ」と言うでしょう。老人というのは年を経れば経るほど賢くなって、悩みが少なくなってというのは実はウソなんじゃないでしょうか。

中村　そこの所はほんとにむずかしいでしょうね。概してみんなひどくわがままになるし……。賢いとか、賢くないとかという言い方が、押しつけになるとまずいですね。

山中　それはまずいです。そういう言い方で彼は言っているわけじゃないんです。ただ、老人が賢くなければならないと本人が思い込んでいると、子どもにおける遊びに類する老人のボケが許容されるかされないかという意味なんですよ。

中村　日本では老賢者みたいなそういう観念がとくに強いんでしょうかね。ヨーロッパと比べてどっちが強いんでしょう。

山中　いやあ、どうでしょう。実はそこらへんがちょっと議論になったんです。これはヨーロッパの考えの押しつけなんでしょうかと、最後に彼自身が我々に対して、日本では本当はどうなんだと質問をされました。

矢川　昔はこれほど人間が長命でなかったでしょう、日本でもどこでも。ヨーグルト飲んで世界一の長寿村なんていうのがソ連にあるけれど、そこの人たちがみんな賢者として尊敬されているとはとても思えないし(笑)。老人すなわち賢者とか、そういう発想自体が昔はあまりなかったんじゃないですか。

「子ども」の定義はない?

中村　子どもの話じゃなくて老人の話になりましたけれど、平均寿命が延びた事と言えば、私はいつかすごいショックを受けた事があります。夜、終電車に乗っていたら、二〇代の若いサラリーマンが酔っぱらってクダを巻いている。「これからは人生八〇年だ、あと五〇年も六〇年も生きなければならない、つらい、つらい」と泣いているんですよ。まだ若い人が人生八〇年を希望としないで、かえって圧力として感じているのには、びっくりさせられましたね。

山中　そういう人もいるんですよ。時どき私もカルチャー・センターみたいな所で話をするでしょう。そうすると、まだ若い方が先生は私にさらに三〇年も生きろと言いなさるんですか、あと一年生きるだけでもつらいと思っているのに冗談じゃない、と突然ボッと聞かれる事があるんですよ。

中村　さっき矢川さんが言われたように、今まで人生五〇年のスケールの中で考えられた時と、今とでは、似たように見える問題も内容が大きく違ってきていますね。

山中　違ってきていますね。ただ、どうでしょう。例えば漱石というのは五〇直前で亡くなっているわけですよ。ところが、我々の中の漱石像というのはすごい老賢者ですよ。だから、あの当時は五〇歳といったらほんとに老賢者だったけれども、これは笠原嘉さんという名古屋大学の教授の考えなんですけど、今では青年期自体がむちゃくちゃに延びている。昔は男一五にして元服するわけですが、ところが今では三〇になっても青年という人はいっぱいいます。だから何歳からが老人なのかも分からなくなってきています。

中村　そうですね。これはかねがね気になっていたのですが、「子ども」といった場合に、普通日本語ではわりと小さい子どもを感じさせますけれども、「子ども」などという専門用語はないと思う。未成年の事も子どもというでしょう。それを一緒にしていいのかな。子ども前期、子ども後期とか分けなきゃいけないのかなと思うのですが、そういう事は実際には心理療法なんかで問題になっていますか。

山中　それはあります。まず「子ども」という言葉ですが、おっしゃったように専門用語としての「子ども」というのはない。ですから定義もありません。私が前に『少年期の心』という本を書いた時に、少年期という定義すら当然ながらなかったわけですから、あれは一つの新機軸だったらしいんです。実は我々のほうで用いる言葉としては「思春期」と「青年期」という言葉があります。思春期以前を「子ども」と呼ぶのか、少年法で規定している一八歳を一つの基準にするのか、小児科でも大学病院によって一五歳以下にしている所と、一八歳以下にしている所と、いろいろありまして、定義はございません。

中村　法律的には少年法というものが未成年をさしていて、一つの基準になっていますね。

山中　一つはね。それとまた話が飛んでしまうのですが、大人の中の心の中にある子どもと、実際のリアリティの世界での子どもともまた区別しなければいけない。子どもの心というのは大人になってもずっとあり得るわけで、矢川さんなんかその典型じゃないかと私は見ているんです。いつもずうっと子どもの心を新鮮に保ちつつ、児童文学などをやっていられる方々というのはそうだと思います。哲学者でもそうじゃないですか。時どき我々が「哲学者」とあだなをつける自閉症の子どもがいるんですよ。我思う故に我あり、なんて事を突然言い出すのでね（笑）。

中村　マシューズの『子どもは小さな哲学者』というのに対して、私も「哲学者は大きな子ども」なんて言い換えた事はありますがね（笑）。それはともかく、普通の意味での日常生活の有効性とか、能率とかという事だけで、人間は満足できるわけじゃないので、いろいろとはみ出すわけですね。そのはみ出す部分をどれだけ持ちつづけるかどうかという問題でしょうね。

山中　そうですね。

中村　だから、ほんと言えば普通の実生活者だって全部子どもの心を持っているわけですね。ただ、それを無理をして抑えてしまったり、体面上切り捨ててしまったりする。

それからこれもさっき話に出たことですが、親子なんかの場合でも、子どもの事が気になると、親が大体自分の一番悪い所を子どもの中へ見てしまうわけです。それで親子が互いに気にし合って動きがとれず「ダブル・バインド」状態に陥って、なんでもない事が非常にシリアスになってしまうんですね。

街から消えた子どもたち

中村　子どもは今までのお話のように、いわば内なる子どもと現実の子どもがあるのですが、もうちょっと現実の子どものほうに話を移していきましょう。今日のテーマの「子どもたちが見えない」にはいろいろな意味がありますが、子どもが現実に街から見えなくなった、つまり、子どもの遊ぶ姿が街から消えたのは、いつ頃からなんでしょうね。例えば地方なんかへ行ったって、お正月に凧をあげるとかいうのは、この頃あまりないでしょう。東京で凧あげなんかしなくなるとかいうのは、野原や広場もなくなったからだと思うけれども。例えば矢川さんが住んでいる長野の黒姫辺りではどうですか。

矢川　あそこはちょっと雪が多いという特殊条件があるので(笑)。冬の間ほんとに子どもは外で遊べないわけです。

山中　黒姫でもそうですか、外で遊んでない？

矢川　冬はね。それはスキーしたり、ソリで遊んだりというのはありますが。

それと、ほんとに東京と同じだと思うのは、やっぱりテレビとか、オーディオ機器の影響ですね。耳をこういうふうにふさいじゃってね。

中村　耳をふさいで？

山中　ウォークマンですよ。

矢川　ああいうのをあの辺りの子どもでも取り入れていますしね。そうしたら町を歩いていたって、彼自身にとっては町の中にいるのではないわけだから。うちの近くにテレビ置かない家が一軒ありますが、そこの子どもはけっこう外で、野山をかけまわって遊んでいますよ。

中村　塾みたいなものはどうですか。ああいう所でもありますか。

矢川　あるらしいですね。ピアノ教室ももちろんあるし……。

中村　受験塾もあるんですか。

矢川　受験のも入ってきているんじゃないですか。ただ、それでもああいう所だと割合家族が残っていて、おじいさんが孫をおぶったり、三世代以上一緒にいるというのも多いですね。あれはいいなと思いますよ。小学校の運動会のお昼でも、家族といっしょにお弁当をひろげる、昔ながらの光景が繰り広げられますしね。

山中　今のお話で、テレビの普及とともに、あるいはオーディオ機器の普及とともにうちへ入り込んでいったのと道路からいなくなった事とがパラレルではないかというお話、おそらくそうだろうという気がするんですが、今中村さんが塾の事を言われたでしょう。

ちょっとまた思い出したんですが、さっき述べた八年目に訪ねてきた男の子が言った事ですごく印象に残った言葉がもう一つある。普通我々が塾の事を言う時には、たいてい塾に対する批判とか、非難の言葉を込めて語ることが多いでしょう。ところが彼が言った事は逆だったんですね。中学、高校へは彼は行かなかったわけだから、塾のような所しか行かざるを得なかったのです。僕は塾に行って初めて「人間」に会った、と彼は言いました。彼に言わせると、学校の教師は中途半端で人間でない、塾の教師は受験オンリーに目的を決めていて、それなりにものすごく一所懸命にやっている。その時間ピチッとやったらその後、放課後の五分とか一〇分に、「おい、おまえこのごろ何食っとる」とか、人間的な質問をしてくる。「僕は塾へ行って初めて人間に会いました。僕が今まで会った人間は――（自分で言うのはおかしいけど）――先生とその塾の先生だけです」と言うわけですよ。

うちの娘の場合でも、私は塾はあまり好きじゃなかったので、行かせるのは賛成じゃなかったんだけど、ところが娘が言うには、「パパは塾の事何も知らないんだね、塾だけなんだよ、友達と遊んでいいとこは」と。母親は塾へ行っていると思って安心しているわけ。子どもたちは実は塾で大騒ぎしている。学校は大騒ぎする事が許されない所なんですね。だからほんとのところ上部何割かは受験オンリーで、その塾の名前を上げるために一所懸命勉強しているのですが、あとの大部分はそこでワーックワーック寺子屋よろしくやっているんですよ。

現代教育に対する挑戦としての塾

中村　私の乏しい知識によっても三種類の塾があると思う。一つはほんとにただ受験本位でガリガリやる。もう一つはたてまえ上行く塾ですね。それはお母さんに対して通っている事で安心させる塾で、実際に中ではかなり遊んでいる。先生たちもそういう場合にはかなり遊ばせて面倒みる。もう一つ、これは最近の傾向らしいのですが、中学、高校に行かないで塾へ通うというのがいるんですね。こういうものになると、いま山中さんが言われた事がもっと徹底されて、現在の普通の学校なんかよりもはるかに人間的な教育ができるかもしれない。そういう塾がどんどん広がっていったら、今までの学校とか、教育とかとは違ったもう一つのチャンネルができるのではないですか。

山中　面白い事は、塾の先生をしているのがみんなかつての落ちこぼれなんですよ。要するにかつて登校拒否をしたり、とにかく組み込まれたエスカレーター社会を拒否した人たちなんですよ。今は大学を卒業するとすぐに塾の教師になるのもいますが、会社に入って三、四年やったのだけれども、会社の仕事に絶望して塾の教師になった人とか、いろいろな人たちがいるんですよ。塾の教師たちは自分のかつての姿を今入ってくる子どもたちの中に見ているんです。だから、中村さんのおっしゃるように確かに三種類あると思うし、三番目のなんか特に増えてきていると私も思います。

中村　そういう点では、案外現実というのは面白いものですね。時代閉塞みたいになって、一見どっちへ行ってもうまくいかないというように見えるけれども、案外その中でジワジワいろいろな可能性が広がってきている。確かに今の話にもあったように、塾というものを初めからある決まったものと考えて、たてまえ上は塾はけしからんという考え方だけでいくと、現実のほうが先へ行ってしまっている。

今、中学・高校を出ないで大学を受けるというケースは、かなり増えているんでしょうか。

山中　パーセントとしてはまだそんなにないでしょう。だけれど少しずつ増えてきている事は間違いないと思います。まだ圧倒的に中学、高校卒業生のほうが多いですけど、かつての場合は金がなくて、経済的に学校へ行けないので仕方なく検定を受ける場合が多かった。しかし今は全然違うでしょう。明らかに最初から学校を拒否して検定を受けることにしている。あるいはもう一つは大学へは行くけど、今の学校にはそぐわなくて落ちこぼれたからという場合も増えていると思います。

矢川　検定や塾で大学に入る場合だと、何も高校三年間じゃなくていいわけですね。好きなように時間をとれるわけでしょう、その間に。それが一番いい事だと思いますね。

山中　おそらくそうだと思いますよ。

矢川　五年かかろうが、六年かかろうが、途中でやめようがいいという、そういう選択肢がある中で勉強できればね。

山中　枠づけされる事が彼らの抵抗の理由の一つですから、自分のペースなりリズムでやれるという事は、おそらく一つの大事な要素だと確かに思いますね。だから、これは明らかに現代の教育に対する挑戦なんですよ。

子どもの抵抗と表現

矢川　そうですね。それで思い出したけど、うちの姉の所の下の息子が今年高校終わったのですが、大学は受けませんでした。何するかまだはっきり決まってないんですが、今まで音楽は少しはやっていましたけれど、親ともろくに口をきかないようなぶっきらぼうな子になっていたんです。それが、卒業式の直前になって、式に着る服を自分でつくり始めたんですよ。きれを買ってきて、母親に初めてミシンの使い方やボタンホールの仕方など教わりながら……教え過ぎるとすぐふくれっ面するから、最小限聞かれた事だけ母親がおそるおそる教える、そうやって卒業式のための、袖から襟からピンクだの青だののつぎはぎだらけのブラウスと、下にはく股引みたいなものと、その上に着る巻きスカートまで自分でデザインしてつくっちゃったんですね。あれは最後の抵抗というのか、みんな卒業式の日には母親は紋付とか正装してくるだろうし、他の少年たちも一応みんなネクタイくらいしめてくるんじゃないですか。それを彼ひとり自分のファッション・ショウの場にすりかえちゃった。

中村　お嬢さんじゃないんですね。

矢川　男の子です。

中村　最後の抵抗とおっしゃったけれども、それが抵抗であるにせよ、表現であるにせよ、今までとずいぶん違っていますね。

山中　違っていますね。今の話、面白いなと思って伺っていたんですが、僕がかかわっている子どもたちでも、卒業式だけは出る子が意外といるんです。ずうっと登校拒否をやってきていて、今まで休んできたんだから出るのはいやだと休む子もいます。だけど式だけ出るのもいる(笑)。そこら辺がなかなかパラドキシカルで面白いのです。今おっしゃったように抵抗でもあり、表現でもあるのでしょうね。

矢川　表現なのでしょうね。だいたい卒業式の当日が一番問題が多いわけでしょう、警官導入やなんかでも。

中村　その事もさっきの話の攻撃性の訓練じゃないけれど、もうちょっとうまく遠近法が使えて楽しむ事ができれば、表現行為としてかなり積極的な意味をもつでしょうね。

山中　それをふくらます事のできるような関係を、学校においてつくることが可能ならばですよね。ところがそれがないんです。だからなんですね。ただ、それを今度学校の教師に要求しても、先生方は別に自分はロボットじゃないし、歯車でもない、一所懸命やっているんだけれども、そういう人間的に子どもたちと接する時間を全部奪われちゃっているんだと言われるでしょう。

中村　確かに、卒業式だけは面白いと、そう思うんじゃないかな。卒業式の時だけじゃなく、何かやりたければやってもいいじゃないかと思われるんだけれども、子どもにとっての卒業式の意味は、学校側で考えている意味とか、父兄が考えているそれとはずいぶん違うんでしょうね。

山中　違うんですよ。ハレとケの関係です、明らかに。

矢川　明らかにありますよ、その意識は。

山中　彼らは、そういう祝祭空間に最も敏感な人たちだと私は見ているんです。だから非常に面白い事に、修学旅行と学校の遠足と卒業式だけは出る、あとは全部出ないという、そういう登校拒否の子がかなりいます。

中村　そういう事は昔はなかったですね。

山中　ありません。そんな事はあり得なかったですもの。

中村　昔は、修学旅行や卒業式だけは逆にいやだという子はいてもね。

山中　そう、それだけは休んで、他は出ているというのが多かったでしょう。逆転ですよ。

中村　それはずいぶん違うなあ。

山中　それで彼らは、では学校をどのように位置づけているかというと、それは学ぶところじゃなくて、友達と接するところなんですよ。普通の空間では友達と話を接する機会がない。学校にいる時間だけが友達と話をしたり、人間的にかかわる時間なのだ、だからおれは行く。あとの空間は全然人間がいない、みんな機械ばっかりだと……。

中村　つまり、イリイチ流に言うと「学校化」された学校生活の中でハレの時だけは解放されるんですね。

山中　しかし、もちろん私が逆転の思想をとりすぎて、彼らだけが人間で、それ以外の人はそうじゃないなんて言っているわけじゃないんです。というのは、思春期論や青年期論で昔から青年期は疾風怒濤の時代と言われましたけれど、青年期は今非常に危機に瀕しつつあるとかいうものすごい極端な論がいっぱい出るわけです。ところが、もう一方では、なんだかんだ言っているけど、思春期を乗り越えて平穏に過ごしているのがいるじゃないか、別に何ともないじゃないか、という考え方もできるわけで、つまり両方あるわけです。ただ、先鋭的に時代を先取りしたり、時代をきれいに映し出すという場合が彼らに非常に多いという意味で、全く無意味だとは思われないわけですね。

中村　今おっしゃったのと同じ事になるけれども、要素としてはみんな持っている。しかし、今までは、ある人たちだけが落ちこぼれとか逸脱とみられて、これは悪いんだという事しか言われなかった。ところが、そのような行為は結局彼らだけじゃなくて他の子どもたちの代弁もしているわけですね、極端に言えば。友達の代弁もしているわけだし、社会の中の一つの表現行為としての役割も果たしているから、ミラーファンクションになるんじゃないですかね。

山中　そう思います。そうでなければ絶対おかしいですね。

素晴らしいギャリコの作品

中村　今までの話といろいろな形でかかわると思うのですが、山中さんたちの編纂なさった『子どもの深層—日本人の深層分析』という本のあとがきで、山中さんが矢川さんの翻訳に大変興奮なさって書いているポール・ギャリコというアメリカの作家がいましたね。そのギャリコの話を少ししましょう。有名なのは映画化されて「リリー」と呼ばれた『七つの人形の恋物語』ですが、矢川さんの訳されたのは『まぼろしのトマシーナ』（原題は『トマシーナ』）でしたね。

山中　ええ。ギャリコについてはもともと「リリー」、すなわち『七つの人形の恋物語』のほうで好きだった作家なんですが、たまたま『トマシーナ』の矢川さんが前にお訳しになったのを新装版で出される機会に何か解説を書いてみないかという仕事が入り込んで、読んだんです。そしたら私はすっかりのめり込んでしまいました。

トマシーナというのはネコの名前で、ネコが主人公なんです。ネコが主人公なんだけど、ほんとの主人公はメアリ・ルーダという七歳だったか、六歳だったかの女の子で、その子のお父さんが獣医なんです。ところがお母さんは、たしか彼女が二歳か三歳の頃にオウムの病気がうつって死んでしまうわけです。結局父親一人、娘一人の家庭でずっと六歳か七歳まできたわけです。ところが彼女が大事に飼っているトマシーナという名前のネコが病気になっちゃった。どうもおかしい、歩いてフラフラ……。

矢川　波止場に散歩に行った時に落とされたかして、骨が折れているので、獣医としては殺すしかないと思うわけです。

山中　それで、どうも彼の診断によると骨折に加えて二次感染で髄膜炎が起こっていて、今おっしゃるように殺すしかない。クロロホルムをかがせていつものように処理しろと助手に言っちゃうわけです。ところが治療室の窓の所で娘が、「パパ、いいこと、トマシーナを殺したらもう口きいてあげないから」と言っているわけですよ。しかし処理しちゃうわけです。それでほんとに彼女はしゃべらなくなる。そういう事は実際に意外とあるんです、これほどドラスティックなのはめずらしいけれど。話はそこから始まるんです。

矢川　そこへ、森のはずれの小屋に住む、近代医学の獣医と全然対照的な赤毛の魔女、レッド・ウィッチと呼ばれる女性が一人出てくるわけ。小屋の前には一本の木があって、そこに鐘のひもが下がっているんですね。そこに弱ったものや傷ついた動物たちが本能的に慕い寄ってきて、そのひもを引く。そうするとその赤毛の魔女が迎え入れるのですが、彼女にできる事というたら、せいぜい自分の知識によって薬草をぬってやり、それからキズをさすっていたわって、ともに涙してやるという事だけなんですよ。でも、その近くに住んでいる農民たちも、自分の牛や馬が病気になったりすると、子どもとのコミュニケーションさえうまくできてない獣医さんよりも、ほんとに動物をいたわってくれる魔女のほうにだんだん足が向くようになっちゃうわけです。殺されたはずのトマシーナもその魔女のもとでよみがえる。もっともこれはクロロホルムが十分でなかったせいですけどね。

山中　傑作なのは、メアリのお父さんは、その魔女が自分の患者をとっちゃったと思うわけですよ、だって誰も来なくなるわけですから。なぜ来なくなったかという一つの理由は、自分のうちの娘の飼っている大事なネコすら助けられんような獣医では、という事なんですよ。

中村　私も遅まきながら『まぼろしのトマシーナ』を読みましたが、その辺の所にクライマックスの一つがあって、読者を巻き込んでいきますね。お父さんの受けた打撃の大きさがよく出ている。

山中　大きな打撃なんです。それで魔女のほうへ全部行っちゃった。魔女め、おれの患者をとりおってと、実は殴り込みに行くわけです。

　ところがその出会いが素晴らしいんです。「あら、ちょうど今お待ちしてたところですの」って言うんですよ、魔女のほうがね。獣医さんはこぶしを上げたけれど下げるところがないわけです。ちょうどそこへ罠にはまったアナグマが入り込んでくるのですが、それが鎖骨粉砕骨折。確か肩甲骨の裂状骨折と、とにかく四つほど怪我が重なっているんです(笑)。これは魔女の治療法の枠を越えているわけです。彼女はそれを知っている。彼女は何も余分な事を一切しない、さっき矢川さんのおっしゃった大事な事だけをする。ところが彼女はこれは手術が必要だと思うわけです。それで獣医を待ち受けていたのでしょう。それで連絡しようと思っていたら、獣医が自分のほうから来てくれた、自分が呼んだから来たと魔女は思っているわけです。もちろんそんな事はないんだけど、そこが彼女の人間らしさというか、我々が今失っている部分をもっているので、「あら、お待ちしてました」という事で、助手を務めて、みごとに手術をやりおおせちゃうわけです、何も器具のない所で。そこですごいのは、その獣医が一目でその魔女にイカレてしまうわけです。好きになっちゃうわけですね。

　そこらあたりの小説としての構造や筋立てのほうを問題にし始めると面白い事がたくさんあるのですが、このギャリコの作品が書かれたのは何年ですか。五四年でしたっけ、五七年でしたっけ。大体三〇年ほど前なんですが、いま新装版が出た意味は非常にあると思います。

人間と動物

中村　その話との関連で私は二つの事を思い出しました。一つは昨日たまたまある会合でみんなと話をしていたら、現代の医学部のよき学生である条件はなんだろうかという事になって、それは健康な体と普通の頭とやさしい心ではないか、そうなったらずいぶんいいだろうなという話になったんです。

もう一つは、シェークスピアの芝居では、『ロミオとジュリエット』なんかにもそういう薬草に詳しい魔女が出てくるし、また『夏の夜の夢』なんかでは、人間が動物になるでしょう。動物というのは今の話でも、結局人間なんですね。

山中　そうです、本能部分のね。

中村　だから、そういう深層のリアリティを非常にうまくつかまえている。そういえば、猫のトマシーナをエジプトの猫女神の子孫として神話学的な背景をもってきているのもニクイですね。魔女のローリーが動物を治せるということは、最高の治療能力があるということでしょう。

山中　本能的にそれが分かって彼らは行くわけですからね、鐘を叩いて。そこら辺りのとらえ方が、心理学的にいってもものすごく真実を言い当てているんです、それが素晴らしくて。矢川さんの訳語がまたきれいなんですよ。僕は惚れ込んだ、惚れ込んだ（笑）。だから私は矢川さんもきっと一人の魔女だろうと……（笑）。

中村　かなり近いでしょうね（笑）。

矢川　まさか（笑）。

山中　だから雪の中から、黒姫からいらしたというのも、僕らを癒すためだと僕は思うんですけどね（笑）。

矢川　ギャリコの『愛のサーカス』と訳されている本を読んでいらっしゃいます？

山中　いや、まだ読んでないんです。

矢川　あれをお読みになると。ギャリコの集大成みたいなものです。

山中　ぜひ読んでみます。

中村　私も読んでみましょう。

矢川　原題は『ラブ・レット・ミー・ナット・ハンガー』、「愛よ、私を飢えさせないで」というのです。そのものずばりですよね。日本語訳は早川書房から出ていますが、もうテレビ時代になってはやらなくなったサーカスがスペイン巡業をする話なんです。「リリー」の時以来ギャリコってサーカスならお手のものでしょう。で、スペインの田舎に行くと――そこがまたすごいゴヤ的な世界ですが――それこそ貴族の裔の女地主がスポンサーになってくれてて、その孤独な老婦人がサーカスを見に来るのですね。サーカスの中には動物調教師だったか、道化役だかのキリストを思わせる素晴らしいおじいさんがいて、彼女はそういう中に、自分の求めていたやさしさを見つけちゃうんです、動物を扱う人たちの中に。魂の飢えを食欲でみたそうとして、自分のお尻も拭けないほど肥ってしまったオールドミスがですよ。それで経済的にサーカスを支えるのと交換条件に、そこの小人と道化師を自分の家僕にほしいといって引取るのです。小人は何をするかというと、これがまたものすごいの。テーブルの下にいつもひそませておいて、結局彼女のセックスのなぐさめ相手ですね。

中村　その『愛のサーカス』と『まぼろしのトマシーナ』とどちらが後なんですか。

矢川　この本は割合後です。六〇年代になってからで、岩波書店から出ている『トンデモネズミ大活躍』の少し前かしら。

山中　あれは私だけでなくうちの一番下の娘がずいぶん喜んで読んでいましたよ。

児童文学の批評について

中村　ギャリコの話が出て、ちょうどいい機会だから言うと、児童文学とか童話というのはお二人に非常に関係深い領域なんですが、私のような門外漢から見ていると、たまたま偶然にこれは素晴らしいという本に出会うことはあるけれども、一般に流通しているもののレベルはそれとは非常に違うんじゃないかという気がするんです。

ところが清水真砂子さんの『子どもの本の現在』というのを読みましたら、私は日本の童話作家の作品もそうたくさんは読んでないんだけれど、実に的確な批評をなさっていて、感心しました。その世界では大変評価されている灰谷健次郎さんの作品を読んだ事があって、確かにレベルは高いけれども、果してこれを手放しにほめてしまっていいんだろうかと私は思っていたんです。ところが、清水さんが非常に的確に、しかも相手の事を低めて斬っているのではなくて……。

山中　きちんと評価して斬っています。

中村　児童文学にこういう良い批評が出てきたのは、

新しい事なのでしょうね。

山中　そうです。大体、児童文学は批評の対象にもちろんならなかったわけじゃないのでしょうが、こういうレベルでの議論というのはやっぱり新しいと思います。私は門外漢ですが、矢川さんはもっと詳しいわけだから。

矢川　いえ、私も全然……。こっちはいわゆる児童文学者の世界に、いつのまにか不良少女がまぎれ込んでしまったみたいなものですから（笑）。

山中　それが大事なんですよ。純真無垢のきれいきれい、かわいいかわいいかわいいという子ども像というのが児童文学だというのはウソなんです。ご承知のようにグリムが訳された時に『灰かぶり姫』にしろ何にしろ、足を切っちゃう部分とか残酷な部分は全部、子どもの教育上よくないといって捨てられたわけです。まずペローがそんな事をやり、教訓までつけた。ところが実際グリムのオリジナルを読むと分かるように、ものすごい事がいっぱい書いてある。例えば『白雪姫』なんかでも、白雪姫を殺そうとしたのは初版では実母なんです。ところがグリム兄弟の第二版からはあれが継母に替えられるんです。伝承通り残すのが建て前のグリムですらこうですからね、ましてや翻訳の時には全部削られる。ああいう残酷なネガティブな表現をとったものは子どもの前には出さないというのが一時期の考え方だった。ところが、今の児童文学を見ていると、子どもは実は初めから何でも知っているんだ。大人が隠している事も知っている、例えばセックスも含めてね。全部知っているんだけど、知らん顔しているだけなんだ。それなのにそういう事を書いてない、あ、これウソだという事で、彼らはすぐ分かっちゃう。

そういう意味で、中村さんのおっしゃった通りで、ほんとにアットランダムに探して、「あ、すごいのがあった」という格好で出会うしかない。なぜかというと金の出どころは親だし、そんなの買っちゃ駄目だとか、選択もそんなに自由にできるわけじゃないですから。だけど、ひとたびそういうのに出会うとすごい親密なコミュニケーションができるようになって、僕なんか見ているクライエントはそういうのが多くて面白いんですよ。だから、なぜ児童文学に私が近づいたかといったら、クライエントが窓を示すからなのですね。

中村　クライエントの子どもたちがきて、そういう話を一生懸命するるんですね。

山中　そうなんです。だって私は、彼らが一番目を輝かしている事を聞きたいわけですから。そうすると「この間ね、北杜夫のね、本を読んでね」という調子ですよね。それで「何読んだの」と訊いたら、例えば『さびしい王様』だというわけです。自分がさびしい王様なわけです。それで本屋にたまたま行って調べていたら、『さびしい王様』、『さびしい乞食』、『さびしい姫君』なんて書いてある、三種類そろっているから全部あるわけですよ、男の子のも女の子のもね。そういうわけで、例えば北さんのものをずうっと読みだす。あるいはギャリコを、今江祥智とかを読み出すでしょう。そこで地下水脈がザーッと出てくるわけです。その話聞いているだけで、僕は一回に五〇分しか会わないんですが、何も読まないうちにもう読んだ気になっちゃうようなのが多いんです（笑）。

中村　しかし、そういう所へつながっていく、大げさに言えば一つのコミュニオン、共同体みたいなもの。そういう形でなされる児童文学の紹介というのがどうしてないんだろう、不思議ですね。

山中　ないですね。だから、そういう意味ではさっきの清水さんが今子どもたちの相当部分、あるいは大人たち、青年たちが灰谷健次郎いい、いいとやっていた――僕にはどこか灰谷さんのウソの部分が見えちゃうんです。もちろん僕にも僕のウソの部分があり、誰にでもあるわけですが――つまり灰谷さんが神聖化される事の功罪を清水さんはみごとに斬ったわけですね。僕は僕なりに清水さんにすごく共鳴してすぐ手紙出したんです。そうしたら清水さんから、どうも東京でも、大阪でもこの批評は疎んじられているというか、むしろ避けられている感じがしますという返事が来たんです。

矢川　批評不在の世界なんですよ。論争も起きないし。

山中　僕はなぜ手紙出したかといったら、素晴らしい教師、例えば鹿島和夫さんという方が同じ灰谷さんの仲間でいるんだけど、彼は今も実際教師をやっている。彼は『一ねん一くみせんせいあのね』の続編も出して、子どもの真実をどんどん吸い上げているわけだけど、灰谷さんにもそういう子どもの真実とほんとに直面しながら教師を続けていってもらいたいと思うわけです。有名人になって、作家になったから教師をやめて島にこもって畑耕して、一人だけ晴耕雨読の老賢者になるというのではね。

なぜかというと、私は臨床家の中にそういう何人かの人を知っているわけです。あるケースの分析をみごとに展開して有名になり、あるいは論文をつくってとか、いろいろあるでしょうが、それで一切診るのをやめてしまったという治療者が何人かいるわけです。

現実の変化の中で子どもにどう対応するか

中村　それは大きな問題ですね。もう少し詳しく言うとどういう事なのですか。

山中　ある種の病気があるでしょう。例えば、自閉症とかナントカ疾患というのの大家になるわけですよ、患者を素材として診てね。有名になるとそういう人たちを診ることをやめて論文や本ばっかり書いている。ところが私の考えでは、これまでの知識を集大成する事も大事なんだけど、もっと大事なことは現実に時代は変わる、子どもも変わる中で、要請されるものはどんどん違ってくるわけですから、それに対してどう直面し、どう対応するかという事だと思うのです。

それがセラピストなり、教師なりに求められているのに、過去の栄光だけにしがみついているのは、許せんわけです。私の立場からする灰谷批判というのはそこだったんです。そこの部分を、私の場合にはまだ未分化で言葉にならなかったのを、彼女は明晰な言葉で斬ったわけですよ。

中村　おそらく大人の小説の批評でも、こんなにピタッと決まっているのはあまりないと思いますよ。だから非常に感心しました。

私なんかもこのごろ思うんだけど、大学生が毎年入ってくるでしょう。初めしゃべっていると、ほんとにこっちが分からない事をいろいろ言うわけですね。この間も、「先生、しゃがむというのを知ってますか」と言われて、大体見当はついたけど、よく分からなかったら、この頃、盛り場で輪になってみんなしゃがむでしょう、あれなんですね。昔だったらそれこそ浮浪者が焚火かなんかしている格好だねという話をしたんだけれども、ほんとに現実というものは動いているし、こっちが分かったと思っても、次々に分からないことがたくさん出てくるんですね。だから、この頃は教師やっていて、授業料をこっちが払わなければいけないのじゃないかと思うことがよくあります。確かにそういう接点は大事だと思いますね。殊に臨床家の方の場合にはそういう接点を切ってしまったらいけないし、そういう意味では現場というものはすごく大事ですね。

山中　大事なんです。今日は教育の問題が一つのテーマだったと思うけれども、教師が力を失っているのは、過去の教育論が一切役に立たなくなったからです。彼ら自身、何していいか分からない。というのは、結局子どもたちはいつもその時代の一番先端の部分の新しい側面からどんどん叩きつけるわけです。その相手が親であり、教師なんだけど、父親は不在化していて、答えられない、教師も答えられない。誰を怒っていいか分からないというので、自分を責めざるを得なくて自分の体をさいなんでいく。それにも誰も気がついてくれない、だから潜在化していくという過程の中で悩んでいる子どもたちに対して、教師は一体どう対応すればよいのか。その時に答えは一つしかない。自分自身が悩んでいるのかどうかなんです。自分の痛みを自分で痛んでなくて、子どもの痛みを共感できるなんてはずがない。ところが教師は先生と書いてあるから先に生まれただけにすぎないのに……。

中村　あるいは先ず生《ま》きているだけなのに（笑）。

山中　先ず生きているにすぎないのに（笑）、教えることだけにきゅうきゅうとしているから、子どもは教師から教えてもらう事なんかないという事が、初めから分かっている。そうじゃなくて、自分が痛んでいるか、自分自身が悩んで苦しんでいるかという所で一緒になれるかどうかが問われているのに、そこの所を全然無視して教師をやろうといっても無理なんです。治療者だって同じです。だからすぐ、山中先生は本やなんかいろいろ書いて分かったような事を言っているけど、ほんとに分かっているのかと、僕に向かってくるわけです。

中村　そういう問いかけは迫力がありますね。

山中　だからいつでもたじたじですよ。僕はこの間半日入院したんですよ。ウワーッとやられて、急性の神経性胃炎をやった。五分おきに胃の痛みが来るんですわ。グウッとね。僕は陣痛というのはこういうものかしら（笑）と片方では思ってたんですけどね。家に帰ってから、妻におまえ大変だったんだななんて（笑）、今ごろ言ってるんですけどね、三人も産ましておいて。

とにかくいつも刃を突きつけてくるんです。だけど面白いですね、ほんとに殺しはしないんですよ。目先一寸まで刃をもってきますけど、それでほんとに受け入れる相手かどうかを試すんですね。それはもちろん言葉の刃ですけどね。

中村　相手も、普通考えられているよりはるかに分かっている、あるいは意外に呼吸を心得ているわけですね。

山中　「分かっている」と言われたけれども、無意識的にはキャッチしている。言葉になってないとか、意識化してないだけでね。それにほんとにどう対応するのかという事が教育でも問われているのではないかと、私は思うわけです。

女性の目から

中村　矢川さんは児童文学の内部にいてすでに実践していたわけですね、純真無垢という神話に囚われない童話というものを。

山中　不良少女である自分というのを最初から意識してらしたと思うんですよ。

中村　どうですか。ずっと今まで仕事していらっしゃって、一〇年前、二〇年前の児童文学の空気と違いを感じていますか？

矢川　私は遅く入ってきたので、あまりその世界の事をよく知らないんです。

中村　それが逆によかったんじゃないかな。いわゆる児童文学という事を枠として意識しない事になって。

矢川　考えてみると、一〇代の途中から四〇近くまで、大体ジャリものというのを軽蔑するばかりでしたね。もともと自分自身、子ども社会の中の弱者でしたもの。ひたすらそこから逃げだして早く大人になりたくて。育つ時にはみんなそうかもしれませんが、やっぱり背のびしながらでも大人や男の読んでいる本のほうが面白いし、一人前になった気がするし、子どもの本なんて絶対……（笑）。そういう感じでいましたよ。でも、食べる必要から読み直してみて、ははあと思ったんですね。例えば『ハイジ』なども、あれはほんとに食べるために訳すので読み直したんですが、あれを書いたヨハンナ・スピリの一家がまた面白いんですね。お父さんが精神病院を経営していて、村のいろんな神経症や精神病の患者を預かるわけです。それで子どもの時から同じ食卓に、患者さんも一緒に、大ぜいの大家族の中で面倒みたりしてあげながら育ってきているんです。

それからこれも女流ですけど、『ニルス』のラーゲルレーヴという作家ね。私はあの人に惚れ込んでいるんだけど、あの人は自分自身子どもの頃に、妹が産まれたショックかなんかで、歩けなくなっちゃうんです。そういう体験を経てきているんですね。ああいう人たちの書くものを読むと、べつに同性の味方をするわけではないけれども、女流の目というのはやっぱり昔からよく見ていますよ。デュ・モーリアだってそうでしょう。『フランケンシュタイン』のメアリ・シェリイなんて、伝記一冊書いて捧げたいくらい。

山中　それは女性はすごいですよ。マヤ・ヴォイチェホフスカという作家――清水さんがすごく高く評価しておられるんだけど――の『夜が明けるまで』という作品なんかもすごいし、アーシュラ・K・ル＝グインにせよ女性でほんとにすごい人はすごいと思いますよ。

中村　今の矢川さんの話を聞くと、普通考えられているよりも児童文学と精神医学とのつながりは、ずっと緊密なようですね。

山中　僕の場合特に児童精神医学にもかかわっていますからね。

矢川　ジョルジュ・サンドの『愛の妖精』も、あのプチット・ファデットという、薬草の知識を備えた、それこそ赤毛の魔女の一八世紀版みたいな少女が主人公なんですね。

中村　そういうほんとに興奮させるような素晴らしいメッセージが、もうちょっとうまく広がっていってもいいような気がするんだけど。

矢川　やっぱり男……。

中村　男社会の罪悪ですか。

矢川　私自身ごまかされてというか、そちら側にばっかり魅力を感じて女流のものは全然読んでもこなかったんですものね。なにも古典や文学に限りません。自分が《有徴》であった次元に立ち戻れないような人は、何をおっしゃってもそらぞらしい感じがして……。その意味では、スーザン・ソンタグとかジュリア・クリステヴァとかいう人たちが他でもない女だという事を、心ある方々に百ぺんも考え直してみてほしいものです。

なぜ少女漫画が読まれるのか

中村　今の話とちょっと違うかもしれないけれど、この頃は少女漫画が非常に人気があるでしょう。矢川さんはあまりごらんにならない？

矢川　あんまり見てないんですけど、私に少数ながらファンレターをよこすような女の子が、よく漫画を送ってくるわけですよ。ぜひ読んでほしいといってね。

中村　漫画を自分でつくってですか？

山中　いや、自分が買ったものを読めと……。

矢川　自分のお古を読めと……。

中村　面白いな、それは。これが分かってくれないと、私の事は分からないという事なんですかね。

山中　そういう事は私にもあります。私のクライエントが「これ読んで下さい、これ私の事です」という言い方で、大島弓子の『バナナブレッドのプディング』というのをパッと見せてくれたりする。

矢川　私もそれももらった。山岸涼子の『天人唐草』というのなんか二冊ぐらい来ちゃった。

中村　さっきの卒業式の時の自己表現じゃないけれ

ど、自分が言い表したい事を、かわりにうまく言ってくれているという事ですか。

山中　という事はどういう事かというと、私なりにみると、今漫画家になるのは男性よりも女性が多いんですよ。さっきの塾の先生になる男性の教師の場合とちょうど対極なんですよ。女性の編集者、コピーライター、シンガーソングライター、漫画家というのが、女性の新しい職業の中で、時代の一番先端の部分を非常にうまく表現している人たちだと私は見ている。その人たちが表現した事と私たちが感じているのは同じだという共感のあり方ですね、子どもたちにとって。それで「先生、これ私」と、こういう格好になるのですね。そこにはモノセックス、ユニセックス、オーラルセックスから全部入っている。かつての漫画は、男の読むいやらしいナントカというのと少女漫画は分かれていた。それを全部取り込んで昇華しちゃって、一つの独自の世界をつくり出している。漫画って小説とは別のジャンルなんですね。

中村　少女漫画というのは男の子も読むんじゃないですか。

山中　読んでますよ。男もじゃなくて、男が読むの(笑)。特に竹宮恵子とか、大島弓子あたりはそうですよ。

矢川　作者が少女であり、読者が少女であっても、主人公は少女とは限らない。『ポーの一族』なんて、男の子の学園の話を女が書いているんですもの。『日出処の天子』だってそうでしょ。

山中　女の子は何読んでいるかといったら『ジャンプ』とか、男の子が読むようなものを読んでいますね。

中村　そういう点ではずいぶんクロスしているというか、今までの見取図ではつかまえにくくなっていますね。

山中　それともう一つMTVなどで見られるように、ハードロックから映像化が進んで音楽よりも見て聞くものという感じになって、子どもたち自身実際インスツルメントは自分で演奏できるでしょう。

中村　パフォーマンスですね。

山中　完全にそうなんですよ。まさに共通感覚じゃないけど、それを全部表現して共有する世界というのが、若い人たちが窓になっている部分なので、だから僕は一緒に聞いているんですよ。デュラン・デュランとか、ピンク・フロイドとか、マドンナとかをね。

中村　そういう話を聞くと、いろいろな表現が殊に子どもとか若い人に出ているけれども、それを既成の大人たちがいい意味でカナライズする、方向づける装置ができてないのですね。

山中　できてない。それに全然そこに入れないいんですよ、できてない以前にね。

中村　ごく少数の人が、例えば私がちょっと驚いたのは経済学者の玉野井芳郎さんですが、玉野井さんは、沖縄でロックグループの若者たちの中に抵抗なく融けこんでいました。そういうオヤと思う人がいない事はないんだけれども、全体からすると、今の日本の社会はそういうものを受け止めるような、あるいは方向づけるようなものが非常に欠けていますね。

山中　欠けていますね。

中村　教育の問題の根っ子の一つはそこら辺にあるんじゃないですかね。

山中　そう思います。大人の側、教師の側はそれに対してどうアプローチするかという事が大切なので、そんなものは子どものアホみたいなものだと言っているのでは、どうも違うんですよ。

ただ、わけ知りおじさんみたいにそういうのを半知りでやると、絶対バサッと殴られますわ。だから僕は半知りの事は言わないです。僕の知識というのは何かというと、さっきも申し上げたように、クライエントからもらったものであって、それのリフレクションにすぎない。だから、知らない事を知ったかぶりしてやったら駄目なんです。

中村　半可通なんかでは見抜かれてしまう。

山中　ええ、すぐ見抜きます。人間のニセモノかホンモノか、彼らはものすごい嗅覚と目で見ている。だから教師がその「人間」を問われている時に、人間でないもので答えたって駄目なんだと私は見ているんです。

中村　教育の問題はそういうふうにいろいろな所にかかわるから、どこかをいじくって直せばそれで全部がよくなるものではないですね。

山中　ハウツーはありませんね。それが現代の問題だと思うんです。だから、中村さんの『術語集』が要るんですよ（笑）。

大人自身が問われている

中村　それはともかく互いに密接につながっている社会的、文化的な問題の一環だから、部分的にここをこうすれば簡単によくなるという安易な考えだけはごめんですね。言ってみれば、まず自分自身を問わなければならないし、できれば、これはとても印象深かったんだけれど、山中さんがおっしゃった事で、こっちがうかうかしていると子どもの患者に横っつらを張り倒されるという、そういう場面に我々は、それぞれの仕事の中で身を置かなければ駄目でしょうね。

山中　私は冒頭に身体化という事を言って、さっきは突発性腎出血を挙げたのですけど、例えば「発熱」というのもある。熱が三七度二、三分に上がるんです。ところが身体的な検査をしても異常は一切何も出ない。なのに熱だけは必ず七度、ひどい時には八度もある。そういう潜在化した症状が示されてきている。あるいは先ほどの登校拒否にしろ、家庭内暴力にしろ、そういったものの表現は何か、誰に向けられているものなのか、一つは親に、一つは教師にですね。でも、それは子どもたちにとっては結局全部を代表しているものですから、社会にという事なんです。

その事は、結局今ほんとに生きているのは誰なんだ、一体生きるという事はなんなのか。人間とは一体なんのために存在しているのかという事が、自分らも分からないんだけど、おまえたち大人はほんとに分かっているのかという問いかけなわけですよ。そういう事が冒頭に私が言った症状といった形で出てきているので、その症状の裏の意味、象徴的な意味があるのですね。実はそこら辺りの事が問いかけられているんだ。だからその事に答える事にまさに我々自身が直面しない限り、教育が何だとか、治療が何だとか、いくら素晴らしい事を言っても、絶対駄目だと思うんです。

だから、まず自分自身がほんとに生き甲斐を持っているのか、何のために生きているのか。もちろん生き甲斐を持てるような職業につけている人というのは一握りだと思う。たいていの人は職業そのものに生き甲斐を見出す事が難しいでしょう。じゃあ何に見出すのかという問題が今あるわけです。子どもたち自身にもそれが見えちゃっている。つまり、子どもたちが二一世紀にどう生きていくのかという事以前に、今生きている大人が自分は一体どこに自分の生きているというあかしを見るのかという事を、子どもたちが問いかけているんだという事に気がつかない限り、教育も何もないというのが私なりの結論です。

中村　そのお話を伺ってさらにはっきりしたのは、七〇年の怒れる若者の時には、社会も、大人もみんな自分が問われていると思ったわけです。ところが、今の子どもの問題になると、自分が問われていると思わないで、今までの教育がいけなかったとか、社会工学的に世の中はこうすればよくなるとかいうふうに割と安直に考えられていると思うんですよ。だから、問題は今顕在化している問題もある程度の時間のパースペクティブの中で見てみると、かつて問われた事に大人の社会が全然答えを出してないわけですね。だから、その辺の問題に答えるという事は、とても小手先じゃできないと思うんですよ。

矢川　もう一つ、私は今の大人たちのほうがとても特殊な人種なんじゃないかと思うのです。これだけ学校教育や文明の利器の恩恵に浴して、明るい所で、ロゴスのひかりの中で育って、それを一つのいい価値だと決めてかかってしまっている人種は、考えてみれば、人間の歴史の中で非常に特殊なのではないでしょうか。

中村　確かに特殊ですね。私もこの頃思うんですが、今の日本人の生活の仕方は日本の歴史の中にかつてなかったことだし、我々が経過しているこの数十年の間の急激な変化はおそらく世界史的にもなかったと思うんです。そのくらい新しい経験ですね。

それから、いま矢川さんが言われた、明るい価値観の一般化。つまり暗いものとか、攻撃性とかに対する訓練がなしにすんでしまっているわけですね。だから制度いじりですむ万能の処方箋なんかあるはずがないと思うんです。

山中　安易に宗教に結びつけたくないのですが、宗教性、あるいは超越という事に対する感受性が必要かもしれないと思うのです。蜂屋慶さんというある女子大の学長さんをしてられる方が言っておられる事に、お化けと神様が心の中からどっかへ消えてしまったという事がありますが、その事とも関係がある。つまり明るくなり過ぎて、影の存在する場所がない、と言われたわけです。僕はその蜂屋さんの意見に大賛成なんだけど、最近では逆転して白昼が恐怖なんだというケースもあります。

中村　影がなくなった怖さというやつですね。

山中　そうなんですよ。そこら辺りまできているから、矢川さんの言われるように、今はまさに子どもを含めてですけど非常に特殊な大人社会だと思います。

矢川　その、影にひそむもののことですけれどね。そういえばさっきの「ミツバチのささやき」では子どもたちがフランケンシュタインの怪物の事を、エスピリトゥ、つまりスピリッツという呼び方をしているのですよ。あの映画、原題がそもそも『巣箱の精霊』なの。

山中　すごく面白いですね。怪物の向こう側にスピリッツ（精神、霊魂）がいるわけだから。

中村　それはたいへん現代的な謎解きの問になりますね（笑）。

12

荒井良二＊
（あらい・りょうじ）

×

山中康裕

箱庭を作ろう！

山中　箱庭を作りたいとおっしゃったのは、荒井さん御自身？

荒井　はい。河合隼雄さんの本で知って、興味を持ちました。

山中　ＯＫ！　それじゃあ、テストをします。箱庭を作ってもいいかどうかのテストですよ。

荒井　ええっ！　テストですか。

山中　荒井さんを試すためのものじゃないので、ご安心を（笑）。

　ここに紙がありますね。何を描いてもらうかというと、風景です。まず、川を描いて下さい。

荒井　川……ですか。

山中　画家の方に絵を描けなんて、本当は失礼なんでしょうけど。

荒井　いやいや、従います。こんな感じかなあ……。

山中　ＯＫ！　次は山です。その次は田んぼ、そして道を描いて下さい。

＊絵本作家。イラストレーター。

荒井　道を描くとなると、川に橋を架けないと……。

山中　いいですよ。架けて下さい。好きなようにしていいんです。全然、決まりはありません。次は、家です。

荒井　一軒ですか？

山中　一軒でも、二軒でもかまいませんよ。

荒井　あっ、木を描いちゃった（笑）。

山中　全然かまいません。家の次は、木を描いてもらおうと思っていました。木の次は人、動物、花、最後に石を描いて下さい。

荒井　石ですか……？

山中　面白いでしょう。これは、わたしの親友で精神科医の中井久夫さんが発明した方法です。

描き加えたいものがあったら加えて、風景を完成させて下さい。

さて、ここからが大変ですよ（笑）。パステルで好きなように塗って下さい。

荒井　ああ、色を塗るんですか。（黄色のパステルで空を塗り始める）

山中　荒井さんは、『うちゅうたまご』でもなんでも、まず黄色から始まっていますね。

荒井　始まりは黄色ですね。

こんなんで、いいんでしょうか……？

山中　もちろん。好きなように描いて下さっていいんです。

荒井　すごい下手くそだなあ……。

山中　上手、下手を見てるわけじゃありませんから。ありがとうございました。

荒井　なんだか緊張してしまって……もう。

山中　しかし、驚きました。抽象じゃない絵が出てくるとは。

絵本を拝見して、荒井さんは抽象をお描きになるとばっかり僕は思っていたから。

荒井　ええーっ！　そうだったんですか。

山中　急に大人になっちゃうんだもん。びっくりしましたよ。

荒井　まずいなあ……（笑）。

山中　まずくないですよ（笑）。

傑作だったのは武満徹さん。あの人ね、僕は絵は描きませんとおっしゃって、楽譜をお書きになった。それも五線譜じゃなくて打楽器の、五線よりも多い……。僕に読めるわけないじゃない（笑）。

荒井　僕は、言われた通りに、素直に描きすぎました（笑）。

山中　この風景は、実は荒井さんの原風景なんです。ちょっと質問していいですか？　季節はいつですか？

荒井　夏に向かう前です。

山中　時間は？

荒井　夕方前。

山中　なるほど。人は男ですか？　女ですか？

荒井　男です。

山中　動物は？

荒井　犬、鳥、カラス。

山中　川はどちらから流れていますか。

荒井　右上からです。

山中　道は左へ行くとどこへ出ますか？

荒井　街です。

山中　山の高さは？

荒井　けっこう高いですね。二八〇〇メートルぐらい。

山中　合格です！　その理由は、専門用語で恐縮ですが、カラー・ショックもないし、パースペクティブ（遠近法）も効いているし、無論のこと、構成力もありますから。隣の部屋へ行って、箱庭をつくりましょう。

（腰の高さに砂の入った箱があり、両端の本棚にはおもちゃがびっしりと並んでいる）

山中　ちょっと砂に触れてみて下さい。細工をする時は霧吹きで水をかけます。砂を掘ると川ができます。あとは自由に、ここにあるおもちゃと、それ以外にもこの部屋にあるもので使いたいものがあればなんでも使って、好きなようにやって下さい。つくり方も時間も自由です。

では、どうぞ。

荒井　（すぐに反対側の棚から大きめの人形を見つけて）これ、かわいいですね。どんどん置いちゃっていいですか？

山中　はい。好きなようにやって下さい。最初にお取りになった人形は、家内が四〇年前に作ったものですよ。僕も一緒に三〇個ほど作りました。この類の人形をね。すごいでしょう。

荒井　そうなんですか！

（人形を置き、川と池を作る。ポスト、城、ろうそく、東京タワーと置いていく）

山中　ろうそくに火をつけていいですよ。

荒井　じゃあ、あとで……。こんなんで、いいんでしょうか？

山中　はい。好きなようにやって下さい。

荒井　怖いな……（笑）。

山中　診断のために使うわけじゃありませんから、大丈夫です（笑）。箱庭をね、そういうふうに思っている方は多いんですけど、違うんですよ。箱庭は、楽しむためのものです。我々の所を訪ねて来るクライエントの方々は、抱えている問題が大きいから、初めのうちはなかなか楽しめないんですけど。

荒井　石がないかなあ……。

山中　あると思いますよ。ここに一つ……ここにも一つあった。

荒井　あ、大丈夫です。ありがとうございます。

（少しずつ緊張がほぐれ、棚の奥にあるおもちゃも選び出す）

楽器みたいなものって、ありますか？

山中　ここに、ありますよ。なかなかいいものがないんだけれど。

荒井　いやいや……あっ、楽隊がいた。

山中　自分で発見するほうが面白いでしょう。荒井さん、遊び出しましたね。

荒井　（掃除夫のおもちゃを手に取り）これ、持ってます。

山中　さては、ご自分の家でも楽しんでらっしゃる（笑）。

（すでに八〇近く並んでいるおもちゃの位置を整え始める）

荒井　いよいよ完成間近です。

これぐらいでしょうか。最後に、ろうそくに火をつけて……。

山中　マッチがどこにあったかな……。ごめんなさい、見つからない。
荒井　いいです、いいです。
山中　僕が火をつけていいって言ったのにね。
ほぼ、いいですか？　そしたら、ちょっと教えてほしいので、二、三、質問させていただきます。
ここになかったから置けなかった、というものはありませんでしたか？
荒井　大きな石……ですね。
山中　もしあったら、どこに置きましたか？
荒井　（後方を指して）この辺りです。
山中　箱庭におもちゃを置いてみて、どうでしたか？
荒井　最初は緊張して、うまく頭が働かなかったんですが、途中からだんだん楽しくなって……。
山中　どんどん自由になってきた。
荒井　すごく自由になりました。
山中　さて、これはどんなところですか？
荒井　街と山がある暮らしで、（赤い屋根の家を指して）これが僕の家です。
山中　なるほど。「太陽の塔」の前にあるんですね。いいなあ。
ありがとうございます。ご苦労様でした。それでは、あちらでお話ししましょう。
山中　僕はね、最初の絵を見てびっくりしたんです。すごくパースペクティブが効いてるでしょう。絵本を拝見すると、一見、最初のページから一気呵成に描いたように思わせるんだけど、実は違うという事が分かって。
荒井　わあ、すごい！
山中　最初にパースペクティブを効かせて、山までの距離や川の流れる方向まで、見通しが全部できているんですよ。それができていて、いかにも偶然という顔をして描き始める人なんです。
荒井　そうです。その通りです。
山中　『えほんのこども』なんて、とくに僕は大好きなんだけど、いかにも自然。「いかにも」というと作為があるようだけど、そうじゃなくて、作為のない所に作為がある。そこが、僕が荒井さんを好きな所です。

荒井　ありがとうございます！

山中　どこで終わるかを最初に考えてあるから、安心できる。

ところが、こういう絵本を作る人の中には、どこへ行くかさっぱり分からず描き始めて、最後に無責任にこんな所に着いちゃった、と言って終わる人がいる。それはそれで面白いんだけど、それ以上は読まない。だけど、荒井さんの作品はもういっぺん読みたくなる。

箱庭も同じで、「これが僕の家です」とご自分からおっしゃったでしょう。この事からも、遠近が取れる人だということが分かる。

全体像を見通した上で、部分部分を切り取っても世界ができている所も荒井さんの特徴で、絵本作法とほとんどパラレルになっていますね。

荒井　遊んでいますね（笑）。

山中　どこを見ても面白い。もう、どれだけ芸が細かいか（笑）。それぞれに物語がありますね。最初に置いた人形が荒井さんにとって女神様ですよ。ユング派の人はアニマ領域と言うだろうけど、あんまり専門語を使って分かった事にしたくないんです。だから、この部分は荒井さんの女性領域。その隣、マリア像のあるのが聖なる領域。

左上はちょっと古めかしさとか厳かさ、歴史への畏敬を感じさせる領域。ろうそくの部分は、とくに荒井さんがエネルギーをかけた部分ですね。

荒井　そうです、そうです。

山中　首飾りをこれだけ使って、これを作ったのが男性とはとても思えない（笑）。

荒井　すごく好きなんです（笑）。

山中　右端のトンネルは、荒井さんがこれから通る暗闇ですよ。絵本という表現に出会ってから、ここまでまっしぐらに来られたでしょう。いろんな試みをして、一〇〇冊も絵本を作ってこられた。石が欲しいとおっしゃったのも、これまでの苦労と、これから乗り越えていく苦労を意味しているようです。一回は暗闇を通らなければいけないし、そこから出た時に、はっと思いつくものをやっていかれるだろうと思います。これからもっともっと新しいものが出てきますよ。

荒井 そうですか。面白いトンネルになればいいなあ。

山中 それと、荒井さんは色がお好き。ここには赤も青も黄も緑も白も、全部ある。これだけ色を使って、嫌味を感じさせない人を僕は二人だけ知っています。荒井良二と、ブライアン・ワイルドスミスですよ。

荒井 やったあ（笑）！

山中 ワイルドスミスも、あれだけ極彩色を使いながら、全然嫌味がないでしょう。

荒井 確かにそうですね。

山中 他にもそういう方はいるんでしょうけど、僕の中に思い浮かぶのはこの二人です。

荒井さんは、色の持つ意味が身体の中に入っている人ですよ。専門用語で言うと、共感覚（センスス・コムニス）のある人。例えば、青という色には、澄んだ空の色や、透き通った気持ちなんかが、属性として入っている。この箱庭にしても、一見、むちゃくちゃに置いているように見えるけど、実は全然違う。共感覚に従って、やっているんです。だから、荒井さんはその感覚を持っている子たちとごく自然に絵本でつながることができる。持っていない子なんて本来いないんだけど、通路が狭くなっている子が今はたくさんいる。そこに通じる部分をちょっとでも感じたら、どの子も「ああ、面白い」って絵本の世界に入っていくと思います。

荒井 実は、これまで僕の絵本について、子どもを無視してるってずいぶん言われてきたんです。

山中 子どもなんか無視したっていいんですよ！ 長新太さんなんて、初めから全然媚びてないでしょう。自分が楽しかったらいいんだ、っておっしゃってた。そうしたら、面白いと思ってくれる人が子どもにも出てきますよ。

荒井 僕も、遠い道のりでいいから、そういうふうに自然に移行すればいいと思っています。

もしかしたら、到達しないかもしれないけれど……。

山中 誰だってそうです。到達したなんて思ったら、誤解ですよ。ここは四階ですけどね（笑）。

荒井 やっかいですね（笑）。

山中　荒井さんを内界から見る事ができて、今日はとっても楽しかったです。

荒井　こちらこそ！　本当にありがとうございました。

（於　京都ヘルメス研究所、二〇一〇年一二月一〇日）

13

鶴見俊輔*
（つるみ・しゅんすけ）

×

山中康裕

二階の女

病棟の歌手

鶴見　老人の施設にはよく行かれるのですか？

山中　いえ、施設ではありません。私がお邪魔しているのはある病院でして、伺うようになってからちょうど一三年になります。ただ、私も大学の教官という仕事がありますので、毎週一回、金曜日だけです。しかし、これはほとんど欠かした事がありません。

大学では臨床心理学を講じているのですが、同時に精神科医でもありまして、医師として機能し得る部分を生かせられたら、という事で伺ったのですけれども、週に一回で精神科医的機能を果たすというのは、なかなか難しい。実際、外来では幾分か可能ですし、それはしてるんですけれども、病棟で毎日の生活をしている人たちの所へ、週一回現れる人間が何かインパクトを与えるという形は良くないんですよ。すぐそれに気がつきまして。特に思春期前後の大きな変動を見せる人たちには、週一回で何か良い作用を及ぼすというの

*哲学者。評論家。

は不可能どころか悪作用の方が多いですから。それで私が役に立ちそうな何か、しかも私が行く意味がなんらかの形であるものはないでしょうかと当時の理事長先生に申し上げたら、今でこそどこの病院でも老人医療をと言い出してますが、当時としては先取的に老人に着目されて、始めておられたんですね。それなら私も少しは手伝わせてもらえるという事で、伺うようになったんです。

私も医師の端くれでしたので、初めは医療をああしたらよい、こうしたらよいといろいろ工夫してやってたのですが、そのうちに、老人の方々が求めておられるのは医療も必要ですが、それよりも、実は話し相手が欲しいのだという事が分かってきました。これがなぜ分かったかというと、待っておられるんですね。私は週に一回伺うだけなのに待っておられるんですよ。しかもそれが「認知症」という診断を受けた方で、自分の隣りについて来た息子さんが自分の息子であるという事すら分からなくなってしまった、というような方々なんです。ところがその方が「あんたよう来たね。あんた元気だね」とか言ってくれるわけです。初めは私個人に対する言葉なのかどうか弁別できなかったのですが、そのうちに段々と私という存在、要するに話を聞いてくれる存在としてはちゃんと同一性が保たれている事が分かってくるんです。この事から「ああ、こんな私にも意味がある。役に立ちそうな事があるんだ」と少しだけ意を強くしました。二、三年目の事です。その頃から認知症老人と言われる方々を中心にしてお会いしてきました。

鶴見　この前お会いした「命のシンポジウム」（朝日新聞主催）の解散パーティーで歌っていただいたのですが、歌、うまいですねぇ。

山中　いや、お恥ずかしい（笑）。私ね、実は病棟では歌手なんですよ。そこのおじいちゃん、おばあちゃんたちはね、私の事を本当に歌手だと思ってるんですよ。「こないだテレビに出てはったな」って。無論他のシンポジウムや、関口宏などの番組の時に出てたんですけどね、「あんたも全国的に有名になったもんや。今度は何の歌を歌ってくれる」というわけです。ところが私は、普通の歌手とは少し違うのです。というのは、普通の歌手だと自分の持ち歌を歌うのですが、私の場合は逆でして、老人の方に教えてもらうんですし、その方の好きな歌を歌うんです。皆さんご出身が違うわけです。ある方は佐渡のご出身で、佐渡と言えば佐渡おけさですよね。で、佐渡おけさを教えて下さるのですが、歌っていても初めは当然、あちこちに言葉の穴が開いてまして、うろ覚えの所もあるのですが、歌っておられるうちに段々と戻ってくるんです。しかも話し言葉のほうはまったくブロークンなのに歌はすらーっとでてくる事が多いのです。これには大変驚きました。ですから私、佐渡おけさもそうなんですが、土佐の方に教えてもらって土佐節も七番まで歌えるんですよ。ある時土地の人に聞いたのですが、土地の人でもこれ七番まで知ってる人そんなにいないよと言われました。

鶴見　いやーすごいですねえ。いや、脳の損傷っていろいろあるんですよ。私の親父が失語症になって一四年寝たっきりしゃべれなかったんです。ところが歌だけは歌えるんですよ。彼が好んで歌ったのは「ああ、玉杯に花受けて」なんです。

山中　一高の寮歌！

鶴見　つまり彼は一高の英法科の首席だったんです。一高英法科の首席という、全国のトップに立ったという事が彼の一番の栄光だった。そして政界へ入って一度は大臣になったけれども、総理大臣にはなれなかった。だからもう全部その事を忘れたいわけです。もう勲章もすべて忘れたい。彼が拠り所にしているのは「ああ、玉杯に花受けて」でした。

山中　なるほど。そのご自分の黄金時代を表すのが歌なんですね。

鶴見　歌というのは面白いものですねえ。

山中　面白いです。ある女の方も、その言葉はブロークンなどというものではなくて、よくそんな言葉が出てくるなと思うくらいなんです。音韻連合と言いまして、ある音に連絡して次の音が出てくるんです。「あたた、あわら、あらら、ほろろ、ろー、ららら、うん、あらら」と言葉になってないのですが、何かリズムがあっていい。意味は分からないけれども言葉にリズムがあるので、何か歌が出てくるかもしれないと思って、私がおばあちゃんの前で山中節をね、歌ってみたんです。「忘れしゃんすな〜……」ってね。そうすると「山中道を〜」って出てくるんです。で、次に私は黙ってみたんです。するとね、「ひが〜しゃ〜」と、ちゃんと歌えるんですよ。すぐに「西」を入れて完成させました。ただどういう経歴の方かさっぱり分からないのです。だけどえらく艶っぽい歌を、時々歌われるものですから、聞いてみたんです。するとちゃんとそういうキャリアがおありになったりする。もう言葉はメチャメチャだけど、そういう歌が出てきたりする……。

面白い話を一つしましょうか。これはもうだいぶ前の話なのですが、私がこのような病棟に今の形で伺い始めてしばらくの頃の話です。その病棟の、ある部屋は畳の部屋でした。病棟でなぜ畳の部屋がと思われるかもしれませんが、やはりご老人は昇り降りが危ないので、ベッドよりも畳の部屋のほうが絶対に良いのです。で、その畳の部屋には入り口に木の柱がありまして、いつもその柱にもたれているおばあちゃんがいらしたんです。そのおばあちゃんは、私が中へ入っていって皆さんと話をしていると「あいつ、なげーな」と言うんです。そのおばあちゃんが今までしゃべったのを聞いた事なかったものですから、初めは空耳かもしれないと思って、他のおじいちゃんと話してたんです。そうしますと「なげーな、あいつ」ってまた聞こえるんです。そこで「僕の事ですか」とお聞きしたら、「そうだ。銭、払ったか」というんですよ。「えっ、あの僕、払ってないので……いくらですか」って聞いたんですよ。すると二銭だとおっしゃる。「二銭？　何のお金ですか」と聞くと「おまえ、入ってっただろう」と。それ以上は続きませんでした。一体、何の事かなと。次の週、また隣りのおじいちゃんと話していたんです。そのおじいちゃんは鹿児島出身だというので鹿児島おはら節を「花は霧島〜」と一緒に歌ってますと「あいつ、なげー」って、また聞こえてくるんです。そこで、この道四〇年の師長さんに聞いてみたんです。「あのおばあちゃんが話してるとこ、聞いた事ある？」「それが全然ないけど、何かしゃべってはるねえ。先生が行かれると何か言うねえ」と言われるんです。これは後日分かったのですが、亡くなられた後に、ご家族の方が見えて、私がこういう話をちょっと申し上げたら、「ああ、おばあちゃんは四〇年間、番台に立ってましたから」とお嫁さんがおっしゃったんです。

鶴見　ああ、そうか（笑）。

山中　実はお風呂屋さんの番台に立っておられたわけですね。ですから僕は要するにただで入ったと。ただで入ってしかも歌まで歌ってね、なげえというわけだったんです。私怒られた時に、「すいませーん」といって一銭銅貨はないですから十円玉二枚、払いまして、これで良いですかとお聞きしたら「まっ、ええわ」と。訪ねる度におばあちゃんの前で十円玉二枚出さなきゃいけないわけです。無論、飲みこんだりされちゃ困りますので、返してもらうのですが。ところがそのうちに私が歌を歌っていると、「おまえ、なかなか良い」とか言ってくるんです。風呂で歌う人を結局想定しておられたのですね。このおばあちゃんは入院されて七、八年おられたんですが、お仕事をやめられてから二〇年ほど経ってたんですよ。お年は八〇歳くらいでしたから。

障害が多いか

鶴見　それからあなたが書かれたもので忘れられないのが、老人病棟での男の老人と、女の老人の恋愛の話。

山中　時々ありますが、そのうちの一つから紹介しましょう。ただ、一人ひとりのプライバシーをそう簡単に出すわけにはいかないので、大体二、三人の方のそういう事が重なったら一つに圧縮して、一般化させてもらっています。それはともかく、どういうことがあったかと言いますとね、これには私、本当に感動したのですが、おじいちゃんが九四歳、おばあちゃんのほうは七八歳くらいだったと思うんです。で、その方、男性のほうは非常に体の小さい方なんです。ご自分の事を「こまい、こまい（小さい、小さい）」とおっしゃってました。その方はお脚が悪いので、看護師詰め所に一番近い畳のお部屋でした。ある時、廊下をいざっておられたので「おじいちゃん、どちらへ行かれるのですか」とお聞きましたところ、「二階の女に会いに行くところだ」とおっしゃるんです。ところが、その相手のおばあちゃんはその部屋から一番遠い、それもベッドの部屋にいらっしゃるんです。そのおじいちゃんはね、いざっておられるし、体も小さいので、ベッドの上に頭が出ません。そのベッドの上の相手が見えないわけです。ですからそのおばあちゃんは「二階の女」なのですね。しかしいつもいつも這って行かれるのです。ご自分の所からおばあちゃんの所へ行くのに、私が思うにおそらく二時間ぐらいかかると思うんです。

鶴見　えっ？

山中　ゆっくりゆっくりいざっておられるわけですからね。二時間くらいかかってやっとそのベッドの下に辿り着くと「おい、おるか」とおっしゃるんです。するとおばあちゃんのほうはね「はい」と答えられるわけです。ところがそのおばあちゃんは妄想性の方だったのです。「はい」と返事はされても、お二人の会話を私が隣りで聞いている限りでは全然通じていないのです。おじいちゃんはおじいちゃんで好きな事をおっしゃってるし、おばあちゃんはおばあちゃんで好きな事をおっしゃってるように思えるのですが、「おい」と言われると「はい」と答えられるんです。「この間、聞いた事は、どうだね」とおっしゃるんです。するとおばあちゃんのほうは「そないなこと言われたかてわてのほうもちょいと困るし、……」って言っておられるんですよ。「そうかー、障害が多いか。オレもだいぶ精を尽くして、あんたの事をずいぶんずいぶん思って、いろいろ手は尽くしたが、やっぱり、反対が多いか」とおっしゃるんです。おばあちゃんも、なんだかんだ話しておられるんですけど、実は全然別の話をしておられるんです。専門語では偽会話と言います。

　私ね、その方に本当に申し訳ない事をした事があるんです。そのおじいちゃんは一メートル進むのにも、渾身の力を込められて、見ていて本当に痛々しいんです。そこで私は止せばいいのに、車椅子を勧めた事があったんですよ。私が抱き留めてね、椅子の上にポンと乗せたんです。そうしたら、おばあちゃんの顔が見えたんですね。その途端「あーっ」と声を出されてから三〇分程、何も言われないんです。多分、全然イメージの違う人がそこにいたんだと思うんですけど。申し訳ない事をしたと思って、もう本当に謝りました。ところが次の週に行くと、やっぱり這って行かれるんです。その事をもう忘れてしまっているんですね。「ソ連との交渉がどうもうまくいかなくて、どうも日本は理解されとらんようだな。わしはわしなりに頑張ったんで、あんたもわしのこと認めてくれんかね」っておっしゃるんです。なぜソ連なのかはよく分からないんですけど、それを言ってられる時に私、ベッドの上を見たらもぬけのカラなんです。看護師さんに聞いてみると、ちょうど前々日に膀胱炎が悪くなられて、内科病棟のほうに転棟された直後だったんです。ですから私は二重に心が痛みました。一つは、その前の週におじいちゃんを椅子の上に乗せたばっかりに、彼女の顔を見てしまってがっかりさせてしまった事。これは次の週にまた通って行かれてるのでよくは分からないんですけど。その事と、もう一つは今度心からの告白をされた時に、彼女はいなかったという事なんです。

こういう話もあります。これも私は感激したんですけど、男性の方が八二、三歳くらい、女性の方が九二歳だったと思います。こちらの場合は、女性のほうが積極的なんです。もう、すごいんです。その方が入院してこられて一目で惚れられたんです。そのおじいちゃんは、上品で、とても良い方で、私が女性ならやっぱり惚れちゃうなと思うような素敵にハンサムなおじいちゃんなんです。そのおばあちゃんは入院してこられてすぐアタックしておられるんですよ。おそらく四〇年か五〇年ぶりにお会いになったような風情だと思うんですけど、手を握られましてね、「あんた、こんなとこにおったのかね。よく、まあ、元気で」と。それからもうつきっきりなんです。ところがある晩、僕は当直で、病棟に行きますと師長さんが「先生、困るんですわ。おじいちゃんとおばあちゃん、一つ布団の中にはいっちゃったんですよ」とおっしゃるんです。この師長さんはさっきの方とはまた別の方で、潔癖主義の方なんです。「男性と女性が一緒のベッドに入られるのは困ります」とおっしゃるのですが、僕はいいじゃないと答えたんです。もう別に子どもが生まれるわけじゃなし、なにも特に困った事が起こるわけじゃなし、と申し上げたら、師長さんは「それは分かります。しかし、風紀上よくありません」とおっしやったんです。僕はその時「風紀ってなんですか」と聞いたんですよ。

鶴見　ハッハッハ。

山中　男がね、女の人と一緒に、好きな人と一緒に寝るというのが、風紀上悪いというのはどういう事なんでしょうね。まあ、それはおいときまして、私は「いいじゃない」と申し上げたんです。ところが師長さんとしてはね「いや、私自身は認める事ができるけれども、若い看護師さんたちの手前、どうしてもよくない」とおっしゃるんです。私はここでこの看護師さんを悪く言うつもりは全くないのですが、いろいろな会議があって、結局、別れてしまったんです。別れたというのは、物理的な意味で、です。つまり、病棟を変えられてしまったんです。このおじいちゃんの入院しておられる病棟と、このおばあちゃんの入院しておられる病棟が分けられてしまったんです。

鶴見　ロミオとジュリエットですよ。

山中　それでね、私、病棟に行くたびに胸が痛いわけです。例えば、私が横にいる素敵な女性に手を差し延べたいと思っても、ちゃんと抑制する心が働いてますよね。だけど、あのおじいちゃんおばあちゃんはそういった抑制はなくて、本当に素直なんです。特におばあちゃんはね、タタタと寄って行かれて、「ねえ、あんた、こんな所に何か付いてるじゃない」と言ってごみをちょっと取ってあげたり、髪の毛を、もうほとんどなくなった髪の毛を撫でてあげたり、背中をさすってあげたり、もうそれは、本当に仲むつまじいんです。とてもいい感じだったんです。それがある日、急にパタッと病棟を変えられたでしょう。その日から、おじいちゃんはポーッとつっ立っておられる。おばあちゃんのほうは、うろうろ、うろうろ歩き回って、おじいちゃんをあっちこっち探しておられるわけです。それに、病棟が変わったという事だけで適応障害を起こします。例えば前の病棟とはトイレの場所が違うものですから、妙な所でおしっこをしてしまったり、急に悪化が始まるわけです。なぜ悪化が始まったか私には分かるから、もう見るに忍びなくて。誰であろうと好きな人が急に目の前からいなくなったらそんな事が起こるのは当たり前でしょう。そこで、私は師長さんに、私の責任でするから、私がお連れするから、私がちゃんと横にいるから、と申し出まして、そのおじいちゃんと手をつないで、おばあちゃんのおられる病棟に行ったんです。そうするとおばあちゃんがじっと私たちを見てるわけです。初めはそんな事が現実に起ったなんて信じられないわけですね。で、しばらく見ていて、「あー、あんたまた会いに来てくれたのー!」とおっしゃって、ひしと抱かれるんです。おじいちゃんはそういう体験のない方みたいで、おばあちゃんが抱かれるままにね、うっとりとしておられるんです。そのままじーっと抱いておられるんです。そのうち、段々と、腕の力が緩んできて、しばらく経った後に「お会いになりたかったでしょうに、私が余計な事をしたばっかりに、悪かったねえ」と申し上げたら、「ああ、これでもう、死んでもいい、私」っておばあちゃんがおっしゃったんです。その一週間後です、亡くなられたのは。……びっくりしました。

鶴見　素晴らしい事です。

山中　ああ、もう本当に素敵なね。そんな事もありました。

受け鏡としての女性

山中　ただ、私、これだけは申し上げておきたいのですが、私、この病院や看護師さんたちを悪く言うつもりは全くないのです。病院のほうでは、管理体制とか、いろいろありますけれど、管理は最大限にではなく、最低限にされてますし、もう一つ大事な事は、ここの病院は内科も完備されているんです。ですから、老人の方々の認知症だけではなく、合併する内科疾患などに関しても極めて適切に介護されているので、医学的な医療と看護は完璧です。外見から言うと、私のしていることは綺麗事のように見えるのですが、実はご老人の一番辛い所はね、垂れ流しなんです。ペニスなんかも出しっぱなしで歩いているおじいちゃんもあるんです。看護師さんは、これが大変なのですが、その辺りを非常にうまくカバーしておられまして、垂れ流したおじいちゃんをべつに叱るわけでもなく、すすっと手際よく綺麗に拭き取って、後をアルコールで消毒されるのです。というのは、そのままほっておきますと、他のおじいちゃんおばあちゃんが何でも口にされますので、大便でも食べてしまうわけです。すると不健康な事が起こりますので、看護師さんはそうした処理だけでもおおわらわなんです。しかしそういう事をきちっとして下さるからこそ、私の存在は意味のあるものになるわけです。ですから病院としては、内科的にも、精神科的にも、看護的なケアにしても、何かが劣るという事はありません。私はむしろ、とてもよくやってくれている良い病院だと思います。ただ、私がそういう中で思ったのは、医学的、看護的なケアは完璧であり、安全へのケアも完璧なんだけれども、何かが足りないと思ったのです。ならば何が欠けているのかと言えば、ゆとりです。お医者さんも看護師さんもヘルパーさんも、要するに忙しすぎるわけです。私も京大に戻るといつも会議で忙しいのですが、病院へ行くと私は歌手ですから、歌を歌ってるかお話を聞いているだけですので、その場所では自分を「遊び人」と規定したのです。そして、ゆっくり話を聞くという事が、どれだけ意味を持っているかという事を、あれほどはっきりと教えられたことはありませんでした。しかし、私がお話を伺うのは五分からせいぜい一五分です。多くても三〇分なんですね。その上、何を言っておられるのか分からない事が多いのですが、たった五分だけでも座って話を伺っていますと、次の時には、もう待っておられるんですよ。

ある曜日の分からなくなったおばあさんがおられました。その方は、私が行くのが金曜日で、私の教え子の大学院生で進藤貴子さんという女性が月曜日にお邪魔してたのですが、この事から、「月曜日」と「金曜日」という感覚が戻られたりして、頭がだんだんと再構築されていく人もおられました。

今からお話しようと思うのはまた別の人の話でして、少しびろうな話で恐縮なのですが、さっきちょっとお話しした、ペニスを出しっぱなしにしているおじいちゃんの話なのです。実は廊下をいざっておられた時に、ペニスが見えてるんです。ですから私その方に「おじいちゃん、もうお年を召されて何も恥ずかしいと思われないかもしれないけれど、私のほうは恥ずかしいのでそこは閉じて下さいませんか」と言ったのです。そうしますと、「なにかー、出とるかね」とおっしゃるんです。で、「はあ、ちょっと」と申し上げますと、裾を直されて（裾を前に引っ張る格好をしながら）こういうふうに引っ張られるんです。するとね、今度はそこら辺に水が流れているんです。初めは、あれ、お水をこぼされたのかなと思ったのですが、少し臭うんです。「あ、これはおしっこですね」と言いますと「そうかー、さっきー、したか」っておっしゃるんです。でこちらのほうを見ると、もっと盛り上がったものがあるわけです。「ああ、大のほうも出たんですか」と私が言いますと、今度は「だれかー、していったかなー」とおっしゃるんです。このままおいておきますと他の人が食べられますので、処理をしてもらわなければと思って看護師さんを呼んでいろいろ拭いていただいたんです。「大変だったですねえ」と私が申し上げますと、「まあねえ、いろいろ、あるよ」っておっしゃるんです。

鶴見　ハハハハ。

山中　すまんともなんとも言われないんですけどね。ただ、いろいろ拭いてくれる看護師さんに対しては、やっぱり感謝の気持ちや、ちょっと悪いなあという気持ちが、言葉には出ていないんですけど、あるわけです。だけど、悠々たるもんです。「いろいろ、あるよ、うん」とかおっしゃってるんです。もう一人のおじいちゃんはそれを食べてるんです。で、「おじいちゃん、それはカレーライスと違うんだから。同じ色してるけど違うよ」と私が寄せて隠すんです。その方は、私を見ると、「帝大！　京大！　京都帝大！」と言われるんです。私が「今は帝大ではなくて、京都大学です」と言いますと、彼にはすぐ歌い出す歌があるんです。三高寮歌なんです。

鶴見　いやー、私の親父みたいだな。

山中　私がその方の部屋のドアを開けて「こんにちは」って言った途端に「帝大！」と、まずくるんです。その次が「くれない燃ゆる～」と三高の寮歌でして、私はいつも誰かが顔を出したら歌われるのだとばかり思っていました。そこで観察したのですが、他の方、看護師さんや他の先生が来られても全然歌など出て来ないんです。ところが私が顔を出すと「くれない燃ゆる～」が出てくるんです。で、その方も大便を食べたり……

鶴見　個体識別ですよ。面白いですねえ。

山中　おっしゃる通りです。ただ、その方は個体識別はできているのですが、人生の真ん中抜きで、過去が戻ってきたんです。これはその方だけに限らないのですが、さっき先生がおっしゃったように、自分の黄金時代と結びつく人、あるいは逆に一番辛かった時に結びつく人とさまざまです。しかし大抵の人は辛かったのは忘れてしまって、良かった時が戻られる人が多いですね。

鶴見　確かこういう話も拝見したと思うのですが、おじいさんがおばあさんを自分の生まれた所へ連れて行きたいと……

山中　そうそう、それもありました。

鶴見　で結局それは実現しなかった。すると今度は贈与をしたいとおっしゃった。そこには純粋の愛があるような気がするんです。

山中　人間としての原点です。本当にそう思います。私、そのおじいちゃんに聞いた事があるんです。要するに、どうしてこのおばあちゃんの事をそんなに思われるのですかと。そうしますと「わしの事をな、ようく分かっとってくれるんや」とおっしゃるんです。この答えは私の問いとちょっとずれている所もあり、正確に答えておられる部分もあるんですけど。いろいろおっしゃることをつなげていきまして、「ああ、こういう事なんですか」と私がまとめていうと、違ってるとも何とも返事をされません。ところがそれがあってい ると「わしがな、一番求めとる事はな、隣りにおってな、わしのな、話をな、聞いてくれる事や」とおっしゃるんです。私がしている事はそういう事なんですけど、それが女性なら、なおいいわけです。今、女性の話で思い出したんですけど、先ほどお話した私の相棒である、進藤さんが私と同じ対象に接すると、私の時とはまったく話のレベルが違うのです。私とその方が話す内容というのは、茶室の話や掛け軸の話しか出てこないのですが、彼女が行くと「あんた、嫁には行ったか？　子は生んだか」初めはそういう話だったのですが、いつの間にか、そのうちに嫁さんになってるんですよ。

「まだ、持ってこんじゃないか」って。「何をですか」と彼女が聞くと、お茶を持ってきてないというわけですよ。いつの間にか嫁になってる、かと思えば姑さんになってたり、いろんな事になってる。要するに彼女自身は女性としての受け鏡だと私は思うんです。このおじいちゃんの場合、彼の今までの生活の中で対面した、あるいは体験した女性とのかかわりが、そこにふっと映し出されるんですよ。

鶴見　象徴というのはそういうものでしょう。一個のモノが万華鏡になっていろんな役割を、違う脈絡の中で果たす。高度の精神活動ですよ。

山中　まったくそう思いますね。女性のセラピストが隣りへ行くと、いつも違った種類の女性像があらわになるんです。そこで彼女も賢い人ですから、その時の自分の役割をぱっと直感して、その方の話に聞き入るという形を取るんです。だから、話を聞く人がいれば誰彼かまわずいつも同じ話が出てくるというわけではないんです。そこが私は大事だと思うんです。

鶴見　個体識別があるけれど、相手が象徴化してくるわけだから、違う役割が自由自在に動くんですね。

山中　そしてその人生で体験なさった中のね、私の気持ちで言うと、きらきらひかる、さっき先生がおっしゃった黄金時代の事で、彼の中の一番の尊厳というか、彼の中の一番の珠玉の部分がね、ある時きらっと光るんですよ。それが、きらっと光った時、すごい、こんな人生を生きてこられたんだという事がこちらに分かってから、一カ月もしないうちにだいたい亡くなられますね。初めのうちはちょっと不思議な気持ちだったのですが、この頃はかえってそのほうがいいと思うようになったんですよ。

鶴見　そうでしょう。よろこび死にですよ。……いいですね、想像の中の純粋化された愛、……くその山の中に純粋の愛があるという手掛かりですよ。考えてみたら、親の赤ん坊に対する愛と同じなんですよね。

山中　本当に私は、いろんな事をいろんな形で学ぶばかりです。

ですから私は、いろんな人によく聞かれるのですが、なんでそんなおじいちゃんやおばあちゃんの話が面白いのかというふうに言われるんですけどね。面白いなんてものじゃないですよ。

鶴見　煮詰められた人生がある。

山中　そうなんです。それがまたみんななかなかかたくなで、初めからすっとは出てこないんですよ。ですからその話が聞けた時は本当に生の充実感で満たされるんです。

（一九九三年六月一〇日、記録・椿野洋美）

あとがき

もう、随分前に、この対談集のゲラは出来ていたのだが、昨年末の急性肺炎・急性心不全などでの、おもわぬ心臓手術のあとの養生や、にもかかわらず、このところ幾つか立て続けに続いた最近の大学院での集中講義などで、思いもかけず遅れてしまったが、やっと、ここに対談集を出すまで漕ぎつける事が出来たことを喜びたい。今年も何やかやあって、何と心房粗動と心房細動が出現してしまい、年末にカテーテル・アビュレーションのオペを受けることになっている。

校正しながら思った事であるが、もうすでに亡くなってしまわれた方々との、随分前になるものや、つい最近のものまでを通読して見て、私も随分いろんな方々と出会い、本当にいろんな方々に、いろんな教えを受けてきたなあ、と感慨も新たである。

最後になってしまったが、この対談集を活字にして下さった遠見書房の山内俊介社長と、いつも蔭ながら支えて呉れている妻の鏡子と、おのおの独立していった康絵・裕代・美樹の三人の娘とその連れ合い、そして七人の孫たちに感謝して、筆を擱く。

平成二六年一一月一六日　宇治の草庵にて

著者識

初出一覧

＊本書の各章は，以下の対談に加筆訂正等を加えたものです。本書への掲載をご快諾くださった各出版社ならびに日本心理臨床学会，手塚プロダクションに御礼申し上げます。なお，ヘルメス心理療法研究誌は，私の研究会の発行する雑誌で，非売品です。

第Ⅰ部　こころの専門家との対談

1《北山　修×山中康裕　対談》 ヘルメス心理療法研究，第 16 号，2014

2《成田善弘×山中康裕　対談》 ヘルメス心理療法研究，第 13 号，2010

3《飯森眞喜雄×山中康裕　対談》 ヘルメス心理療法研究，第 16 号，2014

4《武野俊弥×山中康裕　対談》 ヘルメス心理療法研究，第 14 号，2011

5《岸本寛史×山中康裕　対談》 ヘルメス心理療法研究，第 13 号，2010

6《表現と流れ》 ヘルメス心理療法研究，第 15 号，2012

第Ⅱ部　文化人との対談

7《谷川俊太郎×山中康裕　対談》 心理臨床の広場，vol.5 no.1，一般社団法人日本心理臨床学会，2012

8《手塚治虫×山中康裕　対談》 ヘルメス心理療法研究，第 16 号，2014

9《エンデを楽しむ》 図書，第 567 号，岩波書店，1996

10《“河合さんと子どもの本”の話をしよう》 飛ぶ教室，第 12 号，光村図書出版，2008

11《子どもたちが見えない》 へるめす第 3 号，岩波書店，1985

12《箱庭を作ろう！》 飛ぶ教室，第 20 号，光村図書出版，2010

13《二階の女》 思想の科学，第 504 号，思想の科学社，1993

対談者一覧

第Ⅰ部　こころの専門家との対談

1　北山　修（きたやま・おさむ）
精神科医。作詞家。現在，九州大学名誉教授，白鴎大学副学長・兼特任教授，国際基督教大学客員教授。

2　成田善弘（なりた・よしひろ）
精神科医。臨床心理士。現在，成田心理療法研究室。

3　飯森眞喜雄（いいもり・まきお）
現在，医療法人社団成仁顧問。東京医科大学名誉教授。

4　武野俊弥（たけの・しゅんや）
医学博士。ユング派精神分析家。武野クリニック。

5　岸本寛史（きしもと・のりふみ）
現在，高槻赤十字病院緩和ケア診療科。

6　岸本寛史

第Ⅱ部　文化人との対談

7　谷川俊太郎（たにかわ・しゅんたろう）
詩人。

8　手塚治虫（てづか・おさむ）
漫画家。アニメーション作家。1989 年没。

9　中村雄二郎（なかむら・ゆうじろう）
哲学者。明治大学名誉教授。
池内　紀（いけうち・おさむ）
ドイツ文学者。翻訳家。エッセイスト。元，東大教授。

10　今江祥智（いまえ・よしとも）
児童文学作家。

11　中村雄二郎
矢川澄子（やがわ・すみこ）
作家。詩人。翻訳家。2002 年没。

12　荒井良二（あらい・りょうじ）
絵本作家。イラストレーター。

13　鶴見俊輔（つるみ・しゅんすけ）
哲学者。評論家。

著者略歴
山中康裕（やまなか・やすひろ）医学博士，臨床心理士，カワンセラー
1941 年，名古屋市に生まれる。
1971 年，名古屋市立大学大学院医学研究科卒業。名古屋市立大学医学部助手。
1974 年，名古屋市立大学学内講師。
1977 年，南山大学文学部助教授。
1980 年，京都大学教育学部助教授。
1992 年，京都大学教育学部教授。
2001 年，京都大学教育学部長，大学院教育学研究科長。第 19 期日本学術会議会員。
2005 年，京都大学を退職。京都大学名誉教授。
2009 年，浜松大学大学院教授。同付属臨床心理教育実践センター長。
2012 年，浜松大学大学院退職。京都ヘルメス研究所所長。

主な著書に,『少年期の心』(中公新書),『絵本と童話のユング心理学』『老いの魂学（ソウロロギー)』(共にちくま学芸文庫),『臨床ユング心理学』(PHP新書),『心理臨床と表現療法』『こころに添う―セラピスト原論』『こころと精神のはざまで』(共に金剛出版),『深奥なる心理臨床のために』(遠見書房),『風景構成法』『風景構成法―その後の発展』（共に岩崎学術出版社，編著),『ユング心理学辞典』『エセンシャル・ユング』『魂と心の知の探求』（監修）『コッホの「バウムテスト第３版」を読む』（共編）（共に創元社),『心をつなぐ川を訪ねて―“カワンセラー”が行く世界の河川』（ＮＨＫラジオテキスト，ＮＨＫ出版）。翻訳に『カルフ箱庭療法新版』（誠信書房，監訳),『ケルトの探求』（人文書院，監訳),『プレイセラピー』（日本評論社，監訳),『児童精神医学の基礎』（金剛出版，監訳),『世界の箱庭療法』（新曜社，編著),『天使と話す子』（絵本, BL 出版, 訳), など多数。また,『山中康裕著作集〈第1巻～第6巻〉』（岩崎学術出版社）が出ている。

心理臨床《しんりりんしょう》プロムナード
こころをめぐる13の対話

2015年2月25日　初版発行

著　者　山《やま》中《なか》康《やす》裕《ひろ》
発行人　山内俊介
発行所　遠見書房

〒181-0002　東京都三鷹市牟礼6-24-12
三鷹ナショナルコート004号
TEL 050-3735-8185　FAX 050-3488-3894
tomi@tomishobo.com　http://tomishobo.com
郵便振替　00120-4-585728

印刷　太平印刷社・製本　井上製本所

ISBN978-4-904536-83-4　C0011

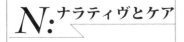